吕 舟 主编
清华大学国家遗产中心·博士文库
文化遗产保护实践研究系列

# 思想的碰撞

## 中国石窟保护理念的发展

吕 宁 著

科 学 出 版 社
北 京

## 内 容 简 介

本书对中国石窟自19世纪末至今的保护历程做了完整的回顾，梳理了保护理念的发展，并对重要保护实践进行了较为客观的分析与总结。同时，结合不同阶段的社会文化背景与文物保护概况，分析总结了中国石窟保护取得的成就和目前仍然存在的不足，并从中探讨了在《中国文物古迹保护准则》（2000）颁布后在保护原则、保护程序等方面对于石窟保护的积极影响，也指出文件所具有的局限性与提升空间。对中国石窟保护未来发展、保护领域行业标准的建立提供了积极有效的重要参考。

本书适合建筑历史、文化遗产保护与管理等领域的专业人员及高等院校相关专业的师生参考阅读，也可供文物保护爱好者阅读。

**图书在版编目（CIP）数据**

思想的碰撞：中国石窟保护理念的发展 / 吕宁著. —北京：科学出版社，2016.9

（清华大学国家遗产中心・博士文库 / 吕舟主编. 文化遗产保护实践研究系列）

ISBN 978-7-03-049900-4

Ⅰ. ①思… Ⅱ. ①吕… Ⅲ. ①石窟–文物保护–研究–中国 Ⅳ. ①K879.294

中国版本图书馆CIP数据核字（2016）第218073号

责任编辑：吴书雷 / 责任校对：彭　涛

责任印制：徐晓晨 / 封面设计：张　放

科学出版社出版

北京东黄城根北街 16 号

邮政编码：100717

http://www.sciencep.com

北京教图印刷有限公司 印刷

科学出版社发行 各地新华书店经销

*

2016 年 9 月第　一　版　开本：B5（720 × 1000）

2019 年 1 月第二次印刷　印张：16 3/4

字数：330 000

**定价：128. 00 元**

（如有印装质量问题，我社负责调换）

# 序　言



文化遗产保护在当代社会中作为社会文明的反映，从可持续发展、经济、社会、政治、文化、道德等各个层面越来越深刻的影响着人们精神的成长、社会和自然环境的演化，也成为不同文明、文化间对话、沟通、理解和相互尊重的纽带。遗产保护是人类文明成长的一个成果。

回顾文化遗产保护发展的历史，关于保护对象价值的认识构成了文化遗产保护的基础。价值认识的发展和变化是推动文化遗产保护发展的动力。遗产价值认识在深度和广度两个层面不断变化，影响了文化遗产保护理论的生长和演化。价值认识是遗产保护理论的基石。从对艺术价值的认知，到对历史价值的关注，再到当今对于文化价值的理解，价值认知对文化遗产保护理论发展的作用，得到了清晰的展现。

遗产保护是一项人类的实践活动，它基于人类对于自身文明成果的珍视和文化的自觉，其本身也是人类文明的重要方面。文化遗产保护的实践展示了特定文化环境中对特定对象的保护在观念和方法上的丰富和多样性，这些实践又促使人们进一步思考文化遗产的价值、保护方法和所要实现的目标。文化遗产的保护正是在这样一个实践和理论交织推动的过程中不断发展和成长。

清华大学国家遗产中心致力于遗产保护理论研究和实践。在这样的研究和实践过程中形成了大量具有学术价值和实践意义的研究成果，这些研究成果又进一步在相关实践中被应用、检验和深化。在科学出版社文物考古分社的支持下，我们在清华大学国家遗产中心相关博士论文的基础上选择相关的研究成果，编辑形成文化遗产保护理论研究、文化遗产保护实践研究、文化线路三个系列学术著作，希望这些成果能够在更大程度上促进和推动文化遗产保护的发展。

吕宁的著作《思想的碰撞——中国石窟保护理念的发展》是基于她博士论文形成的研究成果。是对中国石窟类文物保护思想和实践发展过程的研究。

石窟是中国文物保护单位中的一个重要类别。它的保护不仅涉及对石窟艺术价值、历史价值的认知，更涉及岩土、水文等技术问题，相对于文物建筑的保护具有更大的复杂性。中国拥有非常丰富的，具有极高艺术成就和重要历史价值的石窟遗存。这些石窟中的大部分与宗教相关，特别是反映了佛教在中国传播、发展和本地化的过程。对石窟的保护反映了人们对石窟价值的理解，反映了保护技术与能力的进步，更反映了保护观念和原则的发展和成熟。《思想的碰撞——中国石窟保护理念的发展》展现了这样一个中国石窟保护发展的历程，特别强调和分析了文物保护原则和观念的变化对石窟保护方法的影响，勾勒出了中国石窟保护发展历程的脉络，是中国文物保护史，特别是石窟保护史研究的重要成果。

《中国文物古迹保护准则》是2000年通过，2015年修订，并由国家文物局推荐执行的行业规范。《中国文物古迹保护准则》反映了中国文物保护观念和原则的发展，另一方面又指导了文物保护实践。2000年以后也是中国石窟保护快速发展的时期，在这一时期当中《中国文物古迹保护准则》提出的保护原则同样也深刻地影响了石窟保护实践。《思想的碰撞——中国石窟保护理念的发展》对2000年以后中国石窟保护的实践做了重点研究，从另一个角度阐述了石窟保护实践对于保护理念和原则的影响。

《思想的碰撞——中国石窟保护理念的发展》是中国文化遗产保护历史研究的组成部分，提供了从类型的角度认识中国文物或文化遗产保护发展的研究成果，把石窟这一重要文物类型一个多世纪的丰富而生动的保护历程展现在了读者的面前。这本书定会给所有关注与文物保护的人们以启示。

清华大学国家遗产中心主任　吕　舟

2016年7月21日

# 前　　言



在世界遗产名录和预备名录中，石窟寺主要集中在亚洲，而其中，中国的石窟无论从比例数量，还是从代表性和独特性上，都具有研究的典型意义，其也是我国传统文物的五大类型之一。由此，石窟保护是我国文物保护工作中的重要部分，而相较于木结构、古遗址等其他类型保护来说，石窟保护表现出独特的复杂性；与此同时，目前对于石窟保护理论的探讨和实践的总体性回顾比较缺乏，因此，研究中国石窟保护具有一定的重要性和实际价值。

本书通过实地调研、走访与历史资料、文献研究相结合的方法，首先对中国石窟保护历程（19 世纪末至 2013 年）做了回顾，将这一个多世纪的时间分为四个阶段，继而分析了每个阶段的社会文化背景、文物保护概况，以及石窟保护的发展及典型实践案例，最终总结了中国石窟保护取得的成就和目前仍然存在的不足；基于这些总结，分析指出在《中国文物古迹保护准则》（以下简称《准则》）颁布之前，石窟保护工作在原则、理念、保护程序和方法上暴露出了更多的问题：如对“不改变文物原状”“可逆性”等原则缺乏清晰理解、在保护中缺乏正确的程序而容易造成二次破坏等，而在 2000 年后，无论从保护理念、保护程序还是保护方法上，石窟保护都有了较大的进步。这种改变是在中国社会、经济、文化发展的大背景下，随着对文物保护的重视度增强而进行的，同时，其也在很大程度上受到了《准则》的推动；本书通过《准则》颁布之后的莫高窟保护规划与第 85 窟壁画保护、云冈石窟保护性窟檐建设、大足千手观音造像修复与龙门石窟治水工程五个不同类型的代表性案例的分析，具体探讨了技术手段背后反映出的对原则的探讨和保护理念变化的趋势，由此总结出《准则》在石窟保护中保护价值观和基本原则、保护程序和方法以及管理施工规范三个方面的积极影响和推动。最后，本书论述了在面对目前石窟保护中存在的问题时，《准则》所具有的提升空间：主要针对于石窟保护核心概念、《准则》指导性以及其认同度三个方面，并提出未来可能建议，引申出对石窟及石窟保护的定位、石窟保护的方式方法、石窟价值的多样性的思考，以期对未来《准则》的完善有所裨益，使其在石窟保护方面更具有权威性、指导力和操作性，使中国的石窟遗产能够更好的传承、延续下去。

当然，限于笔者水平与时间的紧迫，本书还有很多不足，谨以此粗疏之作抛砖引玉，希望有识之士继续关于中国文化遗产保护，也希望获得更多、更好的意见。

吕宁

2014年1月

# 目　　录
Contents

# 第一章
# 绪　　论

## 第一节　问题的提出

### 一、《中国文物古迹保护准则》（以下均简称《准则》）

2000年，由中国国家文物局主导，中国古迹遗址保护协会制定并颁布了《准则》，这部包括了文本、文本阐释和案例阐释三部分的文件是在参照1964年《威尼斯宪章》①为代表的国际文化遗产保护原则的基础上，结合中国的实际情况制定的。在中国文化遗产保护方面，《准则》一方面作为评价标准和指导性行业规则，另一方面也是权威的法律阐释，具备专业依据的法律价值[4]，同时也有着重要的国际意义。《准则》在保护理论、工作程序、保护原则，以及保护工程类型与技术方法等方面为中国的遗产保护工作提供了标准和依据。

敦煌莫高窟是《准则》重要的试点工作地之一。在应用《准则》指导石窟保护实践上做出了积极的探索，取得了一定经验，并影响了此后的石窟保护工作。

《准则》颁布之后的十多年间，我国的社会、经济、文化水平飞速发展，文化遗产的重视和进步也一日千里。就石窟保护来说，数量和实践类型较20世纪都有巨大的发展。在十余年间共完成了300多项保护工程，涉及窟体、造像保护、窟檐修复、壁画保护、环境工程、监测工程等十多个方面。在这些保护实践中，几处世界遗产地的保护突出且重要，在国内外影响深远，也引发了关于《准则》中规定的若干原则、方法的热烈讨论。比如，“不改变文物原状”“最小干预”“可逆性”等；对不断推陈出新的技术手段的争论，对虚拟展

① 即《国际古迹保护与修复宪章》。

示、环境监测问题的探讨尝试等。与此同时，随着西方对于东亚石窟的日益关注，国际合作也日益增多：一方面随着现代科技的发展，欧、美、日等发达国家和地区对亚洲、中非等发展中国家和地区的石窟保护提供先进的技术支持或援助，如自2000年开始日本与印度阿旃陀石窟、埃洛拉石窟合作的保护修复工程、2004年敦煌研究院与美国盖蒂保护研究所合作的莫高窟第85窟保护项目等；另一方面，联合国教科文组织（UNESCO）、国际古迹遗址理事会（ICOMOS）等国际机构越来越多地提供关于石窟壁画、造像、窟体保护的培训，通过保护者之间的交流教育传递保护理念与技术。

基于此，这具有典型性的十年历程是亟待回顾总结的，同时通过着眼于石窟这一类型的遗产保护工作，在《准则》颁布推广实施十多年后的今天系统评估《准则》的影响与局限，有助于认清得失、梳理线索、填补空白，对中国的相关领域，乃至世界领域内了解中国文化遗产保护的理念和评判标准、了解并理解中国在决策文化遗产事务时所依据的法规，以及获得的相关成就，都有着重要的意义。

## 二、中国石窟保护起源与相关概念阐释

### （一）中国文化遗产保护与石窟保护起源

文化遗产保护这一学科的建立肇始自西方18世纪启蒙运动，经历了两个多世纪的不断发展完善，至今已形成较完整的学科体系。而中国虽历来有金石学、收藏学的传统，但现代意义上的文化遗产保护仍是由西学而来的。19世纪末，因诸列强入侵，中国社会产生了极大变革，尤其是具有“启蒙”心态的“五四”运动之后，许多民族知识分子阐爱国之激情、借西学东用，逐渐在中国建立起现代意义上的遗产保护学科。以20世纪30年代成立的营造学社为例，中国营造学社创立了科学系统的田野调查、记录等方法，并完成了一些重要的研究与保护工作。然而，由于其时研究力量不足，且主要关注集中于重要的文物建筑，对于地域偏远的石窟关注度不够或是心有余而力不足，致使敦煌莫高窟、云冈石窟、龙门石窟等都遭到了各国侵略者的盗取、抢

夺。而国人的研究，以及由研究而及的保护，也是在斯坦因[①]、伯希和[②]、伊东忠太[③]等的活动之后，才逐渐开展起来的。

国内几大重要石窟研究机构与保护机构大多成立于20世纪四五十年代。也就是说，真正对于石窟的保护工作是在新中国成立以后，随着自上而下法令的下达、机构的建立而逐渐完善的。新中国成立之后，几大石窟研究院与相关的院校、科研单位对中国石窟不断进行普查、调研、探索、研究与保护，基于《文物保护法》的基本原则，通过与恶劣的条件斗争，积累了一定的石窟保护经验。

随着20世纪80年代改革开放的进行、政治民主化与经济全球化的不断发展，中国的文化遗产保护界与国际保护领域的交流与合作不断加强，人们日益认识到保护文化特色的重要性与急迫性。在学习西方较完整的石质遗产保护的理论与方法体系的基础上，作为中国文化遗产中数量众多、特点鲜明的石窟遗产，其保护亦有了较大的发展。尤其是中国加入《保护世界文化和自然遗产公约》（简称《世界遗产公约》）后，文化遗产保护的概念越发深入人心，在被列入《世界遗产名录》的敦煌莫高窟、云冈石窟、龙门石窟、大足石刻四个遗产点的带领下，中国的石窟保护工作开始进入稳步发展时期。

（二）相关概念解释

**1. 石窟**

又称石窟寺。在山崖陡壁上开凿的洞窟形佛教建筑称为石窟寺。其开凿起源于印度，随佛教的传入而传入中国，兴于魏晋，盛于隋唐。岩石特质、崖壁朝向和交通地形等都是石窟开凿需要考虑的要素。自然风景优美、壮丽的地方，有助于更好地衬托出佛的尊严，成

① 马尔克·奥莱尔·斯坦因（Marc Aurel Stein，1862 — 1943 年），英国人，艺术史家、考古学家，同时也是地理学家和探险家；曾经四次入中亚探险，其中两次运走敦煌大量文物，是敦煌最早的研究人之一，著有《沙漠契丹废址记》《西域考古记》等。

② 保罗·伯希和（Paul Pelliot，1878 — 1945 年），法国人，知名的汉学家、探险家；致力于中国学研究。1908 年曾往敦煌石窟探险，购买了大批敦煌文物；著有《敦煌洞窟》《伯希和敦煌洞窟笔记》等。

③ 伊东忠太（1867 — 1954 年），日本建筑史学家，1903 年赴云冈石窟考察，著有《支那山西云冈石窟寺》《云冈旅行记》《东洋建筑研究》等。

为石窟开凿地的首选①。我国现存大量石窟群，以大同云冈、洛阳龙门、甘肃敦煌和重庆大足四大石窟为首，集中分布于中原北方地区、南方地区、新疆地区及西藏地区。

中国各类石窟中有丰富多彩的建筑、形制和雕塑、壁画等，是在印度犍陀罗艺术风格的基础上，结合中国传统雕塑和绘画的审美技法建造的，是佛教文化传播和融合的见证，也是研究历史、政治、经济、艺术、宗教、建筑，以及文化等方面珍贵的形象资料。同时，随着对“文化”概念的拓展及遗产类型的丰富，作为线路遗产、文化景观的古丝绸之路的关注度也随之上升，而其沿线分布的石窟正是阐释多元文化传播、交流与碰撞的基本要素。

**2. 石刻**

刻有文字、图画的碑碣等石制品或石壁，也指上面刻的文字、图画。石刻艺术是雕塑造型艺术中的一个重要门类，在中国有着悠久的历史。

目前国内以“石窟”“石刻”“摩崖”为名的遗产点，大多既有石窟寺，又有石刻艺术的存在，并不能单一而论。本书中的石窟，包括石窟寺和一些重要的以石刻为名称的遗产地②，如大足石刻。

**3. 文化遗产③**

从历史、艺术或科学角度看具有突出普遍价值的建筑物、碑雕和碑画、具有考古性质成分或结构、铭文、窟洞，以及联合体[5]。

**4. 文物古迹**

指人类在历史上创造或人类活动遗留的具有价值的不可移动的实物遗存，包括地面与地下的古文化遗址、古墓葬、古建筑、石窟寺、

---

① 石窟、石刻定义参考《中国大百科全书·建筑、园林、城市规划卷》、宿白《中国石窟寺研究》（1996年）、《现代汉语词典》（2005年）。

② 事实上由于国内石窟、石刻的混用，加上二者在实际中并不完全割离，许多遗产地的命名并不十分准确，大足石刻亦有过关于是否改名为“大足石窟”的争议。

③ 关于文化遗产有多重定义，本书采用目前认同度广泛的《世界遗产公约》中的表述。

石刻、近现代史迹及纪念建筑、由国家公布应予保护的历史文化街区（村镇），以及其中原有的附属文物[6]。

## 三、石窟保护的重要性与特殊性

### （一）重要遗产体系中的石窟



参考世界遗产委员会的报告《世界遗产名录：填补空白——未来行动计划》（ICOMOS, 2004年）中提出的类型框架（typological framework）和主题框架（thematic framework），石窟寺/石刻属于十四种类型中的岩石艺术（rock-art），包括洞穴（caves）、石穴或遮蔽物（rock shelters）、开敞表面（opensurfaces），以及壁画、雕塑和石刻的场所（comparable sitescontaining paintings,engravings, carvings）等，是创造性的表达（expression of creativity）。在《世界遗产名录》和《世界遗产预备名录》中，岩石艺术在数量上并不是主要类型（图1.1、图1.2），但在26处世界遗产、44处预备遗产中，亚洲和太平洋地区是拥有数量最多的，其次是欧洲和美洲。而位于欧洲、美洲范围内的岩石艺术场所，更多的是史前时代的岩画洞穴，只有位于亚洲地区的岩石艺术场所才是与宗教（多为佛教）密切相关的石窟寺。

这一类型不论从历史、艺术还是宗教角度都具有相当的独特性，是文化多样性的具体表达。在亚洲地区的10处石窟寺中，中国就拥有一半（表1.1）。

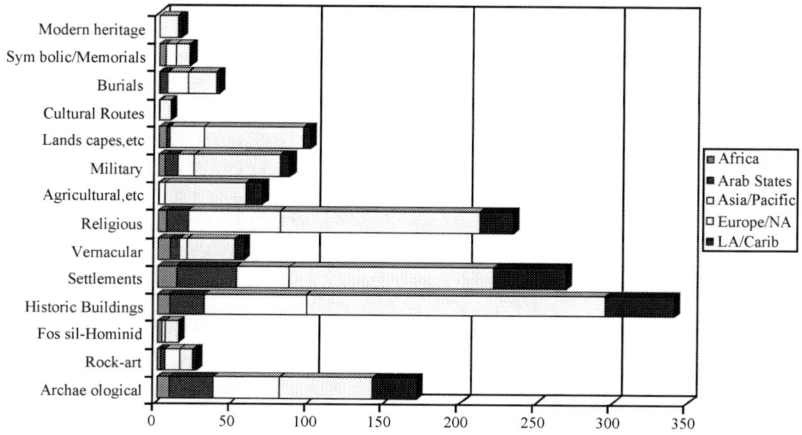


图1.1　《世界遗产名录》中的各类型遗产数量与分布[6] 19

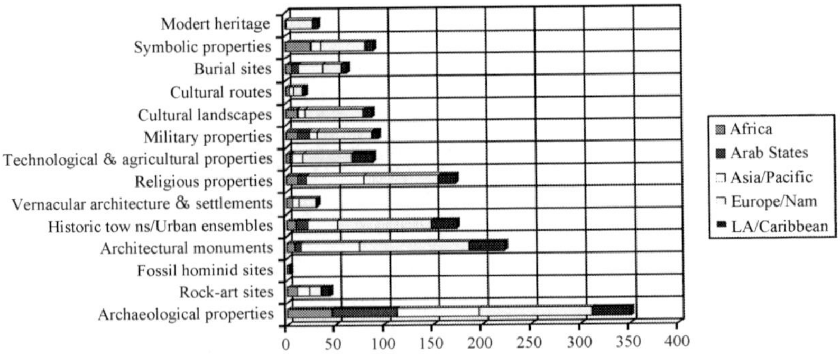


图1.2 《世界遗产预备名录》中的各类型遗产数量与分布[4]21

**表1.1 《世界遗产名录》中的石窟寺**

| 名称 | 缔约国 | 入选时间/年 | 标准阐释 & 入选理由 |
|---|---|---|---|
| 莫高窟（Mogao Caves） | 中国 | 1987 | Ci：莫高窟是独特艺术成就的代表，分为上下5层，共有洞窟492 个，彩塑2000 多座，壁画面积约45 000m$^2$，其中有许多是中国艺术的杰作。<br>Cii：从北魏时期（公元386 ~ 557 年）至元朝统治时期（公元1206 ~ 1368 年）的将近1000 年间，莫高窟在中部帝国、中亚地区和印度之间的艺术交流上起到了决定性的作用。<br>Ciii：莫高窟的壁画是以下中国古代文明各个朝代的独特见证：隋朝（第302 窟中有反映丝绸之路主题的最古老和最生动的壁画，即驼行图）、唐朝（第23 窟的耕作图和第156 窟的统军出行图）、宋朝（第61 窟中著名的五台山图是古代绘图的例证，它从武士的视角展示了该地区的景象，山峦、河流、城市、寺庙、商队均在图面之中，无一遗漏）。<br>Civ：千佛洞是佛教石刻艺术圣殿的杰出例证。<br>Cv：莫高窟的石刻艺术宝库是传统僧侣居住地的见证，19世纪 ~ 20世纪30年代一直由佛教僧人占用，目前由敦煌文物研究所管理<br>Cvi：莫高窟与各大陆关系的历史对于亚洲佛教的传播有着重大的意义。敦煌绿洲附近是丝绸之路的两个分叉道，千百年来一直享有中转站的盛誉，不仅是商品交易的中转站，而且还是思想交易的中转站，在石窟内发现的中文、藏文、古伊朗文、维吾尔文和希伯来文即可证明这一点 |

续表

| 名称 | 缔约国 | 入选时间/年 | 标准阐释 & 入选理由 |
| --- | --- | --- | --- |
| 大足石刻（Dazu Rock Carvings） | 中国 | 1999 | Ci：大足石刻堪称中国石刻艺术的巅峰之作，不仅有很高的审美价值，而且在风格和题材方面也具有多样性。<br>Cii：大足石刻把印度的密教和中国的道教及儒教融为一体，在精神和谐方面也体现了极高的原创性和外来影响。<br>Ciii：此后中国兼容并蓄的宗教信仰特质在大足石刻这一杰出的石刻艺术中得到了物质表达和体现 |
| 龙门石窟（Longmen Grottoes） | 中国 | 2000 | Ci：龙门石窟的雕刻突出体现了人类的艺术创造力。<br>Cii：龙门石窟展现了长期形成的完美艺术，这一艺术在亚洲地区的文化演变过程中起到了十分重要的作用。<br>Ciii：龙门石窟独特的石刻体现了中国唐朝时期极高的文化水平和高度发展的社会状况 |
| 云冈石窟（Yungang Grottoes） | 中国 | 2001 | Ci：云冈石窟的雕像群是中国早期佛教石窟艺术的杰作。<br>Cii：云冈的石窟艺术从公元5 世纪中叶开始由统治者出资修建，把来自南亚和中亚的宗教象征艺术与中国的文化传统成功地融为一体。<br>Ciii：云冈石窟生动地体现了佛教信仰在中国的影响和持久性。<br>Civ：佛教的宗教石窟艺术传统首先在云冈产生了很大的影响，并形成了自己显著的特点和艺术力量 |
| 峨眉山—乐山大佛（Mount Emei Scenic Area, including Leshan Giant Buddha Scenic Area） | 中国 | 1996 | 自然与文化双遗产，符合Civ，Cvi和自然标准Nx。<br>Civ：在峨眉山上有超过30座的寺庙，其中10座非常古老且规模宏大。这些寺庙利用地形，建造于山坡之上并采用了传统风格。在选址、设计和建造上，它们称得上具有伟大独创性的杰作。其先进建筑建造技术体现了中国寺庙建筑的精髓。<br>这些寺庙是最重要的中国文化瑰宝，其中包括建造于8世纪依惜峦峰峭壁雕刻而成的乐山大佛造像。大山大佛正对着岷江、青衣江和大渡河三河交汇处，高71米，是世界上最高的佛教造像。<br>Cvi：在峨眉山上，物质与非物质、自然与文化遗产之间的联系是非常重要的。峨眉山是中国佛教四大圣地之一……峨眉山上丰富的佛教文化遗产见证和记录了超多2000年的历史 |

续表

| 名称 | 缔约国 | 入选时间/年 | 标准阐释 & 入选理由 |
|---|---|---|---|
| 巴米扬谷文化景观和考古遗址（Cultural Landscape and Archaeological Remains of the Bamiyan Valley）（濒危） | 阿富汗 | 2003 | Ci：巴米扬谷的佛教雕像和石窟艺术是中亚地区佛教艺术中干达拉教派的杰出代表。<br>Cii：巴米扬谷的艺术和建筑遗迹，以及丝绸之路上的重要佛教中心，以独特方式证明了印度、希腊、罗马和萨珊之间的相互影响是干达拉教派特殊艺术表达方式发展的基础。<br>Ciii：巴米扬谷堪称是已经消失的一种中亚地区文化传统的独特见证。<br>Civ：巴米扬谷是文化遗址的突出实例，可以证明佛教的辉煌时期。<br>Cvi：巴米扬谷是西方佛教最有纪念意义的表现方式，具有象征意义。这些古迹在其存在的不同时期均遭受了破坏，包括2001年震惊全球的有意毁坏 |
| 阿旃陀石窟群（Ajanta Caves） | 印度 | 1983 | Ci：阿旃陀石窟是一种独一无二的艺术成就。<br>Cii：阿旃陀的风格对印度及其他地区产生了很大的影响，尤其是对爪哇地区。<br>Ciii：有两组古迹与印度历史上两个重要时期是相对应的，因此这一石窟群以其独特的方式证明了印度艺术的演变过程，对佛教组织的发展起到了决定性作用，它是Goupta 及其继承者传播知识与宗教的学校和接待中心。<br>Cvi：阿旃陀石窟与佛教历史有着直接重要的联系 |
| 埃洛拉石窟群（Ellora Caves） | 印度 | 1983 | Ci：埃洛拉石窟群不仅是一种独特的艺术成就，也是体现人类天才创造的杰作。如果仅仅考虑凿石的工作量，像埃洛拉神庙这样的古迹从技术上讲也是举世无双的杰作。这座神庙改变了建筑学的模式，充分展现了极高的造型水平和百科全书式的雕刻和壁画。<br>Ciii：埃洛拉石窟群以其排列有序并可追溯到公元600～1000年的遗迹，再现了古印度的文明。<br>Cvi：埃洛拉石窟不仅是佛教、波罗门教和耆那教这三大宗教的见证，还体现了以容忍、宽恕为特性的古代印度精神。正因为如此，三大宗教才能在一个地方建立自己的圣地和社区，而这又起到了强化其世界价值的作用 |

续表

| 名称 | 缔约国 | 入选时间/年 | 标准阐释 & 入选理由 |
|---|---|---|---|
| 象岛石窟（Elephanta Caves） | 印度 | 1987 | 位于阿曼海某岛屿上，被称为“石窟城”。以湿婆崇拜的造像为主要内容，通过浮雕等艺术手段，完美的体现了印度艺术特点。符合标准i和iii |
| 石窟庵和佛国寺（Seokguram Grotto and Bulguksa Temple） | 韩国 | 1995 | 依照文化遗产的标准（i）和标准（iv）把该遗址纳入《世界遗产目录》，因为它是远东佛教艺术的杰作。由佛国寺构成的建筑群是该地区宗教结构艺术和佛教信仰实际表现的突出例证。<br>Ci：石窟庵佛像、胁侍菩萨、十大弟子、二天王、八护卫等都由白色花岗岩雕刻而成，是东亚佛教艺术的杰作。<br>Civ：石窟庵和佛国寺以其洞窟、石质造像及相关的木结构寺院等，是公元8世纪新罗王国首都庆州佛教传播的典型例证，也是佛教信仰的物质表达 |

资料来源：http://whc.unesco.org/en/list①



因此，选择中国石窟作为案例研究对象，在世界遗产体系中是具有典型性和代表性的。

中国石窟分布广泛且集中，约有1000处，主要分布于古丝绸之路、长江流域和黄河流域。根据宿白先生在《中国石窟寺研究》中的研究，按照石窟形制和造像学划分，可分为新疆地区、中原北方地区、南方地区、西藏地区四区（图1.3）；按照形制与功能划分，可分

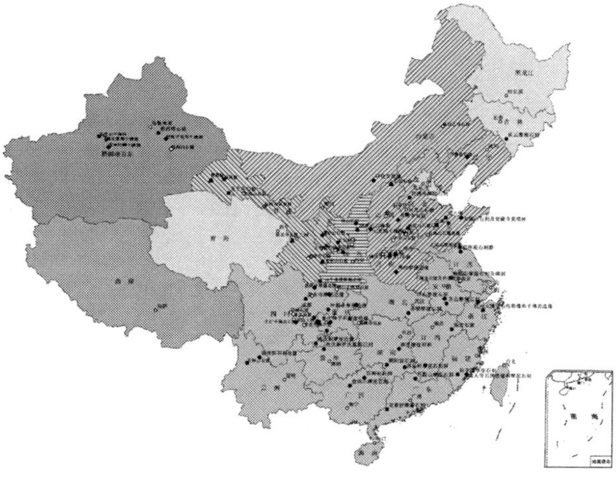

图1.3　中国石窟寺分布图[7]13-14

① 下文表格若无资料来源说明为笔者整理。

为墓葬、僧房、讲堂、塔庙、佛殿、禅窟等；按窟岩性质，可分为砂岩型、砾岩型、灰岩型、结晶岩型等。

在我国文物保护单位体系中，目前被列入《全国重点文物保护单位名录》的有158处（石窟寺61处、石刻等97处）（图1.4），其余被列为各省市县级文物保护的近千处。

从图1.5中可以看出，石窟寺/石刻是我国文物五大传统类型之一，研究石窟寺/石刻保护的问题，不仅有益于今后同类型的保护，也能够为其他石质文物的保护积累经验。

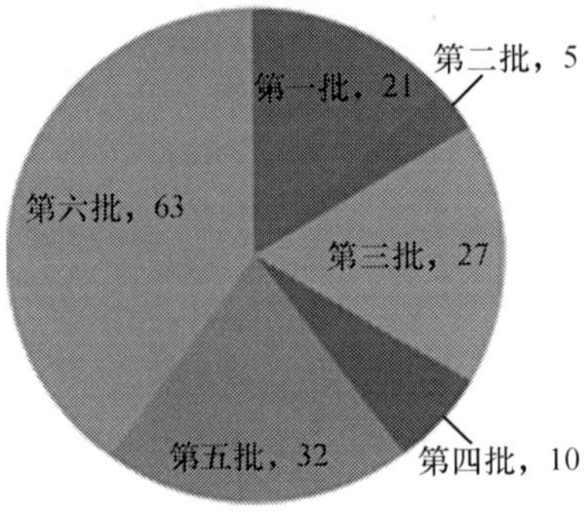


图1.4　全国重点文物保护单位中石窟寺及石刻数量变化（单位：处）

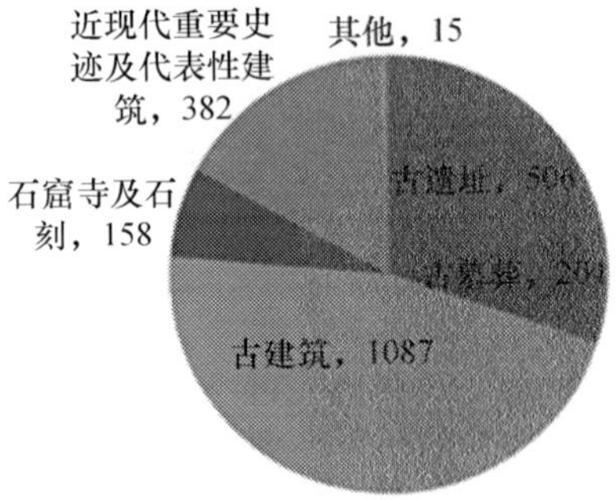


图1.5　全国重点文物保护单位各类型比例分布（单位：处）

资料来源：全国重点文物保护单位数据情况调查. http://www.1271.com.cn/

（二）石窟保护的复杂性与面临的主要威胁

如前所述，石窟寺是我国文化遗产的主要类型之一，石窟保护因此也是我国文物保护工作中的重要组成部分。

按建筑材料类型划分，石窟/石刻主要属于石质文物的范畴，针对石材这一人类历史上应用最广泛的材料，以其使用方式及保护内容的不同，石质文物可以分为以下三类。

这三类面临的主要威胁和基于此的保护目的、保护方式有相同之处，但关注的重点也有差异。比如，第一类需要关注石材自

身恶化造成的艺术、历史等文化价值流失等一系列问题，第二类需要关注岩石/岩体稳定性以确保空间延续性的问题，第三类则需要格外关注文字、画面等历史信息的真实性和安全性。然而，对于石窟来说，这并不是可以简单区分的问题。石窟中既包含有第一类文物，即

表1.2　石质文物分类

| 构成方式 | 保护认知 | 类型 | 案例 |
|---|---|---|---|
| 作为建筑/构筑材料 | 文物本体 | 建筑物、雕塑 | 圣彼得大教堂、乐山大佛、赵州桥 |
| 作为介质构成空间 | 文物本体及环境 | 石窟寺、陵墓 | 天梯山石窟、南唐二主陵 |
| 作为记录材料 | 文物本体（载体） | 碑刻、岩画、摩崖 | 广西花山岩画、大理南诏碑、四川广元千佛崖摩崖 |

雕塑、造像、某些窟檐，又有第二类，即岩体、崖壁，也有第三类，即碑刻、摩崖。同时，除了这三类石质文物外，还涉及木结构（窟檐、窟前寺庙）、壁画、塑像彩绘甚至土遗址等几乎所有类型的保护。事实上，石窟与木结构建筑、土遗址相比，所包含的保护对象更为丰富而多样，面临的威胁和因此需要保护解决的问题也更复杂（表1.3）。

表1.3　石窟、木结构、土遗址保护对象和面临的主要自然威胁比较

| 类型 | 主要保护对象 | 需要关注的主要自然威胁 | 保护案例 |
|---|---|---|---|
| 木结构建筑 | 建筑 | 关注解决木材恶化的问题，如开裂变形、虫蛀遭朽等 | 独乐寺观音阁20世纪90年代维修 |
| | 壁画 | 存在环境的稳定性，颜料、内容的延续性，如变色、起翘、脱落等 | 永乐宫壁画搬迁，西藏布达拉宫壁画保护 |
| | 塑像 | 塑像（多为泥塑）的稳定性问题，如胎体腐朽等。在木结构建筑保护中目前关注度较低 | 山西运城关帝庙关公夜读塑像保护 |
| 石结构建筑 | 建筑 | 主要关注石材恶化的问题，如风化、生物病害、开裂等 | 青岛德国建筑群保护维修 |
| 土遗址 | 遗址部分 | 关注夯土及地下遗址的问题，如氧化、化学风化、水解等 | 高昌古城保护 |
| | 其他可移动文物 | 可移动文物的氧化、移动、保存等问题 | |
| 石窟 | 岩体/崖壁 | 关注石材恶化的问题，如岩体开裂、风化、水蚀、生物病害等 | 麦积山20世纪80年代保护工程 |
| | 窟檐 | 木结构窟檐与木结构建筑类似，石结构的窟檐与石结构建筑类似 | 莫高窟九层塔保护 |

续表

| 类型 | 主要保护对象 | 需要关注的主要自然威胁 | 保护案例 |
|---|---|---|---|
| 石窟 | 造像（石）、摩崖题刻 | 关注石材恶化的问题，以及一些造像上彩绘、贴金的问题 | 大足千手观音造像保护 |
| | 造像（泥） | 与木结构建筑塑像类似 | 莫高窟塑像保护 |
| | 壁画 | 壁画的稳定性和延续性问题，如起甲、脱落、褪色、酥碱等 | 莫高窟壁画保护 |

除了上述多样的自然威胁外，人为因素也是造成石窟保护复杂度增强的一个原因。按照发生频率与作用方式可分为四类（表1.4）。

**表1.4　石窟面临的主要人为威胁**

| 发生频率<br>影响方式 | 突发性 | 普遍性 |
|---|---|---|
| 直接威胁石窟安全 | 一些突发性的破坏事件：2001年3月，塔利班政权炸毁阿富汗巴米扬大佛（图1.6）；1922年修建川陕公路毁坏广元千佛崖大约三分之一 | 刻画、涂抹、盗取：安岳石窟上的刻画痕迹，天龙山石窟佛像被盗取（图1.7）。不当维修：千手观音刷现代漆，克孜尔石窟喷涂加固剂的二次破坏 |
| 间接影响石窟安全 | 一些环境突变：重庆地区突降酸雨威胁大足石刻的安全 | 一些环境的持续性改变：云冈石窟在2005年以前受到109国道粉尘的持续性影响 |

图1.6　巴米扬大佛被炸毁

图1.7　天龙山第8窟被盗取佛头的佛像

资料来源：http://www.baike.com/wikdoc/sp/qr/history

一般情况下，直接影响是人类活动直接作用于石窟对其造成的损害，而间接影响则是通过影响或改变石窟所依存的环境而对石窟造成安全性和延续性的威胁。

从表1.3和表1.4中可以看出，首先石窟最直接、最主要的自然威胁来自水，包括降水对露天石窟石刻的冲刷，凝结水对洞窟内造像、壁画的破坏，裂隙水、岩体内部水分对造像、崖壁、彩绘、壁画的直接（水蚀）及间接（如酥碱、泛盐等）影响等；其次来自石材本身的衰退与恶化特性，如开裂、风化等。这些亟待解决的技术问题也是石窟保护一直所关注较多的，目前已有若干研究成果和案例的实践。比如，建造窟檐防止直接降水的影响；洞窟内除湿方法的探讨；如何减少岩体内部水分或减缓其运动以保护壁画，以及针对风化、危岩体的加固等方面的研究，一直是新中国成立以后石窟保护的主要内容。但与此同时，我们应该意识到，石窟保护不仅仅是技术问题，对于来自人为的威胁，无论是不当维修、突发性破坏事件还是环境的改变影响到石窟，也是值得我们总结和探讨的。这涉及采用技术手段背后的保护理念和价值观的思考，也是本书中探讨重要案例的角度，即从保护方法和表现出发，以《准则》为标尺，着重探讨其背后的理念与原则变化。



## 第二节　主要内容

本书中有两条线索：

第一，中国石窟保护的发展历程：在本书依照保护目的、理念发展的不同阶段，以时间为标尺，将19世纪末保护思想开始萌发到2013年这百多年的历史分为四个时期，梳理其中的重要案例，探讨保护思想、观念和方法的变化，总结保护过程中的经验教训与目前仍然存在的不足。

第二，《准则》在中国石窟保护中的作用：基于第一条线索，比较在《准则》产生前后的保护得失，通过《准则》产生之后的典型案例的分析，判断其在中国石窟保护中发挥的积极推动作用，并探讨其在该方面未来可能的提升空间。

其中，第一条线索是基础，第二条线索是本书讨论的重点。

对重要石窟保护案例的分析和讨论是本书的重点，也是探讨《准则》在石窟保护方面发挥影响与得失的重要资料和基础。本书基于以下方面选择案例进行分析：

1）在对整个中国石窟保护历程的回顾中，选择在相应时间阶段内最具有代表性、更多体现理念发展、技术革新、受到广泛关注的、影响力大、意义深远或有讨论价值的保护工程为重点案例进行详细研究和评估，一般日常保养工程不做介绍。

2）作为《准则》试点的相关保护案例优先为重点案例。

3）其他石质文物的保护在本书中未作涉及。

# 第二章
# 中国石窟保护历程回顾（1840～2013年）

本章将中国石窟保护历程划分为四个阶段：近代中国的石窟保护萌芽与探索时期（19世纪末至新中国成立前）、抢救性保护阶段（新中国成立初三十年）、开始科学性保护尝试的阶段（1980～1999年）与进入21世纪后的石窟保护大发展阶段。基于对每个阶段的社会文化背景、文化遗产保护概况、石窟保护的具体情况及典型案例的分析与回顾，对中国石窟保护中取得的成绩与目前尚未解决的问题作了总结；并指出，相较于2000年后的石窟保护，20世纪保护工作中表现出的问题更值得反思。这一方面与社会文化、政治意识突出有关，另一方面反映出石窟保护理念与原则理解上的不足。后者由此成为《准则》颁布并成为行业标准的缘由之一，也因此在指导之后的保护实践中发挥了重要的作用。

## 第一节　近代中国的石窟研究与保护探索

### 一、近代中国的社会文化

中国近代史始自1840年鸦片战争爆发，结束于1949年南京国民政府统治政权覆亡、中华人民共和国成立。这一百多年内中国政治经历晚清、中华民国临时政府、北洋军阀和南京国民政府四个时期，面临着五千年未有之变局的古老中国，以迥别于其他国家的特有方式经历了剧烈的社会变革，完成了经济结构、政治结构和文化结构的转型与过渡。

普遍认为，中国近代文化是在中西方两种不同模式、不同形态、处在不同发展阶段的文化中不断冲撞又融合而形成的。西方文化的冲击、挑战与中国文化主体的选择与应战，构成了“冲突”与“融合”[8]67、68这两大文化主题。按照中国文化主体由被动接受到主动学习、由表及里的文化演进过程，这一时期可分为三个阶段：第一个阶段，1840～1894年，即第一次鸦片战争至中日甲午战争时期，这一时期是以魏源“睁眼看世界”[9]思想发展，以及“师夷长技以制夷”[9]的洋务运动开展的阶段，中国人主要向西方学习各种技艺，因此诸如数学、天文学、化学、物理学、西医学、地质学等众多的自然科学传入，而社会科学除了西方宗教文化外，几乎没有传播。第二个阶段，1895～1911年甲午战争失败后至辛亥革命的时期，经历了甲午战争、戊戌变法、洋务运动的失败，国人对西方文化的认知也发生了变化，开始由表及里，认为对中国而言，“国有学，则虽忘而复兴；国无学，则一亡而永亡”①，承担着民族兴衰重任的文化，开始吸收西方政治与法学类的各门学科。1911～1949年是近代文化渐进的第三个阶段，随着“五四”新文化运动对科学、民主的追求与对自身的反思，大量西方学科蜂拥入中国，如哲学、心理学、美学、文学、教育学等，“其声势之浩大，威力之猛烈，简直是所向无敌”[10]。考古学与历史保护学科也正是在这一时期随着各种各样的思潮、学说传入了中国。

这整个近代的文化演进，与政治运动、经济发展密不可分，可以说每一步都伴随着中国人代价沉重、充满耻辱的步伐；在这激烈的社会冲突与变革中，不论是回归国粹的章太炎派，抑或中学为体、西学为用的梁启超派，都或多或少地体现了中国文化的被动后撤与彷徨求索。对于西方先进文化的仰慕与对于中国社会现状的焦虑，构成了这一时代文化人的矛盾心理。这种内心的矛盾与曲折，在留学生代替传教士成为文化传播的主体之后，体现的尤为明显。以第三代留学生为主体而建立的建筑史、艺术史，以及相关的保护学科，也不例外。

## 二、保护意识的萌芽与初步发展

我国古代历来有金石学、收藏学的传统，也有见“文物”发思古之幽情的情怀。唐朝诗人杜牧在《题宣州开元寺水阁》中写道“六朝文物草连空，天澹云闲今古同”，这里“文物”一词已经具备记忆

① 传为章太炎在翻阅《国粹学报》中所说，后常被引用。

和文化载体的初步含义；近代国学家朱剑心在其著作《金石学》中解释道："然则'金'者何？以钟鼎彝器为大宗，旁及兵器、度量衡器、符玺、钱币、镜鉴等物，凡古铜器之有铭识或无铭识者皆属之。'石'者何？以碑碣墓志为大宗，旁及摩崖、造像、经幢、柱础、石阙等物，凡石刻之有文字图像者皆属之。"至清末民国时期，金石学的地位甚至逐渐升高，但大多数人只讲鉴别以决定其高低真赝，继承朴素传统者极少。因此，当时的金石学和清末对于甲骨文的研究，都只限于"小学"范围内，"不可能引起古史研究上的革命性影响"[11]489。

1840年以后，西方列强入侵，明目张胆一而再、再而三地掠夺、盗窃、骗取了大量珍贵文物，烧毁和破坏了无数建筑与古迹。例如，1860年英法联军与1900年八国联军对圆明园的劫掠破坏，19世纪末至20世纪初期英国、德国、法国等对敦煌文物的盗取屡屡发生，以及以考古为名，用各种以非科学的手段对遗迹进行破坏性挖掘，使得大量珍贵遗产遭到了巨大损失。在这种情况下，康有为、杨云史、李慈铭、王闿运等著名学者纷纷发表痛心疾首的文字，呼吁维护国家珍藏。章太炎在《中国通史略例》中指出了考古学与历史学的相辅相成："今日治史，不专赖域中典籍。凡皇古异闻，种界实迹，见于洪积石层，足以补旧史所不逮者。"[12]331梁启超也指出"地质学，从地底僵石中考求人物进化之迹号"。这些学者的观点，一定程度上促进了社会对文物价值的新认知，对古物保护的问题也引起了广泛关注。

光绪三十二年（1906年），《保存古物推广办法》由刚刚成立的民政部拟定推行。两年后（1908年），清政府在其颁布的《城镇乡地方自治章程》中，列出了五项"善举"作为城市、乡镇的"自治事宜"，这五项分别是"救贫、救生、救火、贫民工艺"与"保存古迹"（第一章第三节第五条）[13]29。这部法律虽然不甚完善，且实施情况不理想，但作为中国近代第一部有关文物保护的法律，实开历史之先河。

第二部卓有价值的法律是由国民政府于民国十九年（1930年）6月2日颁布的，即《古物保存法》。在此之前，1916年3月和10月，北洋政府内务部曾分别颁布了两部法令，即《为切实保存前代文物古迹致各省民政长训令》《保存古物暂行办法》，国民政府内政部于1928年9月也曾颁布11条的《名胜古迹古物保存条例》，但均未有《古物保存法》及次年补充的《古物保存法施行细则》全面、系统及影响力深远。《古物保存法》共14条，其中明确了“古物”即“指与考古学、历史学、古生物学及其他文化有关之一切古物而言”[14]，还规定了古物的保存方式、管理办法和流通办法。这部法律借鉴了西方成熟的立法体系，可以说是辛亥革命以后宪法精神的集中体现。

伴随立法的是文物保护专门机构的成立。1928年3月，中央古物保管委员会①作为第一个文物保管官方机构成立了。在蔡元培的主持下，国民政府决定委员会设立委员23名，都是诸如陈寅恪、林风眠、张静江、胡适、徐悲鸿、易培基、李四光、傅斯年等文化界、政界的著名人士。北平分会和天津分会设立后，委员会完成了大量的文物普查，类型包括古建筑、古墓葬、古遗址，地区涉及北平、河北等华北诸省，另外在登记和普查这百多处文物的基础上，还发表了一些价值很高的学术论文。

此后，中央古物保管委员会还开展了全国范围的文物普查工作，并在参考和借鉴了时任中央古物保管委员会登记科科长傅雷②编译的《各国文物保管法规汇编》的基础上，制定了一系列法律法规，包括《采掘古物规则》《暂定古物范围及种类大纲》《非常时期保管古物办法》等十余部。委员会还向国民政府递交了“函请教育部，通令全国学校尽量协助，保存古物古迹事项，并设法于教科书内，插入保存古迹古物之材料”[11]28的议案。

中国营造学社与旧都文物整理委员会是中国近代另外两个重要的文物研究与保护机构。奠定了中国建筑史学研究基础的营造学社创办于1930年，其主旨在于研究“中国固有之建筑术、协助创建将来之新建筑”[15]189（朱启钤）。中国营造学社成立之初，侧重于对古文献的整理和外籍文献的翻译。在1931年7月梁思成、刘敦祯分别担任法式部、文献部主任之后，每年春秋都有学者分组进行古代建筑的实地调查与测绘。1932～1937年，中国营造学社共调研了15省200余县2000余处的古迹，发表了大量测绘图纸、调查报告和照片，刊载了其主要研究成果《中国营造学社汇刊》，这些研究成果至今仍具有重要的学术价值与参考意义。

20世纪30年代，一方面政府和学术界对文物古迹的调查研究日益

① 中央古物保管委员会原隶属于大学院，1929年3月因大学院制结束，改隶属于教育部。

② 傅雷编译《各国文物保管法规汇编》时采用笔名“傅汝霖”。

关注，另一方面因日本侵略者觊觎华北，政治时局纷繁复杂，出于意图将国防建设寓于北平这一国际文化都市的规划当中以期藉此遏止日本的侵略图谋的原因，旧都文物整理委员会于1935年1月在北平成立了。该机构的主要职能是对传统建筑的调查研究与保护修缮[16]207、208。从1935年5月至1938年1月，先后完成了两期包括明长陵、内外城垣、城内各牌楼①、东南角楼、西安门、地安门、钟楼、天宁寺、天坛、国子监辟雍、碧云寺总理衣冠冢（金刚宝座塔）、玉泉山玉峰塔、碧云寺、西直门外五塔寺、妙应寺白塔、中南海紫光阁、文丞相祠、故宫午门、协和门朝房、南熏殿等几十处重要工程。

中央古物保管委员会、中国营造学社、旧都文物整理委员会是中国现代保护文物意识觉醒并发展的见证，成为中国现代文物保护事业的滥觞。

## 三、中西方学者对石窟的关注

清末民国时期，众多的石窟因年代久远、地理位置偏僻不为人知。世人有所关注的只是其中很少的几处，如敦煌莫高窟、云冈石窟等。

### （一）西方探险家、学者的活动

莫高窟位于河西走廊西端的沃州、甘肃敦煌县三危山和鸣沙山之间的峭壁上，地处古丝绸之路的要冲。相传始凿于前秦建元二年（366年），历北魏、西魏、北周、隋、唐、五代、宋、西夏和元，工程延续约千年。其窟室、木构窟檐、壁画与彩塑均具有极高的价值。据《敦煌县志》所载，早在清光绪五年（1879年），匈牙利地质学家洛克齐就来到莫高窟并对其做了其高的评价。但西方探险家大规模的活动，是在1900年道士王圆箓在清除洞窟积沙时发现了藏经洞②中封存近千年的数万写本、文物之后。

光绪二十八年（1902年），甘肃学政叶昌炽从时任敦煌知县的汪

① 城内各牌楼包括正阳门五牌楼、东西长安街牌楼、金鳌玉蝀牌楼、东四牌楼、西四牌楼、东西交民巷牌楼等；天坛修缮包括圜丘、皇穹宇、祈年殿及殿基台面、祈年门、祈年殿配殿及围墙、祈年殿南砖门，以及成贞门、皇乾殿、北坛门及西天门、外坛西墙。

② 藏经洞，今莫高窟第17窟。

宗翰处得到几件敦煌写卷和绢画，因感其精美，建议甘肃省藩台将敦煌文物上调兰州保管，可惜未果；省府下令“就地封存”[17]86、87。此后的30年内，英国、法国、德国、美国、日本探险队纷至沓来，盗走、骗取敦煌文物无数。1907年，英国人斯坦因是第一批来到敦煌的探险者与考古者，赴敦煌工作三个多月，一方面进行了卓有成效的研究，包括对敦煌北境汉代边防工程的考古与研究，对千佛洞现状进行了摄影与记录，另一方面他从王圆箓手中骗取了大量的写本和佛画，并以不科学的方式野蛮地挖掘了附近的遗址。1908年，法国人伯希和继斯坦因之后，也率领探险考古队在千佛洞工作了四个多月[18]20、21。除了由王圆箓手中低价购买了一批斯坦因剩下来的很重要的写本以外，他对千佛洞的182个洞窟做了编号，并抄写记录了当时500多个洞窟的题识与题记，描绘洞窟平面、记录洞内壁画的内容与建筑风格，并拍摄照片，后于1920～1926年出版了六卷《敦煌图录》（图2.1、图2.2）。在所有西域探险团中，伯希和一行由于其本身的汉学、考古与艺术水平，在敦煌研究与提升其知名度方面贡献最大。1980～1992年出版的《伯希和敦煌石窟笔记》（6册）记载了他所做的断代、艺术风格等的研究，但同时伯希和劫掠的文物文献数量惊人、价值极高，这些文献为之后法国数代汉学家的研究提供了充足的资料，也由此造就了一大批传世东方学名著。

图2.1　1907年莫高窟栈道图

图2.2　1908年76～80号洞窟外景

资料来源：伯希和：《伯希和敦煌石窟笔记》，兰州：甘肃人民出版社，2007年，第4页

在同一时期，开凿于北魏的山西大同云冈石窟也出现了外国人的身影。1902年，日本建筑学家伊东忠太在调查辽金建筑时发现了云冈石窟，后发表了《云冈旅行记》、考察报告《北清建筑调查报告》与《支那山西云冈石窟寺》。这是近代云冈石窟研究的开端，此后云

冈石窟进入国际视野，在新中国成立前外国学者多次组织云冈考察（表2.1）。

**表2.1 1902～1949年外国学者对云冈的考察及重要著述**

| 时间 | 考察情况 | 成果 |
| --- | --- | --- |
| 1902年6月 | （日）伊东忠太发现了云冈石窟 | 《云冈旅行记》《北清建筑调查报告》《支那山西云冈石窟寺》 |
| 1906年 | （法）夏凡诺考察云冈并拍摄照片 | 《华北考古学使命记》 |
| 1907年 | （法）沙畹调查云冈石窟 | 《北中国考古实录》（文字1卷、图片2卷），云冈最早的图像记录 |
| 1918年 | （日）木下木工考察云冈 | |
| 1919年 | （日）关野贞等调查云冈石窟 | 《山西云冈》 |
| 1925年 | （美）毕西约茨普和基乌森根考察云冈 | |
| 1939年 | （日）岩崎继生赴大同调察 | 《大同风土记》 |
| 1938～1944年 | （日）水野清一、长广敏雄7次考察云冈，调查、拍照、测绘、拓印 | 《云冈石窟：公元五世纪中国北部佛教石窟寺院的考古学调查报告》（16卷，32本） |

20世纪初，西方列强纷纷派遣探险队和考古队深入中国，是在其对海外殖民地分割完毕之后、在益发激烈的资源争夺与势力竞争的环境下兴起的。在这个过程中，他们的活动为学术研究做出了贡献，然而不可否认，其目的仍然是殖民扩张与文化侵略。

（二）中国学者的早期研究

**1. 梁思成与中国营造学社的工作**

1930年，梁思成在东北大学讲授《中国雕塑史》①，其中借鉴了许多外国学者的石窟资料，如“日本之常盘大定，关野贞……具有著述，供我南车。而国人之著述反无一足道者，能无有愧？”[19]59表达了期待中国人自己研究的迫切心理。1932年中国营造学社成立初期，梁思成根据伯希和《敦煌图录》资料，于《中国营造学社汇刊》第三

① 后根据其讲稿整理，1985年收入《梁思成文集（三）》中，1998年又由林洙单独抽出出版单行本。

卷第一期上发表了《我们所知道的唐代佛寺与宫殿》[①]一文。1933年，梁思成、林徽因、刘敦祯赴大同调查古建筑与云冈石窟（图2.3、图2.4），撰写了《云冈石窟中所表现的北魏建筑》一文，发表于《中国营造学社汇刊》第四卷第三、第四期。文中系统地分析了云冈石窟中的建筑形式和装饰特色，总结了其中的传统特色与外来因素。

图2.3 云冈石窟中部第一、第二、第三外部木构正面

图2.4 云冈石窟中部第五洞内门

资料来源：梁思成：《云冈石窟中所表现的北魏建筑》//梁思成：《梁思成全集》（第二卷），北京：中国建筑工业出版社，2001年，第198、208页

1937年抗日战争爆发后，梁思成等转移到西南后方，但仍未停止工作。在1939年9月开始的川康地区古建筑调查中，梁思成、刘敦桢、陈明达、莫宗江几位先生考察了35个县的众多摩崖石刻（表2.2），其中以大足宝顶山、北山两处最为重要。

梁思成在其撰写的《西南建筑图说》与《图像中国建筑史》两部著作中记叙了这次考察的部分成果。他深感大足石刻的题材丰富与保存精美。1947年应邀赴美讲学期间，在普林斯顿大学的校庆活动之一“远东文化与社会国际研讨会”上，担任主席的梁思成在60多位研究远东文化的专家学者面前做了两场讲演，其一是“建筑发现”，其二

① 后来梁思成将该书内容拓展，在1951年的《文物参考资料》第二卷第五期上发表了《敦煌壁画中所见的中国古代建筑》一文。

**表2.2　中国营造学社川康之行所考查的重要摩崖石刻**（1939年9月～1940年2月）

| 区域 | 名称 |
|---|---|
| 巴县 | 巴县摩崖造像 |
| 夹江县 | 千佛崖摩崖造像 |
| 乐山 | 乐山摩崖造像、龙鸿寺摩崖造像 |
| 彭山 | 象耳山摩崖造像 |
| 绵阳 | 西山观摩崖造像 |
| 梓潼 | 卧龙山千佛崖摩崖造像 |
| 广元 | 千佛崖摩崖造像（图2.5）、皇泽寺摩崖造像 |
| 昭化 | 观音崖摩崖造像 |
| 阆中 | 间溪口摩崖造像、青崖山摩崖造像 |
| 乐池 | 千佛崖摩崖造像 |
| 潼南 | 大佛寺摩崖造像、千佛崖摩崖造像 |
| 大足 | 北崖摩崖造像、周家白鹤林摩崖造像、宝鼎寺摩崖造像 |
| 合川 | 濮崖寺摩崖造像 |

资料来源：林洙：《中国营造史略》，北京：百花文艺出版社，2008年，第173～176页

图2.5　梁思成（左）莫宗江（右）考察广元千佛崖

资料来源：林洙：《中国营造史略》，北京：百花文艺出版社，2008年，第176～178页

是“唐宋雕塑”，介绍了此前未见报道的大足石刻。可以说，梁思成是将大足石刻引向国际的第一人。此外，梁思成还促进了敦煌研究所的成立工作。

### 2. 其他相关学者的工作

比较值得关注的是，1943年以考古学家夏鼐等为首组成的西北科学考察团，出于“想做点斯氏在敦煌所未曾做过的考古工作”之愿望，赴莫高窟千佛洞考察并踏查了附近的古墓，此后撰有《敦煌藏经洞封闭的年代》《敦煌考古漫记（1～3）》《新获之敦煌汉简》等。

1918年陈垣在云冈石窟考察，次年他发表了《记大同武州山石窟寺》一文，从考古学的角度考证了云冈石窟。此后，叶恭绰、郑振铎等也曾赴云冈石窟考察。1947年始，宿白先生因发现大金西京武州山大石窟寺碑对云冈石窟进行了多次考察，一直延续到50年代，并发表了多篇论文。

1945年4月，抗日战争胜利前夕，国学家杨家骆邀请学者顾颉刚、马衡、何遂、朱锦江、冯四知、傅振伦、苏鸿恩、吴显齐等共15人组成了“大足石刻考察团”，考察了北山、宝顶山和南山、石门山石窟群，可谓开科学考察之先河。在考察的8天内，（重庆）《大公报》《中央日报》《新民报》等皆以显著的位置报道了考察团的工作。这次考察成果颇丰，次年杨家骆撰写了《大足石刻图征序》，并在序言中评价了这次考察的工作：对“大足石刻”“编制其窟号、测量其部位、摩绘其像饰、椎拓其图文、鉴定其年代、考论其价值，以为可继云冈、龙门鼎足而三，世亦以家骆之言为不谬，于是大足石刻乃渐着于斯世矣”①。此后，“大足石刻”这一名称固定也沿用下来，逐渐为世人所知。

## （三）尝试中的石窟保护

### 1. 常书鸿与第一个石窟保护机构的成立

1935年秋，在巴黎学习美术的常书鸿先生由于一个偶然的机会在异邦首次发现了敦煌石窟的存在，被其表现出的艺术魅力深深倾倒，自责“对待祖国遗产的虚无主义态度，实在是数典忘祖”，由此决心“为苦难中拥有稀世之珍的敦煌石窟艺术的祖国”“献出我的一切”[20]38。回国后，他又受到了梁思成和徐悲鸿的鼓励与支持，如“你这破釜沉

① 《大足石刻图征序》等相关资料由大足石刻艺术博物馆的前馆长郭相颖先生提供。

舟的决心我很倾佩，如果我身体好，我也会去的呢！祝你有志者事竟成”（梁思成），“我们从事艺术工作的人，要学习玄奘苦行僧的精神，把敦煌民族艺术宝库的保护、整理、研究工作做到底”（徐悲鸿）。在于右任“将敦煌千佛洞收归国有，招收人才建立敦煌学院，对敦煌进行保护和研究”[19]61的建议下，中华民国教育部决定成立敦煌艺术研究所。1942年8月，南京国民政府在重庆报纸上公开了研究所筹备成立的消息，公布由7人组成委员会，陕甘宁青新五省监察始高一涵任主任委员，常书鸿任副主任委员。经过数月的准备和一个多月的飞机、汽车、骆驼的旅程，常书鸿一行6人终于在1943年3月下旬到达敦煌。但研究所成立后并不是一帆风顺的，先是经费迟迟不到，直到常书鸿去电请梁思成帮忙询问，财政部才将款汇出。1945年，常书鸿又遭受了家庭剧变的打击，其妻陈芝秀因忍受不了敦煌艰苦的生活条件，于4月19日离家出走，后在兰州登报解除了夫妻关系。同年7月，国民政府突然宣布撤销敦煌艺术研究院，将工作移交敦煌县政府，这简直令研究所人员目瞪口呆。在此危难之时，董必武、周恩来、郭沫若、林伯渠等中共领导及文化界人士看到了在重庆中苏文协楼参展的首批千佛洞壁画摹本，去信表达了对研究所人员的支持和赞扬，这才使得常书鸿等又燃起了热情，坚持了下去，从此守在敦煌五十年不改初衷①。

图2.6　1944年年初常书鸿与同事在莫高窟勘测

资料来源：常书鸿：《九十春秋——敦煌五十年》，北京：北京大学出版社，2011年，第92页

**2. 保护工作的艰难开展**

20世纪40年代的保护工作主要有两项：修建围墙和防沙。在研究所刚刚成立之时，常书鸿等发现经常一夜风沙过后洞窟就被掩埋大半，当时初步测算，仅南部石窟群中段下层就有上百个洞窟遭流沙掩埋。而请工程人员计算清沙的结果是，光雇佣民工就需要300万法郎，

① 1945年常书鸿离开敦煌，1947年返回。

这对于全部筹建资金只有5万元的研究所来说完全是天价。6位委员经过讨论，后来决定采取传统做法[14]86，用绳索拉着木板刮沙，然后再用渠水将积沙冲走，从而把下层的洞窟清理出来。

莫高窟地区原是无人管理的地带，因此文物盗窃现象屡屡发生，附近的牧民们更习惯于在千佛洞附近放牧，牛羊啃光了春草还拼命啃食为数不多的杨树，为了加强管理，明确莫高窟已正式纳入研究所管理的范围，常书鸿等计划建造一堵约两千米的围墙，将窟群圈在里面。可想而知，这个建墙的想法在当初是多么艰难，敦煌县县长嘲笑常书鸿在沙上建土墙的想法是书呆子的空中楼阁，但他们并不气馁。终于，在一次庙会上常书鸿意外获得了利用含碱量很高的千佛洞水和沙子夯实做墙的方法，接着又克服了没有民工、费用短缺等困难，终于在1943年修建起了这道围墙，成为莫高窟的最初防线和范围标志。

研究所还修缮了那些坍圮的栈道，关闭以前王道士破坏性的交通穿洞，重新建立简单的上下交通，并给一些重要的洞窟如第428窟、第61窟、第98窟等安装洞窟门，这些门一直使用到了20世纪60年代。此后，北平国立艺术专科学校陆续有学者奔赴敦煌，测绘石窟、内容调查、石窟变化、壁画临摹等研究工作得以开展。

## 四、对石窟研究和保护探索阶段的小结

20世纪上半叶的中国，风云变幻、时局动荡。在这个政治、经济都发生着巨大变化的时期，文化也随着社会转型而逐步演进。面对着国家遭受军事侵略、资源抢夺，以及在新旧文化冲撞中传统逐步退让的事实，这一时期的学者普遍有一种极强的民族责任感。就文物保护这一新兴学科来说，不仅仅文物本身具有重要的文化象征意义，而且与文物变迁密切相连的种种事件直接关系到社会、政治、文化的变化。因此，本学科的建立者和带头人有着更为强烈的民族使命感；另外，由于各主要学者的留学经历，使得他们的内心对中西方文化冲撞与融合的体验也更为直接和明显。这些矛盾和复杂的心理，表现在学科建设上就是采用西方科学的体系和方法，为中国自己的传统与文化做贡献，并急切地希望能够为世界学术界所认可，希望中国的传统文化能够在与西方文化的抗争中守住一席之地。梁思成在美国时决心研究《营造法式》与回国后从事的调查与研究，与常书鸿在巴黎看到敦煌画卷后立刻决定回国的急迫，都是这种责任感与内心急迫性的体现。

在这个阶段文物保护的萌芽，除了对西方学说的借鉴外，更多的来源于学者们爱国的热情与民族自尊心、责任感，以及对于不断叠加的历史价值的朦胧认知，“生命是短暂的，但战争的痕迹被记录在各种各样的载体之上，文物便是其中的重要一类”[21]3——所以需要更好地留存以示后人。基于此，保护工作的进行远没有对保护对象的相关考察和研究引人关注、成果丰富，它是简单朴素、带有尝试性和自发性的。但不能忽略的是，这一时段的研究与后来保护体系的建立密不可分，简单来说，价值越早明确的，越早得到了保护。以大足石刻为例，因它较早得到了中国营造学社和其他学者等的关注和研究，并在国际上有了一定的知名度，才使得对它的保护，与同样早早引人瞩目的敦煌、云冈石窟一起，走在了中国石窟保护的前列；而与大足石刻位置相邻、价值相若的安岳石刻，因对它的研究开始较晚，保护工作的开展也因此远远落后，这又造成了对其价值破坏的恶性循环。从这个意义上来说，近代中外学者对石窟的考察与研究，奠定了此后中国半个多世纪的保护体系格局。

## 第二节　石窟抢救性保护阶段概述与重要案例（20世纪50～70年代）

### 一、社会文化背景

1949～1978年这30年，是中华人民共和国建设渐进发展的时期。中国共产党在社会主义建设道路上进行了包括经济建设、政治建设、思想文化建设等方面的探索，成绩斐然，但道路也曲折无比。总的来说，伴随着国家经济建设、政治决策、文化政策在理性与失误之间的摆动，中国的思想文化以及在其影响下的文化遗产保护也经历着“春来春去”、冷暖交织的历练，其中的经验教训发人深思。

1949～1953年，是一个对人民政权的巩固的过渡时期，在这一段时间内，工农业的经济水平恢复到了国家最高水平，马克思主义被确立为国家主导意识形态并通过思想改造和思想批判不断加以强化。1953年开始，新中国进入全面开始社会主义建设的阶段。这一时期，一方面在毛主席“……要学习苏联的先进经验……”[22]263的提倡下，全国各行各业都“在全国掀起一个学习苏联的高潮，来建设我们的国家”[22]264；另一方面，中共中央又针对文化与历史研究提出了“百花齐放、百家争鸣”的“双百方针”，使得众学者“一片衷心拥护，兴高采烈，积极性很高涨”[23]518，对于过去科学与文化工作中的缺点，特别是教条主义和迷信苏联上，展开了反思，并对某些问题进行了建设性思考。“只有把介绍和批评互相结合，才能对资产阶级思想做正确的评估。”[24]这些方针与思潮也表现在文物保护工作中。在学习苏联的浪潮影响下，《文物参考资料》等期刊上发表了多篇介绍苏联及其他东欧社会主义国家文物保护经验的文章，国内一些学者也翻译出版了苏联相关方面的法规和书籍[25]35，如《苏联初期文化建设史略》《苏联考古学》《苏联博物馆学基础》《属于国家保护之下的建筑文物的统计、登记、维护和修理工作程序的规定》《历史纪念物与考古学遗迹的管理》等。而在“双百方针”的指导下，学者们也对工作中如何对待马克思主义的指导地位与学术发展的关系，如何正确地对待中西文化遗产和学术成果的关系进行了广泛而有意义的讨论。《考古》《文物》《文物参考资料》在这期间也有关于如何在马克思主义指导下正确引入西方经验的讨论，并介绍了包括埃及、日本在内的一些考古和文物工作。可惜的是，这样短暂的春天在1957年6月开始的“反右”运动及随后的“大跃进”中结束了。在全国上下都如醉如痴般地不断“创造发明”，各种“奇迹”争相出现的浮夸背景下，文物保护工作也要跟上物质生产领域“大跃进”的步伐，要“多快好省”，要“走群众路线”，在工作中“宣传比透彻，复查比质量，发掘比两利，资料比清理，修缮比勤俭，学习比红专”①。这种政策也是造成石窟保护中力求节省、以抢救性维护为主的原因之一。

由于上述运动和自然灾害的发生，使得本就薄弱的国民经济出现了严重的困难，在20世纪60年代初，中共中央提出了“调整、巩固、充实、提高”的经济调整“八字方针”，开始纠正“左”的错误，社会、文化的发展也因此进入了复苏期。聂荣臻就自然科学的发展提出“不要给自然科学技术的不同学派和不同主张贴上什么‘资产阶级的’、‘无产阶级的’、‘资本主义的’、‘社会主义的’之类的标

---

① 在1958年3月5日文化部召开的全国文物、博物馆工作会议上由参会代表提出，被称为“六比”倡议。

签”①。周恩来总理也指出，“精神生产是不能划一化地要求的”。他认为文化相关领域的广泛性与多样化，恰恰是其生产的一大特点，而统一化、规格化、模式化才是文化的失败[26]133、134。相应的文物保护事业也进入了阶段性总结的时期。这一时期相关法律法规的完善与首批全国重点文物保护单位的公布，具有承前启后的重要意义；相应的各大石窟的保护也开始走向尝试有计划有目的的道路。

然而，由于时代的局限，政策的力度和深度受到影响，党内并未从根本上肃清“左”的思想，在1966开始的“文化大革命”中，极“左”思想又一次造成了国家的劫难。在“文化大革命”的十年中，“打倒一切”的无政府与造反狂潮盛行，即否定一切人类以往的文化成果，否定一切中国文化传统，特别是以孔子为代表的儒家文化。在这十年中，文化遗产工作呈现出两级的趋势，一方面对于在前一阶段工作中公布为国家重点文物保护单位的遗产点，在国家外事环境和决策变化的情况下，因为自身所具备的文化价值和象征意义，受到了由上到下的关注，保护工作有条不紊地进行着，如在1972年受到周总理直接关注的云冈石窟修缮工程；但另一方面，那些广大的、还未完成调查、未定级的遗产点，遭到了严重的破坏。国内有相当数量的文物，包括可移动、不可移动，建筑、石窟、遗址都在这一时期毁坏，众多具有极高价值的石窟造像在这个时间段内被推倒、砸烂，这造成了国家文化资源的巨大损失，也给以后的文物保护工作造成了许多困难。

## 二、抢救性的石窟保护概述与重要案例分析

### （一）保护体系的建立与保护工作的开展

#### 1. 保护机构与保护法规

新中国成立后，中央人民政府于文化部内设立文物事业管理局，分别任命郑振铎、王冶秋为正、副局长，负责并管理全国的文物事业、博物馆事业及图书馆事业。文物事业管理局即是国家文物局的前身，它的名称、隶属关系虽在此后的工作中有过多次变更，但文物事

① 聂荣臻在1961年6月20日的《关于当前自然科学工作中若干政策问题的请示报告》中提出。

业管理局的成立，象征着我国的文物行政管理系统开始逐步走向制度化，各省和重要的市、县也都纷纷成立了专门的文物保护机构。比如，成立于1952年的大足县文物保管所（今大足石刻艺术博物馆的前身）[①]、成立于1953年的龙门石窟保管所等，这些保护机构在百废待兴的困难时期，为石窟保护工作做出了重要的贡献。

除了由上而下的保护机构逐步建立外，中央还开始建立文物保护的法律法规体系。从20世纪50年代到70年代末的30年内，中央人民政府公布的与文物保护相关的法律、法规、文件有近50篇[②]。50年代初期主要是为了确立规范良好的文物环境与秩序，执行“坚决保护，严禁破坏”的保护方针，防止文物的继续流失，因此相关法律法规都围绕这一目的制定，如1950年颁布的《古迹、珍贵文物、图书及稀有生物保护办法》《古文化遗址及古墓葬之调查发掘暂行办法》《关于征集革命文物的命令》《保护古文物建筑的指示》、1951年颁布的《地方文物管理委员会暂行组织通则》等。在“一五”建设时期，国家政治、经济、文化氛围欣欣向荣，中央人民政府公布了《关于在基本建设工程中保护历史及革命文物的通知》（1953）、《国务院关于在农业生产建设中保护文物的通知》（1956）等，并在直到“反右”运动“大跃进”开始使得相关工作暂时停滞。60年代随着纠“左”，文物事业也进入了复苏期，1961年颁布的《文物保护管理暂行条例》《国务院关于进一步加强文物保护和管理工作的指示》、1963年颁布的《文物保护单位保护管理暂行办法》《革命纪念建筑、历史纪念建筑、古建筑、石窟寺修缮暂行管理办法》[③]等一系列法律法规的公布，使得文物保护体系初步建立，开始走向法制化的道路。然而在“文化大革命”时期，与其他事业类似，文物事业也经历了曲折的道路。这一时期相关的法律体系没有再进一步有效的完善，公布的文件多与时代背景相关，如1973年颁布的《国家文物事业管理局关于进一步加强保护古窑址的通知》《外贸部、商业部、国家文物事业管理局关于加强从杂铜中拣选文物的通知》等，由于体系的不健全，使得我国的文

① 1945年6月，大足曾在陈习删、郭鸿厚的操办下，成立“大足石刻文物保护委员会”，后撤销。

② 这一部分的法律法规参考国家文物事业管理局编的《新中国文物法规选编》。

③ 后文简称1963年《修缮暂行管理办法》。

物遭受了巨大的损失，直到“文化大革命”中后期，随着外交事业的开展需求，这种情况才有所好转。

**2. 第一次文物普查与首批文物保护单位**

新中国成立初期，由于对全国文物资源的掌握度有限，使得基本建设与文物保护工作常因冲突而受阻，1956~1959年，新中国开展了第一次全国范围内的文物普查工作。1961年，根据这次普查结果，180处遗产点被公布为首批全国重点文物保护单位①。

这次文物普查是在1956年“国务院通知”②要求与社会主义建设顺利进行的大形势下，在一些地方已经自发开展文物普查工作的基础上进行的：“一五”计划和社会主义三大改造的顺利完成，使得全国呈现一片蓬勃的发展势头，在1956年1月召开的全国知识分子会议上，提出了“12年计划”，即在12年内争取使中国的科学文化接近世界先进水平[27]79、80。这大大激发了文物工作者的热情。另外，自新中国成立初期开始，文物事业管理局和各地文物管理机构出于获得文物分布、保存、现状等资料的目的，已经开始组织一些重点地区的文物调查。比如，1950年2月管理局就通过制定并下发了7种调查表至各地文物部门、文教机关，以期了解全国各地的不可移动文物（名胜古迹、革命建筑）和可移动文物（图书馆、博物馆）的保存现状[28]14。同时，管理局还组织了调查队奔赴诸如山西、山东、东北、雁北、西南、西北等文物重点地区，调研了相关文物的现状。对炳灵寺、麦积山等重要石窟的发现与调查就在这一背景下进行的。这些零散的、粗略的调查给第一次文物普查奠定了基础。

随着1956年“国务院通知”的公布，在其中明确规定了“历史和文物遗迹”普查的必要性，要求各个省（自治区、直辖市）将目前已知的文物报上级政府，并由文化部颁发执照统一管理，“……置于国家保护之列”[29]24、25。在这一精神的指导下，文物界开始对普查工作的相关原则、方法、内容、试点情况（山西省）展开了热烈讨论，《文物参考资料》上刊登了多篇相关讨论文章（表2.3），为普查工作的进行提供了科学基础和指导。

① 具体名单参见国家文物局网站“资料信息”栏：http://www.sach.gov.cn/tabid/96/InfoID/16/frtid/96/Default.aspx。

② 全名是“关于在农业生产建设中保护文物的通知”。

**表2.3　1956年关于文物普查相关问题的讨论与部分初步成果**

| 时间 | 讨论文章 | 要点 |
|---|---|---|
| 1956年第5期 | 罗容《谈文物古迹的普查工作》 | 指出文物普查是一种具有登记性质的、全面性的（地上古迹、地下遗址）综合性的调查 |
| 1956年第4期 | 罗哲文《太原龙山、蒙山的几处石窟和建筑》 | 童子寺、龙泉寺石窟、开化寺、化身佛墓塔的调查情况 |
| 1956年第5期 | 傅振伦《抓紧时机搜集近代文物资料》 | |
| 1956年第5期 | 吴觉非《四川安岳县的石刻》、陶鸣宽《四川巴中南龛的摩崖造像》、王家佑执笔《四川广元皇泽寺及其石刻》 | 这一时期四川省开展文物普查与调研的成果介绍 |
| 1956年第7期 | 河南省辉县文化科《河南辉县在保护文物工作中进行的群众工作》 | 强调了在文物普查中走群众路线的问题 |
| 1956年第7期 | 周到《我对如何进行文物普查工作的一点主张》 | 对罗容一文的补充和讨论，对普查工作方法的探讨 |
| 1956年第7期 | 滋阳县文物普查工作的初步体验 | 作为山东省普查试点的滋阳县工作经验 |
| 1956年第8期 | 莫稚《我对文物普查的一些意见》 | 靠谁去完成、普查重点地区的选择以及普查具体步骤、方法选择的讨论 |

这次历时两年多的文物普查工作，基本上摸清了各个地区文物的分布状况，为收集、发掘、保护、研究及后续的展览提供了充分的资料；同时发现了一批珍贵的文物，如平遥镇国寺、山西南禅寺、莫高窟的宋代窟檐建筑、河北昌黎的源影塔，以及包括甘肃永靖炳灵寺、天水麦积山石窟在内的大量石窟寺。在此基础上，为文物分级分类提供了依据，并直接表现在国家、省市第一批文物保护单位的确立上：除了1961年全国第一批重点文物保护单位公布外，1956～1961年，山东省、陕西省、四川省、山西省、湖南省都先后公布了第一批、第二批省级文物保护单位，分别为1629处、116处、96处①、297处和131处。

截至1957年，全国各个省（自治区、直辖市）公布了5572处的省级文物保护单位，次年，这个数字就达到了6726处（西藏地区除外）。这些保护单位的公布与同时《文物保护管理暂行条例》的制定，明确了“四有”的工作内容，使得文物保护管理逐渐制度化。虽

① 四川省1956年公布了第一批61处，1961年公布了第二批35处。

然这次普查仍存在许多问题，如时间短，缺乏经验，对文物价值评定不够科学，因地区太广而漏掉许多文物，资料填写不够全面，普查过程中因专业水平不够而对一些文物有所损坏等，但无可否认这次开始的重要意义。

**3. 石窟保护工作的开展**



就具体的石窟保护工作来说，新中国成立后的30年内的重要工作有两类：一是对重要石窟的发现、调研、普查和研究，并逐步开展抢救性保护；二是仍以敦煌、云冈、大足、龙门这四大著名石窟的保护工作为重点，进行相关的保护工程，代表保护工程包括20世纪50年代大足北山保护长廊及六角亭、四角亭等保护设施的建设、20世纪60年代莫高窟保护工程与20世纪70年代的云冈保护工程。

1950～1954年，全国开始对重点文物地区的进行调查。其中，新中国成立后规模最大的雁北考察团①考察了包括云冈石窟在内的山西各类文物古迹，而炳灵寺古窟勘察团在中央和地方文化部门的组织下，经过十多天的工作，重新发现和认识了"几十年来被人遗忘的炳灵寺古窟"[30]227。在这次考察的基础上，1953年麦积山石窟考察团（同样由国家文物局组织），在为期一个多月的时间内，通过测绘、记录和研究，对位于甘肃天水的麦积山石窟进行了第一次较完整的考察。次年，新疆文物调查团在国家文物局的组织下，也完成了对新疆边远地区，包括石窟寺、城址在内的文物调查。这些普查性质的调查和研究发现了大批被人们忽略或遗忘的石窟石刻，在完善中国石窟寺谱系上有着重要意义。

敦煌、龙门、大足、云冈这四大重要石窟在这30多年的保护中可以说都是以抢救性保护为主，但侧重点各有不同。简单来说，敦煌莫高窟秉承研究到保护、由外而内的原则，以对敦煌各方面的价值研究和窟檐木构保护与修缮、窟体加固工程为主；龙门石窟以宣传石窟价值，发动群众共同保护为原则，以社会保护为主要内容；云冈石窟开

---

① 雁北考察团由国家文物局负责组织，以史前考古学、古生物学家裴文中为团长，团员由北京大学、清华大学、北京市文物整理委员会、北京历史博物馆、故宫博物院和文物局等单位的16名考古与古建筑专家组成，分考古和古建两组。自1950年7月21日到8月31日，勘察团调查了大同云冈石窟、山阴故驿村古城、应县和朔县古建筑、浑源战国铜器遗址、阳高古城堡、广武古墓群、五台山唐代木建筑等，并进行了细密的测绘、摄影、记录，以及小规模的发掘。

始以整理环境为主要目的，自20世纪60年代中期开始尝试各种技术手段的科学保护；大足石刻则以防水为主，开展了系列保护工程。

新中国成立初期，中央文化部下达了“保护工作，首先应明确认识，保护敦煌石窟艺术不使其受到任何损坏是一项重要的政治任务”[18]211的重要指示，1951年6月，包括北京大学的赵正之，清华大学的余鸣谦、陈明达、莫宗江等传统建筑专家在内的一批学者，在中央统一调拨下，对莫高窟石窟文物开展了全面的勘察和研究工作。基于这些前期工作，确定了“治本结合治标、临时结合永久、由窟外到窟内”[31]14的时序与方法。专家们对这个全面维修的计划展开了热烈的讨论，有学者认为，该价值突出的遗产地经历过北魏至元代近千年的修建，应该保持各个时代不同的风格；也有学者主张应当选取唐代这一杰出时代代表，所有的窟檐等建筑全修复成唐代风格；还有人主张用一个巨型的建筑将莫高窟整个笼罩起来做防风防沙用。由于专家们莫衷一是，且当时经费欠缺，整体维修的计划还是被搁置了下来。这次讨论之后，中央文化部仅仅对五座唐宋时代窟檐的木构建筑进行了修缮：对第196窟晚唐窟檐做木构的加固；对第431窟宋代窟檐做复原扶栏、屋顶、门窗；对第437窟宋代窟檐做梁柱、斗拱、栏杆、门窗的复原修缮（图2.7）；对第444窟宋代窟檐修缮了下部托梁，复原门窗及屋顶鸱尾；对427窟始建于隋代、宋代重修的窟檐及窟室做了整修。这次修缮根据保持原貌、整旧如旧的原则进行，是新中国成立以来首次对这五座唐宋木构窟檐的抢修。

图2.7　第437窟宋代窟檐维修后

资料来源：萧默：《敦煌莫高窟的洞窟形制》//敦煌文物研究所：《中国石窟敦煌莫高窟（2）》，北京：文物出版社，1984

龙门石窟保管所成立后的前20年，主要工作是以防止人为破坏的社会保护为主，包括严禁石窟盗取、禁止附近开山取石、按照国保单位要求划定保护范围、设立界桩、完善“四有”工作，并成立了由洛阳市政府领导，龙门石窟周边县区的农村、机关、厂矿、学校成员组成的龙门文物保护委员会。通过反复讲解龙门石窟的价值、宣传文物保护的重要性，提高了广大群众对龙门石窟的热爱，发动了群众自发保护的积极性：一旦有损害文物的事件发生，立刻有群众汇报给管理机构，处理过后再对汇报人进行表彰①。基于此，国保单位的确立和群众文物保护意识的加强，庇护了龙门石窟较为安全的度过了“文化大革命”。江泽民总书记在1991年2月视察龙门石窟时，相较于白马寺大批珍贵文物在“文革”中被烧毁，而农机学院红卫兵却保护了龙门石窟免受破坏的结果，赞誉龙门石窟为保护所做的宣传、教育工作及人民群众的保护意识，“这些人是功臣”[32]127。

1955年，云冈石窟成立专门管理机构后，进行了整修道路、改山门前斜坡土路为传统月台形制、增设围墙护栏、扩展山门广场、平整地面等工作，翻修了第5窟、第6窟、第7窟木结构窟檐（包括门窗、楼板、护栏的修配和瓦垄构件的补配），并于1958年架设了电路，明确了保护范围和参观游线，为保护和管理创造了良好条件和环境；并在1965年公布的《云冈石窟保护范围与安全规则》的指导下，开始逐渐建立地上地下立体网状的保护体系（图2.8～图2.11）。

图2.8　20世纪50年代修建围墙

图2.9　1956年山门及第5、第6窟窟檐修缮

20世纪60年代，在国家科学技术委员会将石窟保护项目列入十年科研规划之中、国家文物局召开“云冈石窟保护会议”后，云冈石窟开始从科学调研入手，逐步尝试一些保护的新技术与新手段。例如，1960年由文博研究所（中国文物保护研究所前身）和北京地质学院（中国地址大学前身）组织开始的地质勘查与病害调查，在期间筹建了云冈石窟第一个气象观察站，最后撰写了《云冈石窟工程地质问题》的报告。报告中介绍了包括云冈石窟残破状况、自然破坏的主要因素与今后修整的意见，同时指出了崩塌与风化是危害云冈石窟的主

① 1986年前，龙门石窟保管所每年有一次例会，表彰文物保护的先进单位和个人。

图2.10　20世纪60年代喷浆现场

图2.11　20世纪60年代加固工程现场

资料来源：云冈石窟文物研究所：《云冈保护五十年》，北京：文物出版社，2005年，第34～37页

要问题。为了保护石窟文化遗产，建议采取：①修建护壁；②排水防渗；③大佛的保护；④对已风化的造像、雕刻进行加固的综合性保护措施[33]20。并在此基础上，对第1窟、第2窟进行了试点，在应用传统方法与结合化学新技术上取得了一定的经验。

大足石刻在新中国成立前30年的工作为基本调查、管理，建立完善"四有"档案，以及一部分抢救性工程。管理部门首先对县域范围内的"五山"石刻进行登记、编号并划定保护范围，成立相应的文物保护工作小组，同时开展了共计29项的抢救性保护工程（表2.4）。

**表2.4　1949～1979年大足石刻抢救性保护及环境整治工程一览**

| 时间/年 | 工程 | 类型 |
|---|---|---|
| 1952 | 北山佛湾保护长廊、亭的建设 | 保护设施建设 |
| | 对北山佛湾龛窟凹槽的加固 | 加固 |
| 1952～1953 | 洞窟泥土清理 | 环境整治 |
| 1953 | 砌筑加固支护宝顶山大佛湾柳本尊行化图、地域变相、观经变相等处风化凹槽 | 加固 |
| | 开凿、加宽九龙浴台子沟排水沟 | 防水、水害治理 |
| | 圣寿寺及万岁楼修缮 | 古建筑维修 |
| | 卧佛前残破建筑拆除、大佛湾佛缘桥建设 | 环境整治 |
| 1954 | 北山佛湾北段、南段坡顶排水沟开挖 | 防水、水害治理 |
| 1956～1957 | 大佛湾参观地面铺设 | 环境整治 |

续表

| 时间/年 | 工程 | 类型 |
|---|---|---|
| 1957 | 圣寿寺、万岁楼维修 | 古建筑维修 |
| | 大佛湾北崖拔舌地狱区段渗水治理 | 防水、水害治理 |
| | 修复加固祖师法身塔 | 古建筑维修 |
| | 对柳本尊十炼图、观经变、地狱变、大方便佛说报恩经的防风化传统加固保护 | 加固 |
| | 小佛湾殿宇维修 | 古建筑维修 |
| 1959 | 圣寿寺古建筑修缮 | 古建筑维修 |
| | 大佛湾西北人行道路的修建 | 环境整治 |
| 1962 | 小佛湾正殿千佛墙壁后面的排水沟修建 | 防水、水害治理 |
| | 加固小佛湾七佛龛砌体 | 加固 |
| | 小佛湾殿宇修缮 | 古建筑维修 |
| 1965 | 三清洞窟口顶部加固 | 加固 |
| | 南山圣母洞窟加固 | 加固 |
| 1974 | 圆觉洞窟顶渗水治理 | 防水、水害治理 |
| | 孔雀明王经变造像区渗水治理 | 防水、水害治理 |
| | 大佛湾顶板岩檐边缘做滴水 | 防水、水害治理 |
| | 第136窟顶部治水 | 防水、水害治理 |
| | 改造大佛湾南崖入口石级 | 防水、水害治理 |
| | 加宽佛缘桥至华严三圣间的道路 | 环境整治 |
| 1975 | 大佛湾地狱变剑树区域加固 | 加固 |
| 1976 | 在大佛湾南坡修建接待室和办公用房 | 保护设施建设 |
| 1978 | 补接、修缮观经变、大方便佛说报恩、六耗图处岩檐 | 防水、水害治理 |
| 1979 | 修复卧佛涅槃佛弟子及天王像 | 造像维修 |

### （二）敦煌莫高窟保护工程（1963～1966年）

如果说20世纪四五十年代的敦煌保护多是凭借学者的一腔热情而非系统、科学的手段，那么经历三年自然灾害后、在全国经济文化复苏的20世纪60年代，敦煌研究所开始有目的地探索保护方法。

1962年8月，中央文化部根据年初收到的常书鸿所长所提交的关于如何加强石窟保护、延长石窟群寿命的报告，派遣由徐平语副部长

图2.12　未治理前莫高窟的流沙危害
资料来源：艾绍强：《绝版中国·永远的敦煌》，北京：中国工人出版社，2008年，第206页

带队实地考察了莫高窟。这个工作组成员包括美术专家（王朝闻、刘开渠）、考古学家（宿白）、建筑史学家（陈明达）、治沙专家（李鸣岗）、地理学者（赵松乔）、文物出版社（余晓尧）、刚从波兰学习文物保护经验归来的留学生（胡继高），以及制片厂、铁道部设计院等不同专业和工作背景的专家。此后，专家首先就治沙原则进行了讨论（图2.12）。以李鸣岗为代表的学者认为应该在洞窟和鸣沙山之间通过建立草方格沙障的形式防止莫高窟被流沙掩埋；而以赵松乔为代表的学者则认为在戈壁上设立人工障碍，会使风速降低而沙丘沉降，鸣沙山进一步迫近洞窟群，并指出戈壁其实是一种天然屏障地形，符合地理学“不堆积”理论，只要保证每年清理洞窟前的积沙就可。经过讨论，最终采用了后一种方法，经过敦煌几十年的实践，也证明此原则是正确的。

专家另一重要项决定是对莫高窟必须进行全面加固，因为岩壁的裂缝有可能会造成窟群的坍塌。经过对20世纪50年代全面维修计划的再讨论，决定这次维修不但“要排除单纯强调复古的建筑形式，又要纠正片面要求工程质量而忽略了文物保护宗旨和艺术形式的做法”，要求“在保证石窟的安全条件下，适当照顾艺术形式，尽可能保存洞窟原来面貌，最好能做到尽量隐蔽，使之达到‘有若无’的程度”[36]290。国家文物局还提出：“这一工程要成为可逆的，到必要时可以部分拆除或全部拆除。所以挡墙用浆砌片石，其他多采用预制混凝土过梁和其他构件，在设计和施工中严格遵照办理。”[38]214

这次维修原计划工程款不超过5万元，但经过铁道部的地质学家、桥梁隧道的工程师反复测算，仅第一期“用支顶结构支撑危岩，用重力档墙防止岩体坍塌，刷除突出悬崖危石”[34]207的抢救性加固就需要15万元。这笔“巨款”的申请得到了周恩来总理的立即同意并专门批准，工程在1963年得以实施（图2.13）。具体的加固方案，敦煌研究所征求了多方意见，梁思成曾以《关于敦煌维护工程方案的意见》一文答复，提出了由外而内，注重上部的维护，注意加固工程与原有洞窟比例、形式、色彩的和谐等建议。

图2.13　20世纪60年代莫高窟维修工程

资料来源：敦煌研究院：《莫高窟史话》，南京：江苏美术出版社，2009年，第38页

加固工程由铁道部西北铁路工程局组织工程师和工人负责实施，从1963年开始，到1966年迫于“文化大革命”而结束，以在危险的洞窟和崖壁上砌筑挡墙为主要手段，一共分为三期，完成了对中下部窟群的加固。如果单从工程质量上看，是完全可以信赖的；在具体的实施过程中，也注意到了一些文物保护的原则。比如，在挡墙完成后的正立面形式上，经过讨论和改进，采用了在墙面上抹黏土砂浆，并加砂砾石的附加手段，使得原本类似铁路护坡的工程和当地砾石层质感类似，与莫高窟窟群形式相对统一。又如，在挡墙建设中，如果按照最佳比例刷成正坡，就会破坏原来上部整体凌空的观感，后经过反复探讨和实验，采取了折中的比例以保证莫高窟外观的艺术价值。但必须指出，由于缺乏明确的保护指导和具有专业水准的人员，使得工程有许多值得再探讨的问题。比如，工程开始时国家文物局提出的“可逆性”原则，事后证明，施工人员把这项工作当做政治任务来完成，浆砌片石砌筑的十分牢靠，要想拆除是很困难的，完全不“可逆”；梁思成提出的形式、比例、装饰和谐的原则，也出现了问题。以研究所萧默、孙儒僩为代表的保护工作者，虽然提出在设计挡墙开口时，要考虑石窟本身的大小、结合原有崖体的变化，同时保证几座唐宋木构窟檐的凌空悬挑的形制，使得挡墙外观融于山体、保持外观形式的和谐，但这种设计思路遭到了铁道部工程师的反对，最终没有得以实施，破坏了莫高窟的文物价值。在工程结束20多年后的20世纪90年代，随着文物保护理念的发展与深入人心，当时的总工程师认识到了自己

图2.14　20世纪60年代莫高窟维修加固现场

资料来源：敦煌研究院：《莫高窟史话》，南京：江苏美术出版社，2009年，第38页

的不足，但已经于事无补了："我们当时太年轻，不懂得艺术，更不懂得文物；事已至此，反正石窟不会垮就行了。"[33]214

敦煌莫高窟3年大规模的维修加固工程，最后虽然由于"文化大革命"的开始、国内政治文化氛围的变化而不了了之，但无可否认，它走出了科学保护尝试的第一步，影响了此后的石窟保护工作。

### （三）云冈石窟保护工程（1974～1976年）

图2.15　周总理参观云冈石窟并做出指示
资料来源：中国文物研究所：《中国文物研究所七十年（1935-2005）》，北京：文物出版社，2005年，第3页

1973年9月15日，时任法国总统的乔治·蓬皮杜在他的访华行程中与周恩来总理一同赴山西大同参观了北魏云冈石窟（图2.15）。其间，周恩来总理非常关心石窟的残损与保护问题，而法国总统也在超过20个国家、近200名记者参与的记者会上表示，"云冈石窟不仅是中华民族的文化遗产，也是全人类的文化遗产"。周恩来总理说："云冈石窟艺术，我们一定要想办法保存下来。刚才听说有个十年规划，十年太长，三年搞好。"[35]

在周恩来总理的指示下，云冈石窟展开了为期3年（1974～1976年）的大规模维修工程，被称为"三年保护工程"。国家文物局和云冈石窟管理部门制定的保护原则为"抢险加固、排除险情、保持现状、保护文物"[35，36，40]。

在本次工程实施之前，云冈石窟所做的维修加固以土木工程为主。而在周恩来总理下达指示的情况下，中国文物研究所在云冈的"研究基地"根据自身20余年的探索与实验，决定以石窟组、化学组成员为主，尝试以环氧树脂为主要材料的化学手段（表2.5）。这次工程涉及的范围包括五华洞（第9～13窟）、昙耀五洞（第16～20窟）、第5、第6窟、西部第51窟，以及第7窟。一方面，采用在隐蔽部位的受力处应用钢筋混凝土支顶，同时以环氧树脂为主体的化学灌浆材料对裂隙进行灌浆粘结，对断裂岩体加以粘结；另一方面，根据《文物保护暂行条例》和《修缮暂行管理办法》提出的以"保持现状或恢复原状"为文物修缮原则的指导下，对石窟造像进行了艺术修复。

表2.5　云冈石窟3年保护工程主要维修实施情况

| 位置 | 维修原因 | 方法 |
| --- | --- | --- |
| 第5窟、第6窟、第7窟 | 木结构窟檐残损 | 涂刷生桐油、更换补配损毁、残缺构件 |
| 第5窟 | 雕像断裂残损 | 残见归安复位、粘贴并对缺失的部分进行艺术复原 |
| 第6窟 | 窟内支柱残缺使得稳定性受损 | 混凝土着色补砌支柱，裂缝用化学材料灌浆加固 |
| 第7窟 | 上方因有30吨悬石而导致稳定性受损 | 在悬石周围加筑砌体支护 |
| 第7～10窟 | 崖体风化裂隙 | 对页岩风化层剔除并用水泥砂浆堵塞裂隙 |
| 第9窟、第10窟 | 洞窟被约150立方米的积土堵塞 | 考古清理发掘；对裂隙进行灌浆加固；对残损石雕复位并以锚杆吊拉、化学粘结；最后对门楣、雕像进行艺术复原 |
| | 窟檐缺失 | 设计窟檐并测震 |
| 第11窟 | 窟门、明窗、东壁有裂隙；附近有危岩 | 化学材料灌浆加固、对危岩用钢筋混凝土支顶 |
| 第11窟、第12窟 | 立壁崖面裂隙 | 化学灌浆加固 |
| 第12窟 | 窟顶裂隙，前有悬石，门柱残缺 | 化学灌浆加固与锚杆木柱加固结合，修补门柱与石雕仿木窟檐 |
| 第13窟 | 主佛与崖体分离、残损 | 用化学灌浆与锚杆加固，修复主佛 |
| 第15窟 | 窟顶悬石 | 去掉前人维修时添加的木柱，用化学方法粘贴悬石 |
| 第16窟 | 主佛背光裂缝、前部残损 | 化学灌浆与锚杆加固于岩体，复原缺失部位 |
| 第17窟 | 主佛裂隙、风化稳定性受损，窟顶裂隙 | 锚杆牵拉，裂缝灌浆，填补支顶，更换主佛部分石料并修补复原 |
| 第18窟 | 腰腿部有风化带、面部有前人安装的木质鼻子，弟子头像残损，连接部分不稳 | 灌浆、锚杆加固主佛，更换木质鼻子为石质，对主佛进行修补复原；对弟子头部与身体中间加设钢筋，修补弟子头像 |
| 第18窟、第19窟 | 前立壁裂缝交错、时有崩塌、悬石掉落现象 | 开凿柱槽，浇筑钢筋混凝土柱梁框架支护 |
| 第19窟 | 主佛裂隙、向前倾倒，头部损毁惨重，右手小指以木棒代替 | 化学灌浆，安装12根锚杆连接主佛的头部、右膀、右臂、右身与岩体，修补佛像 |
| 第20窟 | 大佛岩层风化蚀空，头颈部残损，胁侍头胸不残损 | 钢筋混凝土柱梁框架外包片石砌体倒坡，填补岩层，化学灌浆；修补主佛头部、面部及胁侍（图2.18、图2.19） |
| 第51窟 | 北魏石碑散落，前人以木柱支护洞顶 | 石构件复位，用化学方法加固窟顶 |

具体的保护方法如下：

1）对于洞窟东西向的裂隙，采用环氧树脂灌浆粘结的方法进行加固（图2.16、图2.17）；对雕像、雕刻进行艺术修复，对残断、脱落的石构件归安复位并进行粘结。

图2.16　加固工程现场

图2.17　化学灌浆工程现场

图2.18　第20窟主佛维修前

图2.19　第20窟主佛维修后

2）应用楔缝式或螺栓式钢制锚杆做连接件，将环氧树脂作粘结剂，将危岩和稳定的岩体牢固的固定并与金属锚杆粘结在一起。

3）对崖壁进行支护，做到隐蔽；对岩体（页岩）风化的部位进行补砌，对窟檐等木构件用生桐油做防水层加固。

本次维修工程基本上解决了主要洞窟和雕像的稳定性问题，于1976年10月完成任务。国家文物局局长王冶秋率专家组对工程进行了全面验收。在验收宴会上，王冶秋提及始终关心此次工程的总理，

图2.20　第45窟塔柱修复前

图2.21　第45窟塔柱修复后

图2.16～图2.21资料来源：云冈石窟文物研究所：《云冈保护五十年》，北京：文物出版社，2005年，第38～52页

“我两次到医院看望病重的总理，总理关心地问，云冈石窟保护工程进行得怎么样……”[34]，在场的专家学者一片唏嘘。随后，这次工程中应用的“围岩裂隙灌浆加固技术”在第一次全国科学大会上获得嘉奖。

这次“三年保护工程”首次大规模使用化学材料与方法进行加固，挽救了一批濒危的洞窟和雕像，大大加强了云冈石窟的延续性，同时通过工程的实施，为我国的石窟保护培养了一批技术人才，为此后的继续探索打下了基础。另外，在对石构筑物、雕像的修复中，也折射了这一阶段我国文物修复的标准，即以恢复文物“艺术性”价值为目标的复原性修复。

## 三、对抢救性保护阶段的小结

纵观新中国成立前30年的石窟保护工作，20世纪50年代初、60年代初及70年代中期这三个发展较快的时段都与国内政治环境、文化氛围的变化相关。这是因为，中国所追求的苏联式社会主义目标模式，以及“定于一尊”的传统思想，使得在高度计划经济体制内，国家不但要在政治领域内实施统治，而且要承担起最高思想权威的角色，承担起"计划"社会文化发展的重任。计划经济要求全国步调一致，一切行动听指挥，有明确的目标和一清二楚的实施步骤。这一思想反映到文化领域内，就是要求有一种思想来统一，哪怕是纯学术问题也要求有一个统一的见解。如果自由争论无法达到这个统一，就只有通过行政力量施加政治压力达成。"一切文化都是属于一定的阶级，属于一定的政治路线的。"[10]865在这种背景下，石窟保护工作的进行常常依赖于某个权威人士的言行，这有益有弊。益处是不论在何等艰苦条件下，都能使得一些重点保护工作得以顺利、有效的进行，为以后的保护积累宝贵经验；弊端是这种方式带有一定政治任务的性质，并没有形成自由、科学的学术实践氛围，同时也在一定程度上忽略了其他保护工作的进行，这是其弊端所在。当然，无论是大足北山保护工程、敦煌保护工程还是云冈三年工程，都不能否认其在石窟保护和遗产保护方面所做的积极有益的尝试，为改革开放以后众多的保护工程的开展打下了基础。

从上述两个典型案例的介绍中，我们亦可看出这一时期石窟保护所遵循的原则，即对保护工程要遵循"有若无"原则，而对于相关窟檐建筑、石雕像与石构筑物的维修则以完整的艺术性表达为原则，以"恢复原状"为最高目标，以"保存现状"为最低要求。"有若无"原则是梁思成提出的文物保护思想体系中的一个方面，他在《闲话文物建筑的重修与维护》这篇文章中，借龙门石窟奉先寺露天大佛窟檐修复问题，谈到在文物修缮中，应该注意："我们所做的一切维修部分，在文物跟前应当表现得十分谦虚，只做小小'配角'，要努力做到'无形中'把'主角'衬托出来，绝不应该喧宾夺主影响主角的地位。……最好能做到'有若无，实若虚，大智若愚'，那就是我们最恰当的表现了。"[37]10在敦煌保护工程中，梁思成也将这项原则明确提出作为工程所应该遵循的建议，之后在很长的时间内，"有若无"成为石窟保护工程中最重要的原则之一。"恢复原状或保存现状"则是在新中国成立初期颁布的文物保护相关法规中规定的："一切核定为文物保护单位的纪念建筑物、古建筑、石窟寺、石刻、雕塑等（包括建筑物的附属物），在进行修缮、保养的时候，必须严格遵守恢复原状或者保存现状的原则"[38]。诚然，在石窟维修这一庞大复杂的工程内，关于原则问题的具体操作与实施效果，也还有许多值得探讨的地方：这一时期的维修，在有选择和可操作的情况下不排斥"恢复原状"，而"保存现状"也不是完全的保留，多是在工程建设中“尽可能”的“保存现状”。

就保护的具体方法来说，20世纪50年代成为国际通用石材加固主要材料的环氧树脂，到70年代开始应用于石窟保护加固和一些木构件的加固①，虽然这一方法后来在国际上被证明有一些缺陷和弊端，但就当时的情况看，仍具有相当的意义，标志着石窟保护开始走向科学化的道路，也逐渐开始与国际接轨。



# 第三节　科学保护尝试与重要案例（20世纪80 ~ 90年代）

## 一、社会文化背景

李泽厚在《中国思想史论》中称改革开放后为“苏醒的80年代②”，在粉碎“四人帮”后，党的十一届三中全会拨乱反正，确立了“解放思想、实事求是”和“以经济建设为中心”的思想路线；从而逐步开启了思想禁锢的大门，独立学术意识开始复苏。1977 ~ 1979年，邓小平反复强调重新提出了“双百”文化方针，“我们现在不同意见的争论、讨论不是太多了，而是太少了……要坚持百家争鸣、允许争论”“对于学术上的不同意见，必须坚持百家争鸣的方针，展开自由的讨论”[39]57、98。

随着学术与政治关系的重构，文化发展与学术研究逐渐去泛政治化，文史哲学科最先开始反思学术政治化、意识形态化对研究的不利影响，探索“新”真理；结合思想解放的深化和国外经验的不断引入，在学术界出现了因呼唤重视人的尊严、价值与权利而引发的人道主义思潮，以及以寻找人的历史主体地位为主要手段的主体性实践哲学。前者的最大特征是“人的重新发现”，源自西方人本主义哲学的引进，由于外来文化元素的冲击，在习惯了统一化和制度化的社会中引发了广泛的讨论。它一方面标志着中国思想界一元独尊时代的结束和多元文化时代的来临，引发了第二次“西学东渐”的热潮；另一方面，由于人道主义者为了迎合既存的马克思主义唯物史观，不得不申

① 20世纪70年代南禅寺大殿修复也使用了环氧树脂做加固剂。

② 这里20世纪80年代是一个思想史概念，指从20世纪70年代末“文化大革命”结束到“89年风波”的时间段。

明这个“人”并“不是费尔巴哈讲的那种名为现实而实则抽象的人，而是现实的、实践的人，处于一定社会关系中的人”[40]。使得关于人的本质存在与社会整体人性之间存在矛盾，加之人们的表述中更多地充斥着被压抑了很久的情感，因此这一思潮空有华丽的辞藻，而并不能以客观的态度揭示历史现象和背后的发展真相。

另一股对理论界影响深远的哲学思潮是主体性实践哲学，其代表人李泽厚试图用康德的主体哲学来发展马克思主义，从探讨马克思主义与黑格尔“历史总体的辩证法”入手，重构唯物史观。这种学说认为，黑格尔忽略了个体和感性，他值得称道和学习的仅仅是历史总体的辩证法。因此，希望通过康德的“非常突出地提出了人性的先验体系”拯救被黑格尔历史总体性淹没了的个人，“人不能是工具、手段，人是目的本身”[41]330、343。然而，李泽厚的理论认可仅仅是理性主体，对于人的自然性特别是感性要素必须予以抹杀，从而达到“个体的解放”和对“理性”的追究，这恰恰又是另一种对人性的压抑。

如果说20世纪80年代仍然是从禁锢到解放的过渡时期，真正实现市场经济的20世纪90年代则终于表现出思想文化上空前的生机与活力。思想界众语喧哗，各个领域的学者都试图对中国的文化流变、价值观重构给予阐释和解答，也从而造成了剧烈的思想碰撞和热烈对话。比如，在东欧剧变苏联解体后针对全球化的讨论：这是一个客观的历史进程还是以西方为主导的“西方化”过程？全球化对发展中国家到底是利是弊？以及在全球化浪潮下，如何看待中国文化？它将如何立足？关于文化全球化的问题随着全球化的不断升级，以及文化在政治经济中越来越重要的作用而成为讨论的焦点，因此分析全球化对人类文化与社会生活的影响，从而科学地制定全球化格局下的文化发展战略，便成为世界各国文化建设的重要课题。这些20世纪90年代的讨论，为21世纪中央提出“发扬民族文化的优秀传统”这一文化建设的方向，打下了基础，同时这也是国际遗产保护领域提出保护“文化多样性”的渊源所在。

## 二、石窟保护发展与重要案例分析

### （一）保护理念的发展与保护实践的开展

**1. 保护法规与保护方针**



“文化大革命”时期文化遗产遭受破坏的严峻局面。20世纪80年代初期，在中央公布了《国务院关于加强历史文物保护工作的通知》（1980.5）《国务院批转国家文物事业管理局“关于加强文物工作的请示报告”的通知》（1981.1）、《国家文物局、国家城建总局、公安部关于认真做好文物古迹、风景园林游览安全的通知》（1981.2）《国家文物局、财政部、公安部关于加强安全措施防止文物失窃的意见》（1981.4）[①]等一系列相关的通知文件后，1982年《中华人民共和国文物保护法》在全国人大常委会通过并颁布，这部法律明确了文物的定义和范围，为我国在新时期的文物保护工作指明了方向。此后到20世纪80年代末，文化部和中宣部多次召开文物工作会议，组织大家讨论并学习《文物保护法》，探讨如何使文物在社会主义精神文明建设中发挥更多的作用。1987年11月，国务院公布了新的文物工作通知，这是一份通过历史总结成就经验和问题教训的文件，提出了应该“加强保护、改善管理、搞好改革、充分发挥文物的作用，继承和发扬民族优秀的文化传统，为社会主义服务，为人民服务”。这一时期虽然在保护方针上还存在关于保护与利用的争论，但仍不失为一次有益的探索。1992年，在西安召开的全国文物工作会议上，李瑞环同志代表中央提出了“保护为主，抢救第一”的新时期工作方针，1995年李铁映同志又进一步完善为“有效保护、合理利用、加强管理”，自此作为我国文物工作认识的重大突破，这十六字就成为文物工作的总原则和完整方针被确立了下来。

于此同时，国家又于1982年、1988年、1996年公布了第二、三、四批全国重点文物保护单位，数量分别是62处、258处、250处[②]。其中，仅第二次普查的参与人员就达9.4万人次，无论是数量还是规模，都远远超过了第一次。1982年，又依据侯仁之、郑孝燮、单士元的提

① 参考国家文物事业管理局编的《新中国文物法规选编》整理。

② 数据来源参考国家文物局网站信息。

议，将历史文化名城这一遗产类型纳入保护体系中，在1982年、1986年和1994年分别公布了三批共99处国家历史文化名城，使得遗产保护对象更加全面，形成了包括传统文物、历史街区和历史文化名城三个层次的较全面、完善的文物保护系统。

另外，随着改革开放的深化，国际遗产保护的相关理论、经验也逐渐传入中国。以1980年清华大学吴奂加应邀参加国际文化财产保护与修复研究中心（ICCROM）关于遗产保护（architectural conservation）的培训课程为开端，赴ICCROM等国际保护机构学习的学者日益增多，国际交流日益频繁，西方遗产保护理论逐渐为国人所知，中国开始逐步与世界保护界接轨。1972年UNIESCO在巴黎通过了《世界遗产公约》，1985年，全国人大常委会通过决议加入，并于次年开始申报世界遗产。20世纪90年代，我国的世界遗产进入了快速增长发展的时期。这十年，中国的世界遗产增加了20项新申报项目和2 项扩展项目，到2000年总数量达到27处，其中文化遗产20处、自然遗产3处、双遗产4处，位居世界第四。

国际先进的保护理论与原则也逐渐传入中国。1986 年3月，《世界建筑》以专刊的形式介绍了国际遗产保护的经验，有介绍国际保护领域的重要准则文件——《威尼斯宪章》的文章（陈志华先生译）；还有费尔顿（Bernard M. Feilden）、尤嘎（J.Jukka）等撰写的一系列文章，介绍了以法国、英国、意大利为代表的欧洲文物保护理念及其发展变化。此后，UNESCO，ICOMOS，ICCROM等国际保护机构及各国的保护宪章、文件逐渐进入中国，如《奈良真实性宣言》（《奈良宣言》）（1994年）、《保护历史城镇与城区宪章》（《华盛顿宪章》）（1987年）、《考古遗产保护与管理宪章》（1990年）等，这些其他各国的保护经验也引发了国内保护界对保护原则、保护方法的广泛关注与持续讨论。

总的来说，在被称为中国的“启蒙时代”的20世纪八九十年代，与其他各行各业一样，遗产保护的发展也是日新月异，从表2.6的各项数据中，即可略见这样的发展变化。

**表2.6　1979年与1999年国家文物事业相关数据对比**

| 项目 | 1979年 | 1999年 |
|---|---|---|
| 文物管理会、保管所 | 424个 | 1937个 |
| 博物馆 | 344座 | 1356座 |
| 其他文物单位 | 6个 | 68个 |
| 文物商店 | 80个 | 121个 |
| 文物科研单位 | 极少 | 56个 |
| 文物修缮、考古发掘项目 | 全国75个 | 全国729个 |
| 文物展览 | 1277场 | 6757场 |
| 观众人数 | 3400万人次 | 1.39亿人次 |
| 文物事业总支出 | 1亿元 | 29.1亿元 |
| 文物维修、考古发掘、文物保护费用 | 1600万元 | 3.9亿元 |
| 国家文物局及直属单位文物费用 | 1973万元 | 2.84亿元① |

资料来源：国家文物局：《中华人民共和国文物博物馆事业纪事（1949—1999）》（上、下），北京：文物出版社，2002年

### 2. 石窟保护工作

与新中国成立前30年相比，后20年的石窟保护工作无疑得到了巨大的发展。石窟保护不再局限在仅有的几个大石窟上，其余众多的石窟也纷纷开始了保护工程的实施（表2.7）；在数量上，更是有了很大的提升，新中国成立后50年内的石窟保护工程由85%以上都是在20世纪80年代后完成的。敦煌等几大石窟结合自身与相关高校、研究所的研究力量，开始对石窟保护的具体方法进行科学实验和探索，并取得了相当的成绩（表2.8）。对偏远地区石窟的调研、测绘工作也在这段时间内有条不紊的开展，关于石窟的图书资料出版成果大大丰富，其中一些如《陇东石窟》《中国美术史全集·雕塑编10·云冈石窟雕刻》等还获得了全国或省级的奖励。

① 自1992年西安召开的全国文物工作会议上，国务院决定将每年5000万元的“直播经费”基数提高到1.3亿元。

**表2.7　20世纪80～90年代重要石窟保护项目**

| 时间/年 | 石窟 | 维修项目 | 具体实施 |
|---|---|---|---|
| 1977～1984 | 甘肃麦积山石窟 | 维修加固工程 | 东崖加固，西崖搬迁 |
| 1979 | 山东驼山石窟① | 维修工程 | |
| 1980～1981 | 重庆大足石刻 | 古建筑维修 | 圣寿寺修缮，恢复天王殿 |
| 1980～1984 | 山东长清灵岩寺② | 罗汉像维修工程 | 全面修复，在体腔内发现宋代题记 |
| 1981 | 新疆库木吐拉千佛洞、森木塞姆千佛洞 | 维修加固及安保工程 | 库木吐拉千佛洞进行维修加固，森木塞姆强佛洞安装了安全设施 |
| 1982 | 重庆大足石刻 | 北山佛湾加固工程 | 转轮经藏窟化学方法加固 |
| 1983 | 山东济南千佛崖③ | 千佛崖造像维修工程 | 恢复部分窟檐、悬石支顶 |
| 1983 | 陕西子长钟山石窟④ | 维修工程 | |
| 1984 | 贵州黄平飞云崖 | 维修工程 | |
| 1984 | 敦煌莫高窟 | 南区南段洞窟加固工程 | |
| 1985 | 重庆大足石刻 | 岩檐修缮工程 | 石门山1～5号修建了岩檐防水 |
| 1984～1988 | 宁夏须弥山石窟 | 加固修缮工程 | |
| 1984～1985 | 云南沧源崖画 | 保护维修工程 | 开凿洪沟，圈围铁栏杆，维修1、2、6、7号点 |
| 1985～1986 | 山西天龙山石窟 | 窟檐修复工程 | 复建了第9窟窟檐漫山阁 |
| 1985～1986 | 重庆大足石刻 | 涅槃佛治水工程 | 加宽堤坝、新建石保坎 |
| 1985～1987 | 敦煌莫高窟 | 96窟窟檐、窟内造像维修工程 | 第7～9层窟檐落架大修，修复窟内大佛像双手 |
| 1986 | 重庆大足石窟 | 宝顶山毗卢洞洞窟加固工程 | 应用环氧树脂进行加固 |
| 1986～1990 | 新疆克孜尔石窟 | 千佛洞加固工程 | 分两期进行 |
| 1987 | 甘肃酒泉榆林窟 | 维修工程 | 锚杆加固 |
| | 甘肃马蹄寺石窟群 | 千佛洞第1～4窟加固工程 | 岩体锚固，裂隙灌浆，后1999年实行二期 |

① 1988年被公布为全国重点文物保护单位。
② 1982年被公布为全国重点文物保护单位。
③ 1988年被公布为全国重点文物保护单位。
④ 1988年被公布为全国重点文物保护单位。

续表

| 时间/年 | 石窟 | 维修项目 | 具体实施 |
|---|---|---|---|
| 1987 | 山东铁山、冈山摩崖石刻 | 保护工程 | 修建围墙 |
| 1987 ~ 1992 | 河南龙门石窟 | 加固工程 | 锚杆加固与砂浆、环氧树脂灌浆结合 |
| 1988 | 四川广元千佛崖 | 加固工程 | 锚杆加固与灌注环氧 |
| 1989 | 甘肃莫高窟 | 化学固沙工程 | 先进行试验，再推广 |
| | 宁夏须弥山石窟 | 防风化化学实验 | 1992年小面积实施 |
| 1990 | 四川荣县大佛 | 护身楼阁加建工程 | |
| 1990 ~ 1991 | 重庆大足石刻 | 佛湾佛廊治水工程 | 建成290米的排水沟 |
| 1991 | 江苏孔望山摩崖造像 | 危岩加固工程 | 危岩锚杆加固、裂隙灌浆粘结加固、排水防渗工程、支顶补砌崖壁风化蚀空处 |
| 1992 ~ 1997 | 山西云冈石窟 | “八五”维修工程 | 降低地面，增设窟檐，维修加固，防渗试验 |
| 1993 | 安岳卧佛院造像 | 龛窟顶接长窟檐工程 | |
| | 江苏海州将军崖岩画 | 锚索加固工程 | |
| 1994 | 山西龙山石窟① | 考察项目 | |
| | 云南袁滋题记摩崖石刻 | 保护维修工程 | 摩崖亭改造维修，观音阁落架大修，摩崖石刻粘镶、亭顶、石梯改造加固 |
| 1995 | 云南剑川石钟山石窟 | 维修项目 | 加固窟体，修建保护房 |
| 1995 ~ 1996 | 陕西慈善寺石窟 | 窟檐维修工程 | 修建仿唐式窟檐2座6间，砌筑窟西北护坡，拓扩院落；窟顶修排洪石水渠米 |
| 1996 | 辽宁义县万佛堂石窟 | 地质勘察及病害治理 | 解决万佛堂石窟受大凌河水冲刷的危害；砌筑围墙 |
| | 山东云峰山石刻 | 保护设施建设 | 加设保护亭 |
| | 江西水西通天岩石窟 | 防风化加固工程 | |
| | 广西花山岩画 | 二期保护及环境工程 | 本体保护以及景区观察台廊加固，修建护栏、保护站围墙栏杆等 |
| | 乐山大佛 | 二期维修工程 | 清洗、加固了乐山大佛 |

① 1996年被分布为全国重点文物保护单位。

续表

| 时间/年 | 石窟 | 维修项目 | 具体实施 |
|---|---|---|---|
| 1997 | 甘肃马蹄寺石窟 | 加固项目 | 第1～4窟进行加固 |
| | 甘肃文殊寺石窟 | 石窟防渗工程 | 千佛洞古佛洞岩体裂隙灌浆，加固窟檐，更换窟门 |
| | 山西龙山石窟 | 保护维修工程 | 抢险加固 |
| 1994～1998 | 长江三峡淹没地面 | 石窟石刻保护工程 | 勘测、迁建规划 |
| 1997～1999 | 甘肃炳灵寺石窟 | 加固工程 | 砂浆锚杆、裂隙灌浆 |
| 1999 | 四川巴中石窟 | 南龛摩崖造像危岩加固和防风化工程 | 加固危岩80多平米，树立锚杆120多根 |



**表2.8　20世纪八九十年代获得国家奖项的石窟相关研究课题**①

| 获奖情况 | 项目 | 研究机构 |
|---|---|---|
| 1983～1984年度文化部科技成果三等奖 | 石窟加固工程中检测新方法的研究 | 四川大足县文物管理委员会、文物保护科学技术研究所等：黄克忠、贾瑞广等 |
| 1983～1984年度文化部科技二等奖、1986年度国家科技进步三等奖 | 潮湿环境下石窟围岩裂隙灌浆补强材料的研究 | 四川省文物委员会：马家郁、黄维贤、夏红 |
| 1985～1986年度文化部科技成果一等奖 | 敦煌莫高窟起甲壁画修复技术 | 文物保护科学技术研究所、敦煌研究院：胡继高、李云鹤 |
| 1985～1986年度文化部科技成果四等奖 | 莫高窟第220窟甬道重层壁画的整体揭取迁移技术 | 敦煌研究院 |
| 1988年度文化部科技进步二等奖 | 应用PS-C加固风化砂岩石雕的研究 | 敦煌研究院：李最雄等 |
| 1991年度文物局文物科技进步三等奖 | 敦煌莫高窟环境及壁画保护 | 敦煌研究院、兰州化学工业公司化工研究院：孙儒僩、唐玉民等 |
| 1992年度国家文物局文物科技进步二等奖 | 治理乐山大佛的前期研究 | 中国文物研究所、四川省文物考古研究所、铁道部科研院西南研究所等：黄克忠、马家郁等 |
| 1992年度国家文物局文物科技进步四等奖 | 千佛岩石窟加固维修技术 | 济南市文化局 |

① 龙门石窟研究所另有两项关于考古发掘、墓室加固的研究获 1988 年、1991 年科技进步奖。

续表

| 获奖情况 | 项目 | 研究机构 |
|---|---|---|
| 1993年度国家文物局文物科技进步三等奖 | 龙门石窟洞窟漏水病害的治理研究 | 龙门石窟研究所：刘景龙、李云峰等 |
| 1995年度国家文物局文物科技进步二等奖，1997年国家发明四等奖 | 砂砾岩石窟体裂隙灌浆研究 | 敦煌研究院、甘肃省建筑科学研究院、兰州大学：李最雄、王旭东等 |
| 1996年度国家文物局文物科技进步四等奖 | 敦煌莫高窟地震防灾文物保护研究 | 敦煌研究院、国家地震局兰州地震研究所 |
| 1996年度国家文物局文物科技进步四等奖 | 度荒莫高窟崖体及附加构筑物抗震稳定性研究 | 敦煌研究院、兰州大学地质系 |

另外，敦煌莫高窟在1987年成为首批列入世界遗产的文物点之一，这也大大加强了在石窟保护方面的国际交流与国际合作，如从1992年开始的与美国盖蒂保护所合作进行的壁画保护项目。这为1999年后越加广泛的共同研究打下了基础。

### （二）麦积山石窟维修加固工程

早在20世纪50年代初常书鸿等参与的麦积山考察团调查麦积山石窟时，就对因地震、坍塌等因素造成的石窟损害状况表示担忧。当时提出了几项应急措施，并建议以后在有条件的情况下采用现代科技工程手段来加固石窟崖体。1953年麦积山文管所成立后，文管所将加固作为一个重要课题来考察、研究，积累了丰富的前期资料。终于在1976年唐山大地震后确立了加固工程计划，开始在加固工程小组的带领下研究具体规划和技术问题。

承担加固工程主要科研工作的甘肃省建筑科学研究所通过对不同类型的锚杆（圆钢锚杆、螺纹锚杆）与不同类型的加固材料（环氧水泥、普通水泥砂浆、膨胀水泥砂浆）在麦积山岩体上的受力性能与影响区域试验，提出了以“喷锚支护”代替传统挡墙进行加固的方案，与其他另两个方案，即整体搬迁方案和大柱子支顶方案，一起上报国家文物局。考虑到保护水平、技术力量、经费等的问题，国家文物局最终批准了“喷锚支护”方案。这个方案应用了国内首创的“喷、锚、粘、托”技术（表2.9），由1977年开始进行实施，到1984年结束，历时8年，是我国石窟保护史上的一项重要的工程。

**表2.9 麦积山石窟加固工程做法**

| 技术手段 | 具体实施 | 作用 |
|---|---|---|
| 喷 | 利用压缩空气将混凝土高速喷射到石窟区的崖面上，还将近千个木栈道梁孔、水蚀掏空洞和较大的岸边裂隙填充密实，喷射混凝土厚度一般为10～15厘米 | 防止风化，填充裂隙，加固危岩 |
| 锚 | 用螺纹钢锚杆穿过层面裂隙，将被各种裂隙切割破碎的危岩锚固在内部稳定的岩体上 | 加固危岩 |
| 粘 | 将洞窟内外可见裂隙封闭后灌注107胶水泥浆、环氧树脂和高模数的硅酸钾黏合剂，增强其整体性 | 填充并加固危岩 |
| 托 | 在危岩外面加筑与崖体连为一体的构筑物来支托可能局部脱离的悬空岩体 | 加固支护 |
| 窟檐替换 | 将原有木栈道和木结构窟檐换成了锚杆钢筋混凝土悬臂梁和钢筋混凝土板、梁、柱结构 | 支护并防风化、防止雨水的侵蚀 |

资料来源：中国文化遗产研究院：《中国文物保护与修复技术》，北京：科学出版社，2009年，第178页

在这次工程中，一共打了2300根锚杆，喷护了9100平方米；以现代的钢筋混凝土、水泥为主要材料，建设了新的栈道、雨棚和崖前散水坡，前两者的长度分别是1000米和70米；还为方便日后游览参观，修筑了东西向的条石台阶。在1984年7月文化部和甘肃省主持的竣工验收会议上，编印下发了《麦积山石窟“喷锚粘托”加固设计简要图册》，该图册通过了《鉴定意见》[42]20、21：

> 麦积山石窟维修加固工程在总结了国内岩体加固经验的基础上，结合麦积山石窟岩体的特点和不改变原状的原则，成功地采用了“喷、锚、粘、托”综合加固技术，为保护石窟文物开创了一条新的途径。工程造价仅用305万元，经济效益显著。这样的采用先进技术综合治理石窟的成功实例，在国内外都是突出的。

经过20余年的观察，采用“喷、锚、粘、托”技术维修的麦积山石窟，加固工程的质量是有保证的，锚、粘、托这三项措施的实施，

也符合石窟保护要求行之有效的维修标准。总的来说，这次工程无疑是我国石窟保护进入科学保护时期的一个典型案例，反映出我国自主科研创新的能力。但这种在石窟崖面整体喷射一层10～15厘米挂网混凝土保护层的做法，犹如给整个山体都穿上了一层“铠甲”，其必要性值得商榷。另外，这种在石窟及崖体上进行“喷锚粘托”的一系列改造对其历史信息产生了大面积的破坏，一面声称保护工程是“有若无、未改变文物原状”的，一面对石窟、岩体的改造和窟檐、栈道的拆除重建，从中反映出文物保护修缮过程中的原则性问题，也引发了长期的争论。

（三）须弥山石窟维修工程

1982年宁夏固原须弥山石窟被列为第二批全国重点文物保护单位，由此宁夏文物部门开始组织对须弥山石窟进行考察、测绘、记录及保护的前期研究。1984～1988年，面对须弥山石窟山体塌裂、许多窟室与雕像残损、埋入地下或暴露于室内的残破现状，国家共投资255万元进行了为期5年的须弥山石窟维修加固工程。此次维修借鉴了20世纪70年代云冈石窟、80年代麦积山石窟维修的经验，重点修缮了有雕刻、石像的30余座窟龛，如隋唐大窟第5窟、第105窟，北周大窟第45窟、第46窟、第48窟、第51窟，北魏大窟第33窟等。

图2.22　麦积山石窟维修加固

资料来源：张锦秀：《麦积山石窟维修加固工程的回顾》，《丝绸之路》2003年第7期，第20页

这次修缮依据须弥山岩石结构与石窟残损状况，采用了“贯穿式”[43]10锚杆支护，即利用凿岩机，将窟壁凿通，插入直径22毫米的钢筋后从两端固定，然后在裂缝处高压注入水泥砂浆，以增加摩擦力并防止钢筋锈蚀。这和通常采用的“楔缝式”锚杆、水泥砂浆锚杆法比较，具有更高的牢固性和安全性[44]66。也一些地方也应用了化学环氧树脂加固法，并修建了窟檐（如第21窟、第30窟、第32窟、第50

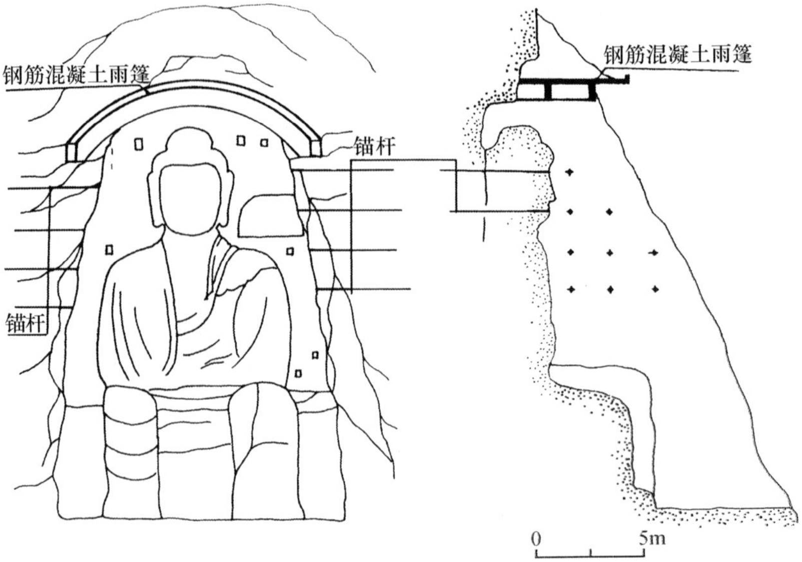


图2.23 第5窟维修工程示意图

图2.24 须弥山石窟第5窟修缮后[45]

窟、第52窟、第105窟及圆光寺）和防水雨棚（如第16～20窟、第62窟、第110窟、第121窟、第113窟、第114窟、第103窟），并按照规划和对外开放的要求，加设了一些安防设施，如窟门，整修了窟区的环境和道路，复建了圆光寺。

具体的修缮工作以第5窟和第105窟为例（图2.23～图2.25）。须弥山第5窟作为一座拥有20.6米高雕像的大型摩崖造像龛，曾于窟前建有木构楼阁大佛楼，但因年久失修和地震灾害而塌毁，使得弥勒佛像大部分裸露，风化剥蚀很严重。这次维修中采用了“贯通式”螺栓对佛像和围岩裂隙进行加固，并在孔内灌浆，然后在造像龛窟顶部应用钢筋混凝土现浇方法加筑了一个拱形的防雨窟檐[44, 45, 49]。

中心塔柱式的第105窟在1920年海原大地震中遭受了较大的损害，窟顶、门墙上部崖体全部震毁，岩石散落于窟内，雕像破碎。在这次修缮中，先应用一部分散落石材结合钢筋混凝土将窟顶塌落部分修补

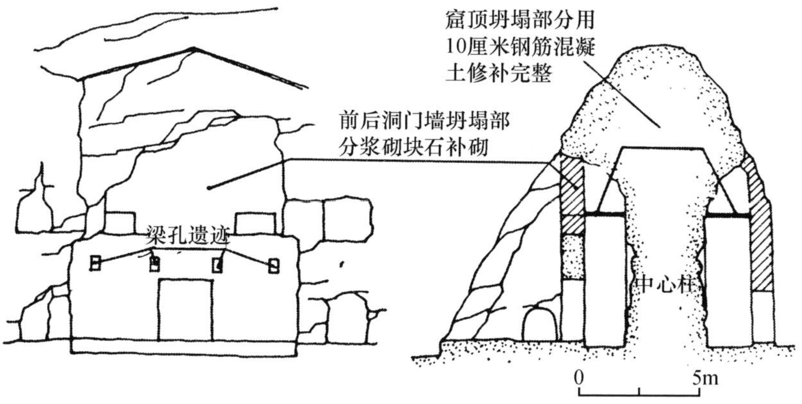


图2.25　第105窟维修方法示意图

资料来源：中国文化遗产研究院：《中国文物保护与修复技术》，北京：科学出版社，2009年，第183页

完整，接着对雕像进行残件复位，还根据窟壁上的梁孔，修复了木构窟檐。

同样进行了大量残件归安、雕像修补工作的还有第51窟和第33窟。第51窟也修建了模仿山体形状的窟檐，第33窟还修复了前臂和列柱，恢复了洞窟的原有形制。

须弥山石窟维修工程吸收了之前一些保护工程的经验，在技术上有所创新。但以钢筋混凝土修建窟檐和防水棚的做法考虑不周全，在今天反而造成了石窟的更大破坏。

### （四）龙门石窟维修工程

龙门石窟在前一阶段社会保护工作的基础上，于20世纪70年代中期开始为科学保护作准备，如筹建实验室、培养保护人才、预备建立气象监测站等，并在1985年前，尝试性地开始对石窟进行了一些新技术的小范围实验和抢险工程。1987年，国家文物局批准了《龙门石窟保护维修规划》，中国文物保护研究所于是展开了对龙门石窟为期5年的综合修缮治理工程，于1992年4月竣工。

龙门石窟保护维修工程中主要进行了岩体与洞窟加固、雕像修补、窟檐修复、环境整治、渗水治理实验这五方面的维修。

1）岩体与洞窟加固。

龙门石窟岩体受裂隙切割和卡斯特地貌的影响，存在分离、开裂、悬空危体多处。工程中采用了钢筋锚杆辅之以环氧树脂作为锚固剂的加固方法，同时对如奉先寺、万佛洞、老龙洞等处的较大裂隙应用水泥砂浆灌注[46]49。对于一些采用锚杆加固可能导致洞窟崩塌的悬空危岩，则采用先砌块石支护，再锚杆加固的方法以保证安全和节约资金。

2）雕像修补。

对龙华寺、火烧洞等的几尊塌落造像，均采用先复位粘贴再加锚杆锚固并灌浆加固的方法，最后进行少量修补。

3）窟檐修复。

拆除了清末至20世纪50年代新建的窟檐，包括看经寺、潜溪寺、药方洞、古阳洞等，将一些窟檐结构改成半开敞后，又修复了部分窟檐，如药方洞石质仿木窟檐（1989年）；1991年在潜溪寺复建了仿唐木结构窟檐（图2.26）。还在摩崖三佛和宾阳三洞处修建了宽4.5～5米，长约40米的防雨篷。）

图2.26　潜溪寺木构窟檐

4）环境整治。

因龙门石窟所在环境较为开放，1987年和1991年先后发生过雕像被砸、失窃等事件，因此在本次工程中，修建了西山围墙1190米，东山围墙1009米，同时在一些洞窟安装了栏杆，保护文物安全。

为保证游客安全，1988年还根据卢舍那大佛前原有唐代阶梯的宽度，修建了宽9米、长45米的台阶。根据游线设计新建了东西两山的栈道，并对景区内危害洞窟安全的植被进行了清理。

5）渗水治理实验。

龙门石窟以前在夏季可以说是无洞不灌水，水量大时甚至需要人工每天往外排几次，这对石窟造成了较大的破坏。在本次工程中，对漏水进行了铺设防水层，以及灌浆堵塞裂隙并钻导水孔的实验：如1989年在奉先寺两处漏水严重处应用低温灌浆配方所做的实验，取得了一定的成效。

此外，龙门石窟这次保护工程实施过程中的资料记录、经费管理等也有一定的优点，值得以后的工程学习。

龙门石窟的窟檐、栈道和渗水实验等无疑对防水治水有很大的贡献，但就化学材料的应用裨益还有待继续观察和讨论，对于窟檐的拆除与复原也值得进一步探讨。







## 三、对尝试科学保护阶段的小结

20世纪后20年的石窟保护工作，在改革开放“解放思想”和国家开始对文化建设越加重视的大背景下得到了长足的发展和进步。随着《文物法》的颁布与保护方针的提出，石窟保护工作走上了科学保护的道路。在这一时期，中国众多的石窟工程都开始通过科学实验的方法尝试新技术、新方法的使用。这一方面是因为改革开放后各个学科逐渐脱离了政治的影响，国家也大力提倡科学发展以提升综合国力，由此学者们也充满热情地开始了石窟科学保护的探索与尝试，以期在石窟保护这一急迫的工作中体现出我国自主的科研实力，比如前述麦积山石窟维修工程中的技术创新与龙门石窟中尝试的化学实验等；另一方面，也受到西方主流的保护思想和方法传入的影响，对一些在国际保护界应用广泛的技术和方法，如环氧系列等，更为频繁地使用在石窟工程中。

这20年的重点工程，如麦积山、须弥山、龙门的修复维修，云冈“八五”工程，克孜尔维修工程，榆林窟维修工程等，无疑都在一定程度上体现了石窟科学保护研究的成果，其中一些创新技术方法，还得到了推广应用。比如，须弥山石窟维修工程，就参考了20世纪70年代云冈石窟和80年代麦积山石窟的经验；而在1986～1994年进行的新疆克孜尔石窟修缮中，也在一些方面参照了麦积山石窟修缮的方法，将木栈道改为锚杆钢筋混凝土悬臂梁式栈道，并在窟龛和栈道上方修建了钢混结构的防雨篷等。这些创新的科学方法，基本上在工程刚完成时都获得了广泛的赞誉和较高的评价，但随着时间的推移，一些方法在今天看来是不恰当的，有的甚至造成了破坏性的后果。比如，在不少工程上都采用将木结构窟檐改成石、水泥结构或者新建钢混防雨篷的做法，不但损坏了文物的价值，还未对本体保护做出有益的贡献。须弥山石窟第5窟大佛上修建的钢混水泥防雨篷，由于当时缺乏对风化情况的考虑和对佛龛吃重能力的计算，使得今天在这个重达几十吨的防雨篷与岩体之间已经出现了深深的裂缝，左侧的岩石由于不堪承重而成了一块摇摇欲坠的悬石。这种情况的出现与盲目信任“科学”手段与材料，缺乏审慎的文物工作态度有关，其背后也反映出这一时期因社会环境变化而显得浮躁的普遍状态。另外，《文物保护法》虽然确立了以“不改变文物原状”为文物保护的总原则，但由于缺乏有效的评价体系和具体方法指导，结合石窟抢救性工程的特殊性，全国许多工程在保护管理机构自成体系的指导下，将一些石窟的保护工程当成了新材料新技术的实验，也给石窟本体造成了不可逆转的损害。比如，在新疆克孜尔石窟中采用的有机硅系列、PS系列和有机无机的复合材料系列对风化岩体进行了喷涂，这一方法后来被证明岩体的抗压、抗拉强度提高了3倍，但明显改变了石窟外貌，属于不恰当的维修。

总之，20世纪八九十年代的石窟保护，无论从重视程度上还是从工程数量、广度上，都进入了一个新发展时期。但在众多保护工程的实施中，也暴露出不少值得深思的保护原则、保护方法上的问题。

## 第四节　石窟保护大发展时期概述（2000～2013年）

### 一、社会发展与文化背景

特定的文化必定是特定社会的政治和经济的反映，同时又影响和作用于特定社会的政治和经济。随着中国逐渐找到了自己的发展道路，国家的综合实力稳步上升，中国与世界的关联度空前增强。2000年后，通过在国际贸易、金融危机中的表现，中国开始深入参与国际体系调整，逐步发出自己的声音，在国际地位不断提升的情况下，牵引着世界格局走向，在全球资本市场、全球战略格局中发挥易发重要的作用。在这种大形势下，国家与全球社会的依存度越来越高，全球化迅速影响并改变着国家的政治、经济、文化的各个方面。西方主流文化通过价值观念和生活方式，冲击着传统文化与民族文化。在逐渐认识到“去中国化”现象对国家建设和国际交往中的种种弊端之后，中国清醒地认识到要在全球化时代成为真正的大国，必须有真正的大国文化。那么，如何顺应全球化的发展趋势，并通过文化手段发挥自己的作用、加强与国际的交流和对话，扩大中国文化在世界文化中的地位，就成为21世纪中国文明进程的焦点之一。

2002年11月召开的党的十六大提出了新时期中国特色社会主义道路建设中的文化建设方针，即要立足于目前现代化建设的实践成果，着眼于世界发展的前沿，淬炼民族文化品格，发扬传统文化的优秀传统，“必须把弘扬和培育民族精神作为文化建设极为重要的任务，纳入国民教育全过程，纳入精神文明建设全过程……”[47]。2007年十七大又进一步明确提出通过兴起文化建设新高潮来“推动社会主义大发展大繁荣”[48]，2012年下半年召开的十八大强调要“扎实推进社会主义文化强国，……要开创全民族文化创造活力持续迸发、……中华文化国际影响力不断增强的新局面”[48]。这些方针的制定，为新时期中国文化发展指明了方向。

人类学家、社会学家费孝通在《经济全球化和中国“三级两跳”中的文化思考》等文中提出加强人文主义，在发扬传统文化的基础上，结合国外的优秀科学经验，建设新的人文主义。社会学家和文化学家李慎之也在《全球化与中国文化》中提出了“文化自觉”的概念，认为文化自觉就是在全球范围内提倡“和而不同”的文化观的一种具体体现。由此，国家在应对西方国家先发优势、发扬自身传统文化的策略上，自上而下的达成了普遍共识。经过十余年来的努力，在2011年9月北京大学主办的“新世纪十年来中国文化发展的回顾与展望”研讨会上，专家学者普遍认为，新时期文化建设的主要成就之一就是传统文化的复兴，即“再中国化”的过程。

作为文化建设关键组成部分的文化遗产保护事业，也由此获得了全社会广泛的关注。不论是从保护资金、人员的投入，保护项目的数量、规模还是与保护法律法规的完善，与国际保护界的交流、对话，都可以看出这种关注度的增强。

## 二、中国文化遗产保护的发展

自21世纪开始，中国的文化遗产保护事业进入了持续发展时期。在法制建设、专业人员培养、保护资金与重大工程建设、对外合作与交流、博物馆与考古事业、文物保护技术、社会文物管理等各个方面都取得了长足的进步与发展。

（一）法制系统的继续完善

自1982年《文物保护法》颁布后，在近20年的发展中，一些旧有规定已不能很好地适应文物保护工作的新要求，面对这些需要解决的新形势新问题，2002年在全国人民代表大会常务委员会第三十次会议上，修订通过了新的《文物保护法》。这次修订总结了改革开放后的实践经验，做出了一些有针对性、更严密的新规定，使得原有33条条文增加至80条，将“保护为主，抢救第一，合理利用，加强管理”这十六字方针写进了总则，以法律的形式成为保护的总指导，修订版《文物保护法》可以说是我国文物保护原则的继续和发扬，自此以后，以它为核心，由国家法律、行政法规、部门规章文件、地方性法规、保护相关规划和标准共同构成的中国特色的文化遗产法律体系框架基本成型。2003年5月，国务院公布了《文物保护法实施细则》并于7月执行，细化了《文物保护法》中的原则与标准。同时，部门规章范畴的《文物保护工程管理办法》颁布实施，规范了文物保护维修工程的具体管理工作。同年，国家文物局还颁布了《近现代一级文物藏品定级标准》《文物保护科学和技术研究课题管理办法》等几项管理规定和文件。2005年，《文物行政处罚程序暂行规定》《博物馆管理办法》《文物出境展览管理规定》《文物保护工程勘察设计资质办法》《文物保护工程施工资质管理办法》《大遗址保护专项经费管理办法》《国务院办公厅关于加强我国非物质文化遗产保护工作的意见》《国家级非物质文化遗产保护与管理暂行办法》等十余项规范性规章和文件的颁布，进一步完善了相应的文物工作。

2005年，《关于加强文化遗产保护的通知》于国务院公布，提出要在认识文化遗产保护重要性和急迫性的基础上，加强和推进物质与非物质遗产保护，并决定设立国家的“文化遗产日”[48]。这些重大举措，标志着21世纪我国文化遗产保护事业进入一个新的历史发展阶段的里程碑。

2006年9月，国务院公布了《长城保护条例》，这是我国首次为单独一项文化遗产的保护立法，具有开创性实践，推动了遗产保护中专项立法的进展。同年，《世界文化遗产保护管理办法》《中国世界文化遗产监测巡视管理办法》《中国世界文化遗产专家咨询管理办法》等有关世界遗产的规章文件使得世界遗产的各项工作更加规范。2007年通过的《文物进出境审核管理办法》《文物出境审核标准》规范了文物出入境管理工作；2008年国务院公布《历史文化名城名镇名村保护条例》强调了在历史文化名城保护中地方政府责任与公众参与的重要性；2009年《文物认定管理暂行办法》将乡土建筑、工农业遗产、商业老字号遗产、文化线路、文化景观等新类型遗产纳入保护范畴，使得在文物认定和管理上的职责更为明确；2010年试行的《国家考古遗址公园管理办法》为大遗址保护提供了规章依据，2011～2012年公布的《文物保护单位执法巡查办法》《国家文物局文物安全案件督察督办管理规定（试行）》《文物消防安全检查规程（试行）》《国有文物保护单位经营性活动管理规定（试行）》等一系列安全保卫方面的规章文件完善了在文物防护方面的法律体系。

根据统计，自2000年以来，文物保护方面的法律法规、规章文件等多达50余项，同时还研究编纂公布了20余项重要的行业标准。比如，2000年在ICOMOS/CHINA承德会议上通过《中国文物古迹保护准则》，是中国乃至亚洲国家制定的第一部包括各类型遗产古迹保护的行业指导性文件，具有重要的理论和实践意义。此外，还包括《古建筑木结构维护与加固技术规范》《中国古典建筑色彩》《博物馆建筑设计规范》和《文物系统博物馆风险等级和安全防护级别的规定》等在古建筑维修、博物馆工作等方面发挥重要作用的行业标准。

另外，我国在2000年后加入了UNESCO《武装冲突情况下保护文化财产公约》和《国际统一私法协会关于被盗或者非法出口文物的公约》，还先后和秘鲁、印度、意大利、菲律宾、智利、委内瑞拉、美国签订了涉及文物财产返还的政府间协定，这对完善国内文物保护的法制体系也有一定的参考借鉴意义。

在国家级法制体系不断完善的同时，各省（自治区、直辖市）也相应地开展了地方文物立法的工作。据统计，全国各地先后公布了80余项地方性法规，其中包括《甘肃敦煌莫高窟保护条例》《四川省世界遗产保护条例》等，较好地推动了各地文化遗产保护工作的进行。

立法、执法和宣传是法制体系建设的三个方面。为落实执法的程序和责任，国家文物局开展过多次全国范围内的文物行政执法专项活动。比如，在2005年6月～7月的联合执法督察行动，分4个督查组，对天津、浙江、安徽、山东、江苏、河北、陕西、福建等9个省（自治区、直辖市）的共计83个单位开展了文物行政执法检查，有力有效地维护了文物相关法律法规的执行，提高了依法开展保护工作的认识和能力。此外，伴随着各地“文化遗产日”的活动，国家也多次展开对相关法律法规的宣传教育，以期使文化遗产保护的相关理念逐步深入人心。







### （二）保护投入、保护队伍及保护理念的发展

在保护的法律法规体系进一步得到的完善的同时，在新方针的指引下，国家于2001年、2006年公布第五批和第六批全国重点文物保护单位，数量分别达到518处和1080处；并在2007年4月到2011年12月近五年的时间内开展了第三次全国范围内的文物普查，截至2010年4月30日，这次普查共调查登记不可移动文物911 549处，其中新发现664 530处，复查247 019处；另登记了消失文物41 178处①。另外，国家历史文化名城、省级保护单位、“四有”工作、大遗址保护工作也有条不紊的展开；文物保护相关人员的培训、科技保护工作正在逐步实现。

随着对保护的重视，保护相关投入也日渐增长。自1997年《国务院关于加强和改善文物工作的通知》提出要将文物保护“五纳入”[49]——纳入“当地经济和社会发展计划”“城乡建设规划”“财政预算”“体制改革”和“各级领导责任制”——这一方针后，长期困扰文物保护工程进行的经费不足问题得到了较大的解决。文物专项补助经费由1995年的1.29亿元增加到2002年的2.76亿元，再到2009年的7亿元；中央保护专项转移支付资金由1999年的3.9亿元增加到2009 年的36.03 亿元。同时，还通过新增“文物专项”确保了一些大型事业的需要。比如，2005年设立的“大遗址保护专项经费（图2.27）和2007年设立的第三次全国文物普查专项经费等。2006年，国家文物局和发改委联合编制的《国家“十一五”抢救性文物保护设施建设专项规划》列入的438个文物保护项目投资都得到逐一落实，共约18.13亿元。

各省市地方也相应地增加文物保护的投入，如“三年3.3亿元文物抢救修靖计划”，就是北京市自2000年开始执行的一项文物保护计划。在这样的保证下，包括北京故宫、西藏三大寺（布达拉宫、萨迦寺、罗布林卡），山西大同云冈石窟、浙江天一阁修缮、天津独乐寺、山西应

---

① 数据来源于第三次全国文物普查网 http://pucha.sach.gov.cn。

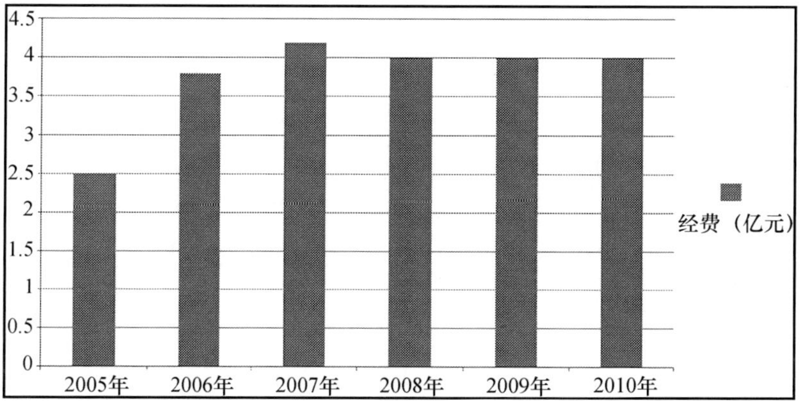


图2.27 “十一五”期间大遗址保护专项经费投入情况[50]99

县木塔、承德避暑山庄、三峡库区文物搬迁等重要遗产在内的一批重要文物保护工程陆续完成，基本上实现了前四批国保单位抢救性保护完成的目标。另外，保护理论的研究和建设也在日益广泛、频繁的国际交流合作中得以进步和提升。比如敦煌、云冈与美国盖蒂中心的合作；中国自1998年开始的援柬项目，协助维修了吴哥古迹的周萨神庙等。在这些合作进行的同时，我国的保护队伍水平也得到了较大的提升。截至2010年，我国各种类型的文物机构数量达到4277个，已有8万多的工作者，其中有近1.5万人拥有中高级职称；全国范围内23个省（自治区、直辖市）已经设立了副厅级以上级别的文物局[50]99。

世界遗产工作在新时期有条不紊的进行。1998年成立了第一个世界遗产专业研究机构，即北京大学世界遗产研究中心；2000年5月和7月，分别在苏州和北京召开了两次重要的会议，前者为“中国首次世界遗产地工作会议”，并在后者“中国文化遗产保护和城市发展：机遇与挑战国际会议”上通过了《北京共识》。在2000年的《凯恩斯决议》通过限定每个缔约国每年只能申报1项世界遗产后，我国的世界遗产工作也由数量快速增长阶段转变为稳步的可持续发展阶段，保证每一项申报都能获得成功，同时也更加注重世界遗产的管理与保护工作。

与此同时，由于许多国家都对传统文化及与文化身份相关的价值观问题关注度持续上升，UNESCO和整个国际社会也都认为文化创造，以及“文化多样性”[51]是遗产保护所要关注的重点。由此也衍生出对文化遗产概念理解的扩大与深入，包括保护类型的扩展、方式的变化、概念的深化等，如类型上对文化景观、文化线路、工业遗产等的纳入与研究，在保护方法上对公众、社区参与的强调，对遗产利用与文化旅游的方面的科学研究等。国内保护界在21世纪后与国际相关领域的合作与交流日益增强，2005年关于保护遗产与环境的《西安宣言》与2007年《关于东亚地区文物建筑保护与修复》的北京文件的公布，也是中国通过自身的保护实践经验与原则开始影响国际保护运动发展，逐渐在全球化背景下表达文化多元化特征的体现。

（三）国际合作与交流的发展

中国在21世纪的国际合作与交流更为广泛。继1985年加入《世界遗产公约》、1989年加入《关于禁止和防止非法进出口文化财产和非法转让其所有权的方法的公约》、1993年加入ICOMOS，1997年加入国际统一私法协会《关于被盗或者非法出口文物的公约》后，2000年中国又加入了UNESCO《武装冲突情况下保护文化财产的公约》，2001年加入ICCROM。至此，中国加入与文化遗产有关的3个国际重要组织和4个国际公约，这为中国更深入地参与国际保护并在其中发挥自己的作用，提供了更宽广的平台。2004年第28届世界遗产大会、2005年ICOMOS第15届大会、2010年国际博物馆协会第22次会议等一系列国际会议分别在苏州、西安、上海的成功举办；2002年中国文物保护专家吕舟教授当选为ICCROM理事并连任，2004年中国博物馆学会理事长张文彬当选为国际博物馆协会亚太地区委员会副主席，2005年中国古迹保护协会副主席郭旃当选ICOMOS副主席并连任等事件，也正是中国在保护事务上话语权和影响力增强的表现之一。

中国文物保护对外的合作体系在这一时期也有了雏形，先后与包括世界银行、美国盖蒂保护研究所、美国梅隆基金会等机构在内的美国、加拿大、法国、英国、意大利、日本、澳大利亚等的大学或文物保护研究机构建立了合作关系，完成了包括《准则》的研究与制定、莫高窟保护、云冈石窟保护等一系列合作项目，并参与了UNESCO发起的援助柬埔寨吴哥古迹修复国际合作等项目，为国际间保护原则技术的学习与文化交流做出了重要的贡献。

与此同时，21世纪国家的文化外交空前活跃，文物展览等形式成为主要表现形式。在2003～2004年的中法文化年、2006～2007年的中俄文化年中，文物展览与交流都是其中重要的组成部分（图2.28）。

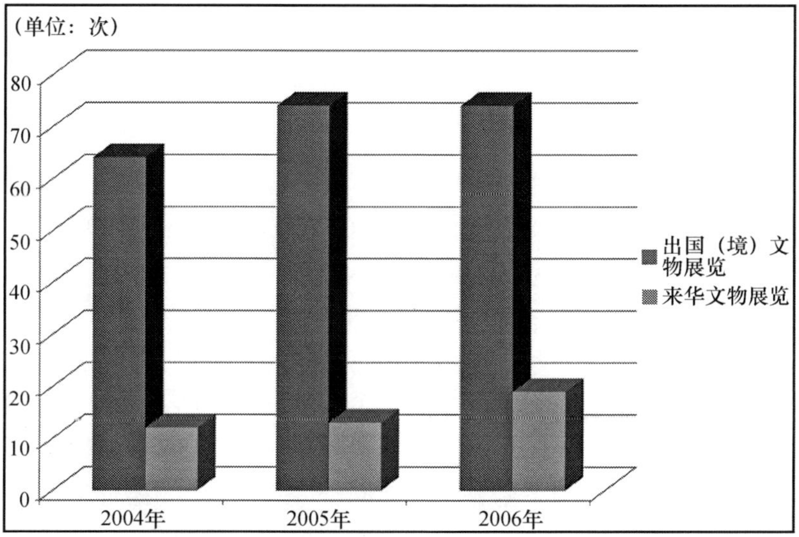


图2.28　文物展览情况（2004～2006年）[50]95

党和国家领导人也曾多次亲自参与了文物对外交流与合作的有关活动。2005年12月胡锦涛主席在与英国女王伊丽莎二世同为“盛世华章——故宫博物院藏文物精品展”剪彩后指出，“一个好的文物外展能够起到外交家无法起到的作用”[52]，也指出了文物在国际交流及为我国文化多样性表达发挥着重要作用。

除了上述交流合作及与其他国家签订一些关于文物工作的合作协议外，日益频繁的国际交流也为我国保护专业人员的培训提供了更广阔的平台。中方与美国盖蒂中心的合作目前已进入第六阶段，其中敦煌研究院与盖蒂保护研究所合作开展的敦煌壁画保护项目已经进行了17年并获得了国际广泛的好评。该项目主要负责人内维尔·阿格纽先生于2006年获得我国政府授予的国际科技合作奖。中方保护人员也先后多次赴美国、澳大利亚、意大利、日本的相关组织进行文物古迹保护的研究学习；同时，随着中国在保护领域的作用和影响增强，国外学者也开始赴中国学习。自2005年起，美国耶鲁大学开始每年派遣相关专业学生至故宫博物院实习，这也是我国文博界第一次批量接受国外人员学习。这不仅有助于传播和弘扬中华文化，扩大中国遗产在国际社会的影响，也为增进中美两国人民的友谊有着积极的帮助。

## 三、石窟保护工作概述

### （一）保护管理体系的完善

在国家文化遗产保护法律、规章不断完善的大环境下，重要的石窟点也开始单独为其保护管理制定相应的管理条例。1997年9月山西省第8届人民代表大会常务委员会第三十次会议批准了《大同市云冈石窟保护管理条例》共五章三十六条，1998年重庆市政府制定通过了《重庆市大足石刻保护管理办法》共十八条，1999年5月河南省第9届人民代表大会常务委员会第九次会议通过了《洛阳市龙门石窟保护管理条例》共二十九条，2002年12月甘肃省人民代表大会常务委员会通过了《甘肃敦煌莫高窟保护条例》共五章四十一条。这些条例与办法的先后通过与实施，规定了各石窟在国家制定的“保护为主，抢救第一”大方针下具体的保护管理办法，将石窟保护纳入本省本地的经济与社会发展计划和城乡各类规划当中，规定了重点保护区、一般保护区和建设控制地带的管理要求，以及详细的奖惩措施，这为新时期的石窟保护提供了必要的依据。

继1987年敦煌莫高窟成为我国首批世界遗产之一后，1999～2001年大足石刻、龙门石窟、云冈石窟也分别被列为世界文化遗产。这之后，中国的四大石窟进入了世界遗产的平台，其管理与保护更为规范、保护工程的开展也更为严格。

除此之外，随着第四批、五批国家文物保护单位的公布、第三次全国文物普查工作的开展，以及各省市保护单位的公布，新公布、新发现的石窟石刻也纳入了保护体系，石窟石刻类国家文物保护单位由2000年的67处增加到180处。同时，在《准则》的指导下，各石窟石刻开始有条不紊地进行保护规划的编制工作，至今，已有53处编制成功并开始执行。还未有保护规划的石窟石刻点，以第五批全国重点文物保护单位为多（图2.29）。

### （二）保护工程

进入新时期，随着对遗产保护的重视、保护经费的充裕与石窟保护紧迫性的认识，全国上下进行的石窟修缮工程数量和规模都比前一

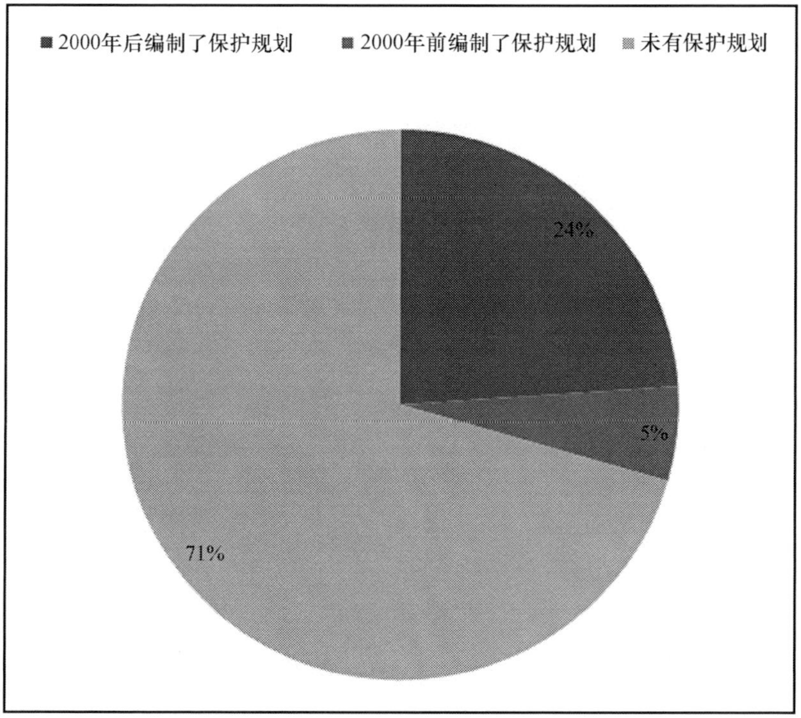


图2.29　石窟石刻类国保单位保护规划情况

资料来源：全国重点文物保护单位保护管理情况调查http://www.1271.com；国家文物局. 中国文物事业60年. 北京：文物出版社, 2009；国家文物局. 中华人民共和国文物博物馆事业纪事（1949—1999）（上）（下）. 北京：文物出版社，2002

时期有了快速的增长（表2.10），比较重要的计有百余项。

这些工程中包括加固、防水治水、窟檐、建筑、塑像的修缮、壁画的保护修复、相关保护管理设施建设、安防技防工程、环境整治、监测及其他等八类；较之之前的保护工程类型更为全面，除了仍占据主要地位的加固工程和修缮工程之外，环境保护及安防工作得到了加强；监测工程数量的增长迅速，除了单独的监测工程，如果将纳入到修缮工程中的监测板块也计算在内的话，80%以上的重要工程都包含了监测的内容（图2.30）。保护内容更丰富、类型更全面和由本体措施

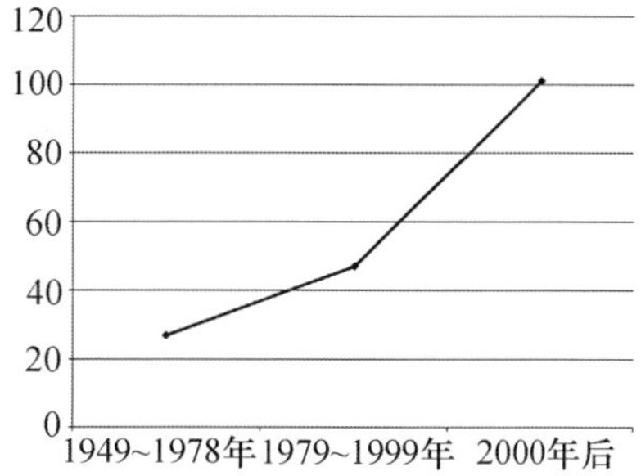


图2.30　石窟保护重要工程增长情况图

**表2.10 2000年后的重要石窟修缮工程一览表①**

| 区域 | 地点 | 时间/年 | 工程 | 具体情况 |
|---|---|---|---|---|
| 山西 | 云冈石窟 | 1999～2000 | 第19窟加固保护工程 | |
| | | 2000～2002 | 四有档案保护维修工程 | |
| | | 2002～2012 | 云冈防水工程 | 包括顶部防渗、保护性窟檐和凝结水治理三部分 |
| 甘肃 | 莫高窟 | 2000 | 第94窟窟檐维修 | |
| | | | 安防工程 | 第96窟、第130窟等7个石窟安装安防设施 |
| | | 1999～2009 | 保护规划编制 | 在《准则》指导下研究编制保护规划 |
| | | 1999～2006 | 壁画保护工程 | 对第85窟、第98窟、西千佛洞壁画进行维修保护 |
| | | 2002 | 建筑维修工程 | 第16窟三层他维修，九层楼7～9层加固 |
| | | 2004～2008 | 保护工程 | 南区中段木栈道加固修复，莫高窟、榆林窟加固 |
| | | 2004 | 王圆箓塔保护工程 | 搬迁保护 |
| | | | 西千佛洞壁画修复工程 | 第20窟、第22窟壁画揭取、加固、整体搬迁至莫高窟 |
| | 麦积山石窟 | 2002 | 石窟渗水治理工程 | |
| | | | 瑞应寺修缮 | 保护维修 |
| | | | 安全技术防范工程 | 保护性设施建设 |
| | | | 第70窟整体维修 | |
| | 庆阳北石窟寺 | 2003 | 保护维修工程 | |

① 本表不包括日常保养的一些小工程。

续表

| 区域 | 地点 | 时间/年 | 工程 | 具体情况 |
|---|---|---|---|---|
| 甘肃 | 张掖马蹄寺石窟群 | 2004～2005 | 金塔寺石窟塑像、壁画修复保护工程 | 壁画、彩塑的修复，已批复的后续资金没有到位。要完成此工程，资金缺口大，整个工程需150万元才能完成 |
| | | 2003～2006 | 马蹄千佛洞壁画塑像保护 | 敦煌研究院主导的壁画、彩塑修复，后因资金短缺停止 |
| | | 2004 | 金塔寺石窟栈道改造工程 | 通往金塔寺石窟的台阶年久失修，栈道狭窄，破烂不堪，而且台阶是直线通向洞窟，坡度很大。工程将台阶改道，采取“之”字形结构 |
| | | 2005～2007 | 金塔寺西窟窟檐渗漏水加固工程 | 由于金塔寺西窟岩层岩性疏松，遇水易软化，抗冻融性差，雨水流入窟内，造成窟内壁画空鼓，同时导致窟内相对湿度增高；工程对金塔寺西窟窟檐进行加固，进行防渗水处理 |
| | | 2005 | 马蹄寺北寺石窟病害治理 | |
| | | 2005～2009 | 上、下观音洞石窟岩体加固 | 岩体加固工程 |
| | | 2006～2009 | 马蹄寺石窟群安防工程 | 部分洞窟防护栏陈旧，破烂不堪需更换，有的洞窟没有监控设施。计划2009年修筑、安装防护、防盗、监控设施，进一步确保文物安全 |
| | | 2008～2009 | 上中下观音洞石窟壁画、塑像修复保护工程 | 壁画调查、勘测、方案设计等前期经费 |
| | 天梯山石窟 | 2005 | 天梯山石窟二期保护维修工程 | |
| | | 2008 | 大佛加固工程 | |
| | 文殊山石窟 | 2006～2008 | 后山千佛洞、古佛洞加固工程 | 岩体砌筑、灌浆加固 |
| | | | 壁画病害治理与修复 | 对前山千佛洞、万佛洞、后山千佛洞、古佛洞的壁画进行了病害调查并尝试进行化学修复 |
| | | 2008 | 文殊寺石窟安防工程 | 安装报警设施 |

续表

| 区域 | 地点 | 时间/年 | 工程 | 具体情况 |
|---|---|---|---|---|
| 文殊山石窟 | 炳灵寺石窟 | 2008 | 加固维修工程 | |
| | 武山县水帘洞石窟群 | 2006 | 保护修复工程 | |
| 河北 | 响堂山石窟 | 2001 | 加固保护工程 | 抢险加固 |
| | 龙兴观道德经幢 | 2000 | 保护规划及修缮工程 | |
| | 大观圣作之碑 | 2009 | 保护维修工程 | 加固、整修 |
| 新疆 | 克孜尔石窟 | 2000 | 石窟谷内区及后山区加固保护工程 | 抢险加固 |
| | | 2004 | 安全防范系统工程 | 保护性设施建设 |
| | | 2005 | 消防工程 | 保护性设施建设 |
| | 库木吐拉千佛洞 | 2006 | 保护工程 | 日本政府无偿援助UNESCO实施；对五连洞等抢险加固。针对岩体开裂、垮塌、剥落、洪水等危害 |
| | 柏孜克里克石窟 | 2005 | 木头沟河防洪堤工程 | 采用路堤一体施工，防洪堤南端与入口处的栈道连接，北端与洞窟区北侧的山崖连接；堤坝主体设计为梯形，拟采用钢筋混凝土浇筑，迎水面采用混凝土砌筑卵石；路面采用混凝土现浇。柏孜克里克石窟寺木头沟河防洪堤采用路堤一体施工，防洪堤南端与入口处的栈道连接，北端与洞窟区北侧的山崖连接；堤坝主体设计为梯形，拟采用钢筋混凝土浇筑，迎水面采用混凝土砌筑卵石；路面采用混凝土现浇 |
| | 昭苏平定准格尔勒铭碑 | 2005～2006 | 震后保护维修工程 | 对格登碑进行归安、加固，拆除原有坍塌砌提，重建保护碑亭 |
| 四川 | 广元皇泽崖 | 2000 | 坡体病害整治、维修 | |
| | | 2002 | 安防、技防工程 | |
| | | 2003 | 保护总体规划 | |

续表

| 区域 | 地点 | 时间/年 | 工程 | 具体情况 |
|---|---|---|---|---|
| 四川 | 广元千佛崖 | 2000 | 抢险加固工程 | |
| | | 2002 | 安防、技防工程 | 保护性设施建设 |
| | | 2011 | 保护性窟檐 | 由清华大学文保所主持设计了保护性窟檐 |
| | | 2011至今 | 环境监测 | 由清华大学文保所主持进行环境监测研究 |
| | 乐山大佛 | 2001 | 局部维修工程 | |
| | | 2002 | 佛脚平台维修工程 | 拓宽佛脚平台120平方米，建成贴坡墙，防止江水对佛脚的冲刷腐蚀 |
| | 巴中南龛石窟 | 2000 | 危岩抢险加固 | |
| | | 2011至今 | 环境监测工程 | 由清华大学文保所主持进行环境监测研究 |
| | 巴中水宁寺摩崖造像西龛北龛摩崖造像 | 2003 | 北龛保护工程 | |
| | | 2005 | 水宁寺摩崖造像抢险加固 | |
| | 安岳卧佛院 | 2002 | 石刻文物安全防范工程 | |
| | | 2004 | 保护加固工程 | |
| | 毗卢洞 | 2004 | 保护规划 | |
| 重庆 | 宝顶山 | 2000 | 转法轮塔维修 | 文研所制定方案 |
| | 石刻 | 2002 | 观景变造像区岩体加固 | 文研所制定方案：加固岩体基础，归位复原变形岩体，在归位岩体上加设锚杆加固，并进行防风化处理 |
| | | 2001～2004 | 大佛湾地狱变相及舍利塔防风化 | 造像防风化为主，使用技术比较成熟的有机硅材料为主剂，同时使用德国雷马士公司的专用修复砂浆对造像进行修复 |
| | 宝顶山石刻 | 2001～2002 | 大佛湾、小佛湾安全技术防范系统工程 | 采用点、线、面和空间结合的探测器，形成以通道、路口、门为重点防护区域，以重点文物为防护对象的入侵探测感知网络系统，包括安防系统组成，取证内容和记录方式，防盗报警系统性能 |
| | | 2001至今 | 千手观音造像维修工程 | 包括石质、贴金和监测等部分 |

续表

| 区域 | 地点 | 时间/年 | 工程 | 具体情况 |
|---|---|---|---|---|
| 重庆 | 白鹤梁石刻 | 2002 | 石刻原址水下保护工程 | 修建白鹤梁题刻原址水下保护工程、岸边博物馆 |
| 云南 | 石钟山石窟 | 1999～2004 | 石钟寺区消防建设工程 | 受丽江“二·三”地震影响实施，1.2万米的管道安装，100立方米专用消防水池，石钟寺区四个消防栓，200米消防带 |
| | | 2000 | 石窟保护房建设工程 | 钢混结构 |
| | | 2003 | 防盗报警建设工程 | 红外探头和录像建控，完善“三防”建设 |
| | | 2004 | 防雷工程 | 完善“三防”建设 |
| | | | 石窟石钟寺大殿修缮 | 保护维修，采取揭顶大修，防水处理 |
| | | | 临沧市沧源崖画 | 建设崖顶排水沟，保护遮檐，围护平台；保护崖画不受地表水和浅渗水侵蚀，防止人为抚摸刮除破坏 |
| | | 2005 | 元世祖平云南碑 | 抢险加固工程 |
| 江苏 | 苏州文庙及石刻 | 2000 | 四大宋碑抢救工程 | |
| | 丹阳南朝陵墓石刻 | 2003 | 石刻保护维修工程 | |
| | 焦山碑林 | 2002～2003 | 保护维修工程 | 维修并扩建 |
| 河南 | 巩县石窟 | 2001 | 安防工程 | |
| | | 2002 | 围墙维修 | |
| | 灵泉寺石窟 | 2000 | 防护工程 | 修建围墙、保护房 |
| | 千唐志斋石刻 | 2002 | 安防工程 | |
| | 鸿庆寺石窟 | 2000 | 环境整治工程 | 山门及院墙维修，环境整治 |
| | 小南海石窟 | 2000 | 环境工程 | 修建围墙、保护用房 |
| | 大丕山摩崖大佛及石刻 | 2004 | 浚县千佛寺石窟群、千佛洞石窟维修工程 | 对水陆殿、罗汉殿和两厢房进行维修保护 |
| | | 2006 | 浚县大丕山天宁寺大石佛保护工程 | |

续表

| 区域 | 地点 | 时间/年 | 工程 | 具体情况 |
| --- | --- | --- | --- | --- |
| 河南 | 龙门石窟 | 2002～2008 | 保护修复工程 | UNESCO龙门石窟保护修复工程，2002年实施 |
| 宁夏 | 须弥山石窟 | 2001 | 石窟雕刻品防风化加固 | 对相国寺第51窟，桃花洞第105窟及附窟，松树洼第3窟共约740平方米雕刻品进行化学材料涂刷 |
| | | 2002 | 安防工程 | |
| | | 2003 | 石窟保护与环境整治工程 | 加固护栏，加设窟门窗，防渗漏加固500平方米，台阶修补1070立方米，防洪泄洪200立方米 |
| | 贺兰山岩画 | 2000 | 保护维修及“四有”建设 | 装设围护网栏，树立保护说明标志和编号说明标牌，搭筑保护棚，加固岩画石刻岩石，修建参观登山栈道台阶；杜绝人为损害，延缓自然风化速度 |
| | | 2002 | 环境道路工程 | 修建景区道路3千米 |
| 浙江 | 杭州飞来峰造像 | 2001 | 造像一期保护工程 | 危岩加固，对不稳定的危险岩体拟采用锚杆支护和锚喷支护相结合的工程技术手段；地表防透，对造像区顶部拟采用砌瓦和铺设柔性防渗材料相结合的工程手段；地面排水，拟采用三级排水系统，山顶排水沟，防渗排水明沟，龛顶截水沟 |
| | 杭州宝成寺麻曷葛剌造像 | 2000 | 造像维修工程 | 造像修复，大殿屋面修缮 |
| | 杭州梵天寺经幢 | 2000～2001 | 造像修复工程 | 完成杭州梵天寺经幢纠倾、幢身扶正、部分构件落架及复原部分裂缝粘接工程，纠偏后幢体倾斜率≤2‰。梵天寺经幢纠倾及基础加固工程总体效果不错，纠倾达到设计要求，未对文物造成损伤 |
| 辽宁 | 锦州义县万佛堂石窟 | 2002 | 第二期保护工程 | 治理第六窟渗水、解决石窟窟顶排水、岩体加固、石刻表面清洗、严重风化石刻的浸渍加固、充填加固起鼓脱层岩体 |

续表

| 区域 | 地点 | 时间/年 | 工程 | 具体情况 |
| --- | --- | --- | --- | --- |
| 广西 | 崇左市花山岩画桂林石刻 | 2000 | 花山岩画岩体堵漏防渗、画面清理及防风化保护 | |
| | | 2001～2002 | 龙隐洞石刻保护与环境整治工程 | 石窟复位、简单修复，建设明清散碑碑廊碑墙、流杯亭、文物小品园 |
| | | 2005 | 桂林石刻第一期保护工程 | |
| 福建 | 泉州清源山石造像群 | 2002 | 保护维修工程 | 观音殿、三宝殿维修、环境整治 |
| 山东 | 莱州云峰山、天柱山摩崖石刻 | 2003 | 保护研究及保护方案制定 | 山东省文物科技保护中心对石刻进行评估，继而制定保护方案 |
| | 泰山石刻 | 2000 | 泰山经石峪石刻一期保护工程 | 建设了防护性设施 |
| | 泰安白佛山石窟造像 | 2001～2004 | 石窟抢险加固工程 | |
| 湖南 | 浯溪摩崖石刻 | 2005 | 保护规划与环境整治 | |
| | | 2004 | 陶铸陈列室整修 | |
| 湖北 | 怡亭铭摩崖石刻 | 2004 | 石刻切割提升工程 | 将处于地平面4米以下的石刻本体进行切割，并提升地面，建基座进行安置，固定；彻底解决石刻长期受江水侵蚀的问题 |
| 陕西 | 宝鸡麟游慈善寺石窟 | 2000 | 环境道路工程 | 通往慈善寺石窟的漆水河御驾河段修建一座三跨61米钢筋混凝土梁板桥，拓宽2.5千米路面铺设砂石并进行油化 |
| | | 1999～2004 | 防洪及保护工程 | 防止漆水河洪水对石窑寺的侵袭，防止石窑造像遭受破坏，砌筑防洪河堤296米，修建办公、住宿、接待房6间120平方米 |
| 内蒙古 | 鄂托克旗百眼窑石窟 | 2003 | 保护维修工程 | |
| | 赤峰市真寂寺石窟 | 2000 | 保护工程 | |
| | 阿什哈达摩崖石刻 | 2002 | 保护维修工程 | |

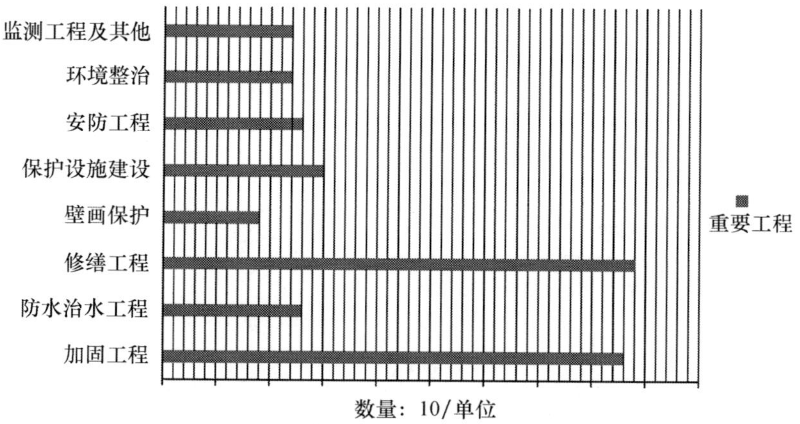


图2.31　2000年后重要工程分类

资料来源：全国重点文物保护单位保护管理情况调查http://www.1271.com；国家文物局：《中国文物事业60年》，北京：文物出版社，2009年；国家文物局：《中华人民共和国文物博物馆事业纪事（1949—1999）》（上、下），北京：文物出版社，2002年；国家文物局：《中国文物年鉴（2002—2008）》，科学出版社，2003～2011年

转向重视监测是这百多项工程所反映出来的良好趋势，当然，具体工程的效果还有待于进一步详细评估（图2.31）。

从图2.32、图2.33中可以看出，2000年后的重要保护工程，四成多是针对首批国家文物保护单位中的15处石窟石刻遗产点进行的，其次是针对第三批的13处遗产点和第五批的17处遗产点进行的，第二批和第四批由于石窟类单位较少，工程量也较少。2006年公布的第五批保护单位仅有很少的遗产点展开了保护工程。而从做过保护工程的单位在本批次所有石窟类遗产点所占的比例来看，至今前两批保护单位中石窟类遗产点的保护工程涉及度都超过了70%，第三批和第五批中也有近半的单位进行了保护工程，第四批和第六批则都有较大比例的石窟仍处于自然状态。但总的来说，2000年后的重要保护工程无论是数量和涉及的保护单位比例，都比2000年前有着大幅度的增长：保护工程的数量翻了一倍多，而涉及的保护单位也越来越多，其中以第一批、第二批、第五批的增长幅度最大。

大体上越早公布的保护单位所做的保护工程越多这种趋势，一方面与遗产点的价值有关，即一般来说早期发现的石窟规模和价值都较后期相对高；另一方面保护的人力、物力是否充分、研究与宣传强弱也影响了保护的开始。在这些保护工程中，以作为《准则》试点的莫

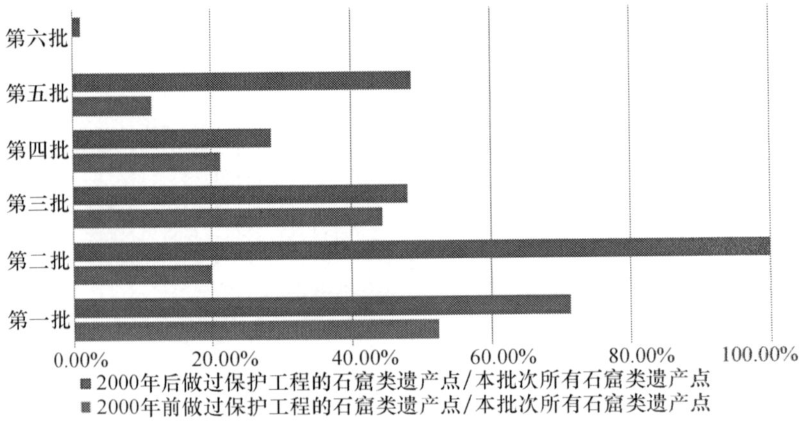


图2.32　2000年前后做过保护工程的遗产点在本批次全部保护单位中所占的比例对比

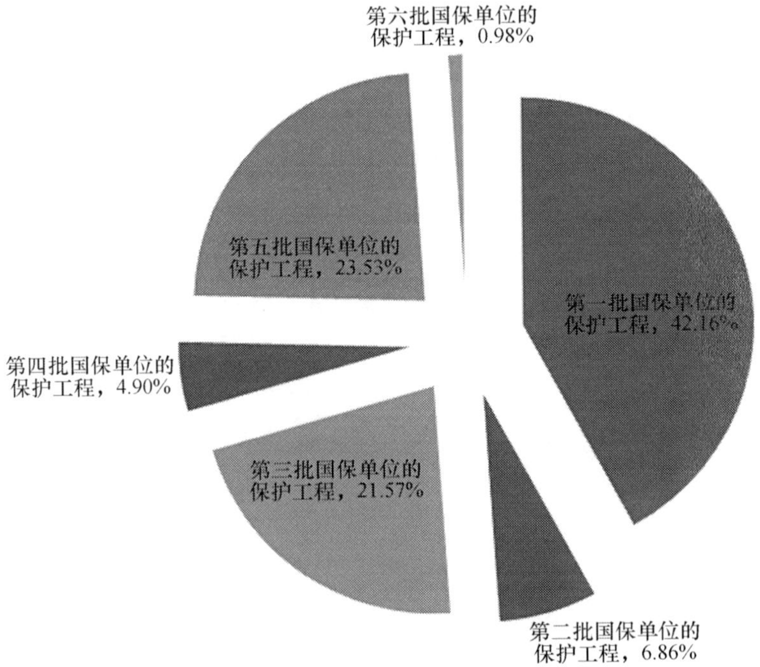


图2.33　2000年后各批次保护单位的保护工程在所有保护工程中所占的比例

高窟保护规划及第85窟壁画修复、与UNESCO合作的龙门石窟保护、云冈石窟保护性窟檐维修，以及大足石刻千手观音造像维修的四处世界遗产地保护工程规模最大、人力物力投入最多，无论在石窟保护技术、保护原则，或是对《准则》的尝试理解，都最具代表性。

（三）保护原则与方法

**1. 保护原则**

相比木构建筑的保护原则来说，作为石质文物的石窟保护与西方石质文物保护相差更小。20世纪80年代后，随着《威尼斯宪章》等国际文件的传入，西方一百多年来石质保护的经验准则就开始得到石窟保护专家的认同。在2000年参考《威尼斯宪章》精神的《准则》制定颁布以后，一些重要的原则如原址保护、最小干预、保存真实性和完整性、可逆性等被确定为石窟保护的依据，在实践中的认同度和执行度也逐渐提高。与此同时，中国石窟保护也具有自身的特点：不仅仅是在适应中国国情和文化独特性的《准则》指导下的保护程序——资料的收集与归档、鉴别石窟文物的价值评估、确定保护目标、实施保护计划与提出保护修复方案、保护程序执行的过程，定期实施日常保养和管理，也体现在一些保护原则的具体执行上。与前一时期相比，新时期的原则更体现出对于石窟环境保护的重视，除了加强对石窟环境的监测和影响分析外，也通过前一时期一些大型本体保护工程逐渐显露出来对石窟环境和微环境改变的事实，对本体上执行措施的原则更为严格；在本体保护上，更强调日常保护和预防性保护的重要。

以乐山大佛为例，在维修方案确定之前，在“不改变原状”基础上、参照《准则》等法律法规提出了6条具体原则[53]460。

1）通过保护要使大佛的历史、艺术、科学等价值尽可能完整地保存下来，不要忽略某个方面。

2）保护的重点在于预防性保护，预防大佛所处的自然环境所经历的破坏或者恶化；在不破坏文物和环境风貌的前提下，进行环境的综合治理。

3）尽量减少对石质文物附加新东西，在石质本体比较完整、未风化的地方不应涂抹材料，以前不当增添的部分或材料，要经过专家论证后上报上级进行去除。

4）修缮中如需使用新材料与新工艺，应该经过对该材料或工艺的科学研究和检测以证明其无害性与有效性。在文物修复中应尽可能避免使用水泥。

5）一切维修措施应该是可逆的，它们不应该妨碍后人采取的进一步保护措施。

6）修复的部分必须严格控制规模，且一定要有对原状的明确可靠的依据，被修复部分应做到“远看差不多，近看有区别”，并在修复档案中严格记录。

从上述原则中可以看出，新时期的石窟保护系统性更强，在价值研究的基础上对石窟环境的关注度上升，而对本体所做的保护无论是添加还是修复，态度则更为审慎，同时对“可逆性”原则更为强调。

**2. 保护技术**

石窟保护技术在继承20世纪的成果基础上，结合国际新技术的研究有了一定的新发展。其中，传统技术主要包括锚杆加固和化学灌浆这两种在石窟保护工程中应用较广的技术，而新技术是在对预防性保护的重视及生物科学发展的基础上新兴的一些保护手段。

（1）传统技术

1）锚杆加固（锚杆支护）。

锚杆加固（锚固）技术是一项常用的力学加固手段。它主要采用对被锚固构筑物施加应力（可能有拉、剪、压等应力类型）等措施来应对因其状态变化而应力失稳的情况，通过这一加固手段来提升其安全性。这是一种有效、经济的岩体稳定的力学加固手段，被世界许多行业所采用。

锚固技术应用于石窟石刻的建造有较长的历史，早在1600多年前开凿的新疆克孜尔石窟中，就已经找到了使用锚固技术的证据。考古学家发现在克孜尔石窟的壁面上，有插入小孔内、并以石灰浆固定的小木杆，其作用可能是使佛像雕塑保持稳定。这可以说是锚杆技术的最早起源。而现代锚固技术的应用始于19世纪末。1890年，英国北威尔士露天矿最先使用锚杆加固边坡[54]4，成为在岩土支护项目中锚固技术广泛应用的滥觞。这与该技术重量轻、体积小、改善和稳定效果好且经济实惠、节约材料的优点密不可分。这一技术也在20世纪50年代左右传入我国并得到了迅速的发展。

对于石窟石刻类遗产来说，由于开凿的过程使得其崖壁的侧应力消失，整个岩体因此一直处于缓慢的应力调整过程。这一自然的、逐步的状态一旦遭遇外界环境要素的突变，常见的如降水、地震、泥石流，以及人为不合理的活动——开凿石窟深度过大或布局不合理、开山劈石等，都有可能诱发裂隙而使岩体变得不稳定。如果不稳定岩体位于文物上或在其附近，就可能造成破坏性后果。面对这种情况，考虑工程的效果、经济性和实用性，锚固技术就有较大的优越性。因此，自20世纪80年代的麦积山石窟保护工程使用锚杆加固之后，我国的其他石窟保护开始较大规模地应用这一技术，不但云冈、龙门、大足、炳灵寺等大型石窟使用，克孜尔千佛洞、榆林石窟、蓬莱丹崖山等中小型的石窟石刻也广泛使用了这一技术进行加固。

岩体锚杆是传递力的构件，将受拉杆埋入岩层，用它来提高岩体的强度和承载能力，并将力传给处于完好状态并能安全承受岩体的拉剪应力，使受损区重新成为安全区[55]77。锚杆按锚固体的力学作用方式分为预应力锚杆锚固（又称点锚固，主要依赖压应力）和非预应力锚杆锚固（又称全长锚固，主要依赖剪应力）两类。它应用于石窟类保护上，具有以下特点。

第一，有效的加固作用。现有的锚固技术可以根据被加固工程对象所需，施加几吨至几百吨，甚至上千吨的力。

第二，适宜文物保护的要求。砌筑、支护等其他加固手段的使用，都需要添加一定规模的构筑物，而锚杆技术体积小、重量轻、节约材料，并可作隐蔽处理，能达到工程措施与文物环境的协调统一。

由于以上优点，进入21世纪后，锚杆技术仍然是石窟保护中主要采用的手段之一。为扩宽锚杆使用范围、提高技术水平，21世纪后，锚杆技术的理论模型和实验研究有了较大发展，开始对之前工程中使用的锚杆进行监测，并研究其机理、效果和时间效应。同时，也开始针对石窟不同类型的岩体特质、破坏及要求等研究新型的、复合型的锚杆，如提高承载力、减小岩体变形的扩体型锚杆、让压锚杆[56]79、80等。

2）灌浆。

灌浆技术最早于1802年法国贝里尼（C.Berigny）在维修港口城市的建筑墙壁时使用，至今已有200多年的历史。灌浆技术可用于隧道的灌浆加固、坝基的防渗灌浆、岩体裂隙的防渗灌浆、构筑物防沉降的地基灌浆加固等，也是石窟保护中应用广泛的传统技术之一。灌浆技术是采取液压或气压方法将能凝固的液体注入岩土体的裂隙或孔隙中的一种加固技术，能够改善工作对象的物理力学性质，达到加固地基、提高地基承载力、抗滑稳定性、防渗能力等目的。其与锚杆技术有着同样的优点，即不损害或较小损害结构、外观，因而在保护工程中应用较广。

灌浆技术按功能可分为加固灌浆和防渗灌浆，其实质都是通过化学胶结作用①、惰性填充作用②，以及离子交换作用③而减少物体的孔隙率，提高物体的密度，达到提高物体的力学强度和抗变形能力的目的。现代的灌浆技术已发展到相当高的水平，对于不能满足工程要求的物体，借助灌浆技术可以解决问题。有些化学浆液可以注入小于0.01毫米的裂隙，有些浆液结石的抗压强度可达60兆帕。而浆液的渗入能力④、稳定性、含水量、结石率⑤以及容许灌浆的压力都是影响灌浆效果的因素。

我国保护界目前主要使用的几种灌浆材料及特点如下（表2.11）。

21世纪后，国际石质保护的灌浆材料往高性能、低毒的材料与更多样的灌浆工艺[57]方向发展，而我国对国际上已有的灌浆材料基本上开发完成，包括水玻璃类、丙烯酰胺类、聚氨酯类、环氧树脂类、甲凝⑥类、木素类等，应用于石窟保护的灌浆技术，更多的实验使用化学材料而开始尽量避免水泥灌浆。

（2）新技术

进入21世纪后，除了上述传统技术继续得到继承和发扬之外，随着保护理念和相关科学的发展，出现了两个新趋势。

---

① 水泥浆液或化学浆液等，都具有能产生胶结力的化学反应，将松散颗粒或分开的岩石、土连接在一起，使被加固的岩土体的整体性得到加强，密实度提高，从而达到提高岩土体的强度和防渗能力的目的。

② 填充在岩石裂隙及土体孔隙中的浆液凝固后，因不同程度的刚性而改变岩土体的对外力的反应机制，使岩土体的变形受到约束。

③ 浆液在化学反应过程中，某些化学组分与岩土体中的元素进行交换作用，形成具有更加优良性质的新物质。

④ 浆液渗入裂隙中的能力。与浆液材料的尺寸和岩土体裂隙尺寸的比率、浆液的含水率、黏度、流动性的维持能力、灌浆压力有关系。

⑤ 浆液的最初体积与凝固后结石体积的比率。在强度指标得到满足的条件下，结石率越高，加固、防渗效果越好。

⑥ 即甲基丙烯酸甲酯。

表2.11 我国石窟保护主要使用的灌浆材料及特点

| 材料 | 特性 | 优缺点 |
|---|---|---|
| 呋喃改性环氧树脂 | 含有环氧基团的高分子材料 | 黏度低，微裂隙也能灌入，并能在常温下操作；龙门石窟采用的主要材料①；但控制不当容易发生爆聚 |
| PS系列灌浆材料 | 固结体都是硅酸盐类无机物② | 固结体接近岩石的主要成分，强度高、黏度小、渗透好、可灌性强，价格比有机类便宜。但对施工工艺要求较高，浆液的浓度配比、灌浆量、时间都要严格控制，且要求在干燥环境下施工，固化时间也较长 |
| 水泥浆材 | 水泥材料 | 来源广、价格便宜、固结体强度高、抗渗性好、工艺设备简单、但可灌性差，难以灌入细小裂隙，初凝、终凝时间长，不能准确控制，且容易沉降析水 |

其一，对于以前不使用的历史传统技术重新开始使用，如扒锔子、铁箍、金属支架等。这些方法以往大都作为连接断裂石质文物的常用方法，简便易行且造价低廉，后由于连接铁件容易锈蚀，会对文物造成一定程度的损害，并且影响美观，因此不再使用。2000年，因为“最小干预”与“可逆性”原则的深入人心，这两种方法得到了改进，在一些石雕像的修复上，可采用防锈金属构件，或结合粘结材料，加固效果较好，且可拆卸。

其二，随着生命科学、生物化学的发展，21世纪生物保护技术成为我国石窟保护的一种新方法。20世纪80年代，德国保护界就研究利用细菌来修复以石灰石、大理石为材料的石质文物。其原理是利用钟乳石形成过程的细菌，这些细菌能在表面形成薄薄一层坚硬的像乳脂一样的钙质[58]。而我国的石窟石刻（尤其是石窟内石灰岩质的雕刻）上，其中一些石雕像石刻表面有一层致密的亲水性半透明膜，约为10微米厚，外观颜色呈黄棕色或灰黑色。近年来，经过研究人员实验室仪器分析，膜的主要成分是一些生物无机化合物，膜体微结晶，结构致密，并含有少量无机或有机物杂质。研究发现，这种膜的抗酸性好，不易被酸性气体污染腐蚀，且透气、亲水和致密，不会造成石质

① 龙门石窟灌注 5 cm 以下裂隙的灰岩配方是：E44 环氧树脂 100 份、糠醛 30 份、二乙烯三胺 17 份。

② 以高模数（3.8 ~ 4.2）的硅酸钾（2K2O.$SiO_2$）为主剂，氟硅酸镁（$MgSiF_6$）为固化剂，再加交联剂以提高浆液的稳定性，减水剂（表面活性剂）以提高浆液的渗透能力。通过一定的配比，并用水稀释而形成的一种无色透明液体，制作工艺简便。

内外层明显的湿度差异，其耐候性也很好。这种膜就是自然形成生物保护膜，是某种生物的代谢产物和方解石在一定条件下经过长时间的反应而形成的。随着生物科学的发展，近年来，国内已有学者研究人工合成这种天然膜：以含钙岩石的仿生矿化保护为目标，以无机物成核过程自由能的变化规则为依据，用有机溶剂清洗石刻表面，以提高表面能，然后用有机模板-硫酸软骨素溶液进行表面改性，在这样的条件下，根据生物矿化原理在石刻表面仿生合成了草酸钙保护膜[59]。由此，石刻的耐污性和耐酸性都有了明显的改善，且对外观几乎没有改变。这种方法的合成机理、具体成分权重，以及长期效果还需要进一步探索。目前，龙门石窟已开始在一些保护中实验尝试。

此外，在预防性保护和日常保养越发受到重视之后，相关的保护技术如清洗、涂抹表面加固剂等也得到了发展。

## 四、21世纪石窟保护工作小结

社会学家和文化学家认为，当代中国问题可归结为一个大的核心，即中国要从一个前现代性（传统）社会转变为一个现代性社会的问题。这一转型自晚清始已经历了100多年的历程，到今天它仍然是一个“未完成的方案”[60]2。在这个进程中，需要对现代核心价值观，对未来模式和路径进行重新认定，从而决定中国未来走向。而2000年后对于文化的重视和传统的复兴，也是在国际经济全球化、文化多样性的环境下对新时代价值观的探索与界定。基于这种时代背景，文化遗产保护受到了广泛的关注和发展，无论从保护体系的完善、保护投入的增加，保护队伍和人员的专业化、保护行为的多样化，还是《准则》的颁布，都是这种重视度的具体体现。而上述变化多是自上而下进行并推广的，也体现了我国遗产发展的道路与主要模式。

对于石窟保护来说，新时期的保护态度更为理性：一方面，许多20世纪的重要工程都在这一时期结合保护理论的发展展开了反思，如21世纪初对敦煌保护的反思，以及2007年对须弥山保护工程的系列讨论等；另一方面，审慎的态度体现在对预防保护和日常保养的重视上，开始尽量避免在文物上直接添加保护材料，而从改善石窟的环境角度进行尝试。比如，大足、云冈、敦煌率先建立了石窟环境监测系统，以期使具体的保护措施建立在充分的数据研究基础上。诚然，经济的快速增长使得保护与发展仍是一个值得关注的重点。也有不少石窟由于旅游压力和不当保护面临威胁，如须弥山石窟就被美国世界历史遗迹保护基金会公布为世界百大濒危文明遗址（2008年）。

总的来说，在21世纪文化遗产保护受到普遍重视的背景下，石窟工作的投入、力度和全面度都有了较大的增长；在若干社会文化因素的影响下，石窟保护态度更加严谨、对于相关原则的理解更为深刻、开始重视环境监测，但也仍存在一些问题。无论是进步还是遗憾，都以敦煌、云冈、龙门、大足四处影响巨大的典型案例体现的最为明显（详见第四章）。

# 第三章
# 中国石窟保护的成就与思考

## 第一节　中国石窟保护总体的成就与目前仍然存在的问题

石窟保护意识于20世纪初内忧外患的背景下，出于民族自尊心和文化自觉性而萌发，经历了战争年代的初期尝试，新中国成立初年艰苦卓绝条件下的开端、中期因政治形势而造成的曲折与反复，最终在改革开放、思想解放以后达到了发展的高潮。石窟保护和管理体系从无到有，保护工程从少到多，在对石窟这一特殊的佛教遗产类型的保护上，做出一系列有意义的尝试，积累了宝贵的经验。自20世纪40年代开始，几乎每十年都有创新。20世纪40～50年代，莫高窟建立了简单看护体系和防沙墙，做到了石窟的"不塌不漏"；60年代的莫高窟加固工程是第一次从国家层面上关注的大型保护工程，通过加设挡墙做到了保证莫高窟的稳定和参观、管理；70年代的云冈"三年保护工程"也是在国家领导的关注下，请来科学院化学专家和文物专家合作，首次尝试化学灌浆方法；80年代的麦积山工程，首创的"喷锚粘托"方法属于当时最先进的技术之一；90年代的龙门、大足石窟等工程为改善石窟保存环境做出了贡献。到2000年后，保护工程类型、数量上的丰富和增多，在崖体、造像、壁画、窟檐、环境等各个方面都进行了有意义的实践；正确的保护程序、完善的保护价值观和更丰富的保护技术手段都是这一阶段石窟保护取得的进步。这些保护实践的进行，抢救性地保护了全国几十处重要的石窟寺、摩崖石刻造像，为我国遗产保护理念与原则的发展提供了必要的实践依据与佐证。上述成绩的取得，与国家、社会对遗产保护的重视和相关政策法规的制定密切相关：新中国成立前在有识之士的文物观念与民族热情支持下的石窟研究与保护，到新中国成立后逐渐体系化，并把其中的重要概念、所要遵循的原则通过文件、法规的形式逐渐固定下来，通过国家层面的倡导与组织，为石窟保护的发展创造了良好的条件和基础。而相较于20世纪，21世纪的石窟保护取得的大发展，与随着社会、经济的发展对文化遗产保护的重视度整体上升相关，也与《准则》这一行业规范颁布，并在指导实践中所发挥的重要作用，密不可分、息息相关。

总的来说，石窟保护中值得称赞的成绩主要有如下五个方面。

**1. 解决了绝大部分石窟稳定性方面的问题**

国内目前做过加固以确保石窟岩体稳定性的遗产地约有45处，占石窟类国家文物保护单位的三分之一，同时加固工程也是石窟工程中最早开展、数量最多的一类。这是因为岩体稳定性是石窟得以延续的先决条件，正如“先救命，再治病”[①]一样，只有确保石窟存在的载体，才能进一步探讨有关保护的其他命题。因此，在岩体加固方面，诚然，在早期的加固工程中，如莫高窟、麦积山等出现过一些问题，但总的来说，到目前为止，大部分有岩体失稳威胁的石窟都得到了关注，基本解决了其中的典型性问题（表3.1）。

**表3.1　我国进行过保护的主要石窟工程分类表**

| 保护类型 | 石窟 |
| --- | --- |
| 针对岩体失稳而进行加固工程的重要石窟 | 云冈石窟、龙门石窟、河北响堂山石窟、克孜尔千佛洞、柏孜克里克石窟、库木吐拉石窟、莫高窟、榆林窟、东西千佛洞石窟、天梯山石窟、马蹄寺石窟、文殊山石窟、炳灵寺石窟、麦积山石窟、北石窟寺、须弥山石窟、大佛寺石窟、皇泽寺摩崖造像、广元千佛崖摩崖造像、安岳卧佛院石窟、毗卢洞摩崖造像、乐山大佛、大足北山、宝顶山摩崖石刻、内蒙古阿尔寨石窟、巴中南龛石窟 |
| 针对水流侵蚀而进行治理工程的重要石窟 | 龙门石窟、云冈石窟、克孜尔千佛洞、柏孜克里克石窟、库木吐拉石窟、莫高窟、榆林窟、东千佛洞石窟、天梯山石窟、马蹄寺石窟、文殊山石窟、炳灵寺石窟、麦积山石窟、南石窟寺、北石窟寺、须弥山石窟、慈善寺石窟、钟山石窟、皇泽寺摩崖造像、广元千佛崖摩崖造像、巴中南龛石窟、卧佛院摩崖造像、毗卢洞摩崖造像、乐山大佛、大足北山、宝顶山摩崖造像 |

① 2013年国家文物局现任局长励小捷在指导今后的石窟工作时提出的要求。

续表

| 保护类型 | 石窟 |
| --- | --- |
| 针对风化而进行治理工程的石窟 | 龙门石窟、云冈石窟、莫高窟、榆林窟、炳灵寺石窟、麦积山石窟、库木吐拉石窟、须弥山石窟、慈善寺石窟、南龛石窟、卧佛院摩崖造像、宝顶山摩崖造像 |
| 进行过环境改善工程的石窟 | 龙门石窟、云冈石窟、克孜尔千佛洞、柏孜克里克石窟、莫高窟、榆林窟、西千佛洞石窟、天梯山石窟、炳灵寺石窟、大像山石窟、须弥山石窟、大佛寺石窟、慈善寺石窟、钟山石窟、南龛石窟、卧佛院摩崖造像、毗卢洞摩崖造像、大足石刻、花山岩画 |
| 进行过造像、壁画修复的石窟 | 龙门石窟、云冈石窟、莫高窟、榆林窟、东西千佛洞石窟、天梯山石窟、炳灵寺石窟、大像山石窟、麦积山石窟、须弥山石窟、乐山大佛 |



### 2. 在治水、防风化、壁画与造像保护取得了一定专业性的成绩，并得以推广

在莫高窟第85窟壁画保护修复实践中发现相对湿度62%是壁画被破坏的关键点，这一结论也因此被推广应用于甘肃、新疆、西藏等其他壁画保护实践中。作为主要威胁之一的水，如何治水和防水一直是石窟保护的重点与难点，从20世纪50年代大足石刻就开始对此展开探索，直到2002～2009年龙门石窟以治水为主的保护工程，到目前为止，对于水威胁的基本机理有了一定的研究了解，在保护实施上积累了一定的经验，也有一些比较成功的经验。通过包括潼南大佛、乐山大佛、千手观音等修复在内的实践，积累了造像保护的经验。

### 3. 保护工作程序由“发现病害—维修”的过程转向为“发现病害—分析机理—试点试验—维修”的过程，更为科学、谨慎，并通过丰富的相应实践获得相当的经验（这一点在 2000 年更为明显）

如在第一章中所述，中国石窟保护呈现出复杂性与多样性的特点，其面临着多种威胁，在解决这些问题的过程中，经过一个多世纪的探索，以前的偏工程性质的保护程序在2000年后向着科学、普遍的方向转变，即先研究其形成原因、方式，再进行干预。这个过程也是与《准则》密不可分的。

#### 4. 相当一部分的石窟环境得到了整治，不仅改善了保存环境，也增强了其延续性

随着遗产保护的发展、国家文物保护单位工作的推进与完善，相当一部分石窟对保护区内及周边环境进行了整治，一方面是为了更好地向公众展示及阐释，另一方面也剔除了部分原威胁石窟真实和延续的要素，如云冈石窟附近的原109国道改道、广元千佛崖崖下的原川陕公路改道，就大大减轻了粉尘、有害气体等因素对石窟的危害。

#### 5. 石窟的记录方式更加科学，展陈手段更为丰富和多样

随着现代科学技术的发展，一些先进的记录、虚拟手段更多地应用在石窟保护上。比如，敦煌近些年展开的“数字敦煌”项目，其中就可以应用高精度的摄影和拼接，在宣纸上按1:1的比例进行真实度很高的还原；响堂山、天梯山、莫高窟等石窟已经开始探索应用三维扫描等技术做虚拟展陈。这些高科技手段的应用，一方面有助于更好、更全面地记录石窟的所有信息，另一方面为研究、公众展示和宣传等创造了更有利的条件。

在对保护原则的理解上，从这一个多世纪的石窟保护历程中整体来看，也有如下良性的趋势。

1）不改变石窟“文物原状”到不改变石窟“环境原状”。

“不改变文物原状”一直是我国文物保护中确立的核心原则，而具体到石窟保护方面，在对本原则的理解上，经历了从不改变石窟“文物原状”到不改变石窟“环境原状”的过程。在20世纪的众多保护工程中，如敦煌、云冈、麦积山等，更多关注不破坏、不危害包括壁画、造像等在内的石窟“文物”，因而曾经采用过一些作用于这些文物载体的干预措施，而随着对本原则理解的逐渐深入，学者们重新思考了有关石窟与环境的紧密联系，认为历经漫长的时间，其主要矛盾是处在一个稳定平衡的状态中的，冒然改变可能会引发一些新的威胁。因而，在近十多年来的保护工程中，不仅遵循着不改变“文物原状”的原则，且更加注意不改变石窟“环境原状”，包括崖壁、岩体、窟群微环境等。由此，预防性保护成为新的保护核心理念。同时，石窟保护中的环境监测也开始受到益发重视。

2）从“可逆性”到“可重复性”。

“可逆性”一直是石窟保护中确立的重要原则之一，而在中国石

窟保护中，在相当一段时间内该原则并没有真正在实践中得以落实。面对这种情况，近些年来，参考西方石质保护的经验，在石窟保护中提出更有可操作意义的“可重复性”（retreatment）[61]55，即使干预措施不能可逆到完全被去除，但起码要保证其不影响未来新的、更恰当的措施进行。这项原则由此在实践中具有更普遍的操作价值。



基于对以上两条原则的理解，衍生并延续出了其他相关原则，如与预防性保护密不可分的“最小干预”原则，在“可重复性”原则中需要注意的“可识别性”原则与保护传统等。

诚然，石窟保护工作并不是已经尽善尽美、无懈可击了。依目前而言，仍然存在着如下一些不足或缺憾。

（1）保护理解

1）遗产认知。

一直以来，石窟/石刻作为中国传统文物五大类型之一，被更多的以传统的观念认识，只关注其物质组成的部分，即所谓“传统”遗产或“静态”遗产。事实上，这种看法可能是不全面的，虽然全国相当一部分石窟周围的寺庙及宗教活动已经消失在历史中，但仍然有一些得以传承的部分。比如，四川乐山大佛，到今天，出于宗教目的去参拜大佛的人群数量并不少，而凌云寺①也正是出于这种需要依托大佛而复建的。诚然，该遗产地的精神发生了一定程度的变化，唐代建造大佛时的弥勒信仰泛化为一种对佛的宗教信仰，但它依旧是建立在大佛这一物质遗产之上、与其密不可分的组成部分，应当予以被纳入到遗产对象中去。其实，随着我国社会经济的整体发展，在许多已经“死亡”了的石窟寺，一些朝拜上香等佛教活动又在周围民众的自发行为中衍生了出来（图3.1）。

图3.1　巴中南龛石窟前的祭拜活动

因此，全面的理解石窟遗产的内涵及一些遗产地的场所精神，在今后的石窟遗产认知中可能是首要的问题。

2）价值理解。

与在遗产认知上的观念类似，一直以来在石窟研究中，学者们更关注

① 乐山大佛即凌云寺大佛，唐代建造时有凌云寺，后大佛一直存在而凌云寺毁。在20世纪五六十年代，重新修建了凌云寺并召集了僧人。

其在历史考古、艺术美术等传统方面的价值和意义。由此，石窟也更多地被作为历史学、建筑史、艺术史等方面的证据资料呈现。这可能对石窟其他方面的研究有所忽略。比如，石窟在文化交流中的意义，以及由此引申出的共同价值阐释与理解；以丝绸之路上的石窟为例，这些石窟除了单独的文物价值外，还共同成为丝绸之路这一线路类型的遗产价值表达载体。又如，石窟在社会生活中的价值以及由此引申出的利用、展示等方面的体系；以广元千佛崖摩崖造像为例，在近几年全面理解其价值并由此确定了相关本体保护、环境监测、环境整治措施后，该遗产地从一处只有专家学者才会踏足的"博物馆"，成为广大市民参观、上香拜佛、休闲娱乐的首选地，其经济、教育、社会等价值也得到了更充分的表达和阐释。

事实上，基于价值的保护是今天遗产工作中所达成的基本共识，因此对价值的全面研究在今后的石窟保护中也具有十分重要的意义。

上述两方面也是《准则》在未来指导石窟工作中可能的提升空间之一，将在本书最后一章中进行具体讨论。

（2）保护原则

1）可识别性。

在石窟保护中无论替换、加固还是维修，"可识别性"都是其中的重要原则。在以前"可识别性"被解释为"远看差不多，近看有区别"这一并不清晰的解释不仅造成了该原则在具体保护中体现的外观效果不一，更因为对其理解重点的偏差在某些时候造成了保护上的二次破坏。事实上，一旦在符合不改变文物原状、最小干预等保护原则的前提下决定保护实施，"可识别性"就成了最重要的标准之一。比如在西方，该原则被具体解释为：新的维修（增补、替换等）需要在符合一系列属性要求下具体可被分辨的能力，其中这一系列的属性要求对于石材来说包括以下六个方面[62]：岩相学特质（Petrography）；化学特性（Chemical Characteristics）；抗压强度（Compressive Strength）；外观特征，包括颜色、质地等（Appearance）；地质年龄（Geological Age）；孔隙率和渗透度（Porosity and Permeability）。

新的维修材料需要满足在物理和化学特性上与文物相合，同时在外观上与原文物相近但又区别。这样既保证了保护修复之后风貌的整体与统一，更保证了不会成为不当维修而造成的二次破坏。

在中国的石窟保护中，目前存在着"可识别性"太大、维修反差强烈与只关注外观上的“可识别性”而忽略了对属性上的相似性先置要求这两个误区，需要在今后的保护中进一步注意和改进。

2）选择适当的保护技术。

中国石窟保护自20世纪六七十年代开始尝试使用化学技术至今，取得了相当的成就，也获得了多种奖项。但从整体来看，存在一个较明显的不足，即在对待保护技术选择上的态度不够科学，要么过于迷恋现代技术（主要表现在20世纪70～90年代），出现过不少轻率采用未经试验的新技术而导致不当维修的案例；要么过于偏向传统技术（主要表现在20世纪90年代至今），几乎所有采用新技术的保护方案都遭到了否定。这种有些极端的做法会造成保护方法的偏差或最优方案的错失，在今后的保护中值得思考。

此外，在具体的保护施工中，仍然存在着一些技术细节、工艺上的问题（如处理水威胁的具体技术措施），本书限于篇幅，暂时不做探讨。



## 第二节　对20世纪石窟保护工作的反思:《准则》产生的缘由与契机

如前所述，20世纪、尤其是新中国成立后的50年是中国石窟保护从萌芽到发展的关键时间，在这段时间中，保护工作取得了很大的成绩，而相较于2000年后，这段时间内对石窟直接或间接的破坏也是巨大的。这一方面与20世纪中国历史上政治意识的长期过分突出这一普遍现象有关，另一方面则是文物保护发展的必然阶段，即对保护原则、保护方法的争论和探索有经验，也有失败。进入21世纪后，对20世纪石窟保护的反思一直在进行，其也成为颁布《准则》并应用并指导具体实践的原因。

20世纪中国政治意识的长期与干预造成了诸如大陆“文化大革命”时代那一类荒谬绝伦的想法以及体现在石窟保护中荒谬的做法。比如在“文化大革命”期间，莫高窟的“革命造反派”“革命”的标准就是看谁在身体力行的“保护文物”，北京大学的红卫兵来到莫高窟查看革命的情况，居然吩咐说：“你们一定要保护好莫高窟，这是革命与反革命的分界线！”[25]201而与此同时，为保护莫高窟做出巨大贡献的敦煌研究院的几乎所有研究人员都被批斗被下放，“革命派”“破四旧”还损毁砸烂了非“莫高窟”的众多珍贵的石窟文物。这类看似荒谬无比的现象背后体现的正是政治意志以及由此衍生的信仰：政治力量是一切力量中最真实、最具决定性的，许多知识分子对政治权利抱着无限的信仰[63]63。基于此，许多石窟在20世纪不断的“革命”中遭到了主观、直接的破坏；而另有一些非出于主观意愿的破坏来自20世纪60年代后的不当修缮，不管是出于对文物的不理解还是80年代后普遍的急功近利思想，许多以保护为目的的修缮在今天看来反而造成了二次破坏。另外，除了这些直接破坏，由于20世纪工业发展而带来的环境污染，也加剧了石窟的风化、水蚀，造成了间接破坏。

同时，在一些重要实践中表现出的保护原则、保护理念和方法理解上的问题，也是造成20世纪石窟保护缺憾的重要原因。从第二章中的案例，即可窥一二。

**1. 对“不改变文物原状”相关实践的反思**

从20世纪60年代初国家通过的《文物保护暂行条例》和《修缮暂行管理办法》提出将“恢复原状或保存现状”作为我国建筑、石窟寺等在“在保养维护、抢救、加固以及修理修复工程”中所必须遵循的原则，到1982年的《文物保护法》，“不改变文物原状”一直是文物保护实践的最基本原则。但对这一原则的理解是随着遗产保护观念变化而变化的。

20世纪60年代莫高窟所做的挡墙加固工程，保证了莫高窟的稳定性，抢救性地保护了一批洞窟，在当时受到广泛好评。但在二十多年后的今天，随着遗产保护理念的发展，对于这个工程也开始了反思。除了在案例叙述中提到的由于非专业人士的主导使得保护工程的进行改变了文物外观，一定程度上破坏了莫高窟的艺术价值和完整性。另外，学者也开始对什么是石窟维修中要保护的“原状”进行了反思。孙儒僩在2006年的一篇回忆20世纪40～60年代敦煌莫高窟保护工作的文章中就阐发了这样的思考[33]215：既然一处石窟能够在其相关的环境中存续成百、上千年，那么我们可以认定，石窟与周边的环境要素，如地质、水文、空气等是处于一个协调且基本平衡的状态的；而敦煌莫高窟20世纪60年代的加固工程使得原洞窟环境发生了一个突变——较之工程实施之前，甬道和外岩壁增厚、变深了2～3米，这种变化虽然提高了石窟安全性，但显而易见地改变了旧有通风、光照、空气温湿度、洞窟内气压等要素，这样打破了原有石窟与环境之间微妙的矛盾平衡之后，产生的效果究竟是好是坏？作为保护工程的主要参与者孙儒僩也难以定论。唯一可知的是，在当时的情况下，由于受保护水平、保护认知的限制，并未有人提出质疑，而在半个世纪后的今天，在《文物保护法》和《准则》逐渐深入人心之后，有若干学者反思过去的实践，认为这并不是杞人忧天，而是需要加以认真思考和谨慎实施之处。这个思想的转变，也表明了对石窟保护中"不改变"其"原状"的理解理念变化。

20世纪70年代云冈所做的三年加固工程中，以"整旧如旧"的方式修复了一批佛像，复建了部分窟檐，可以说是"恢复原状"的一些尝试，在当时几乎没有引起争议而得以顺利实施并受到好评。而在30多年后的今天，云冈想要修复第3窟和五华洞第5窟的窟檐，保护界对窟檐形式和设计方案进行了长时间的争论和探讨；在同样对雕像的修复上，大足"千手观音"工程的态度也比之前更为审慎。这些同为"不改变文物原状"的实践对比也反映出人们对遗产价值认知的变化：由追求艺术价值的完美体现发展到注重历史信息呈现的历史价值。

同样的思考也在麦积山石窟工程上出现。20世纪80年代麦积山工程的"喷锚粘托"作为我国文物保护科学发展的重要成果而备受嘉奖。而在今天人们开始反思，这样的一个大规模大面积"铠甲"工程对于浅龛和崖面其他历史信息的破坏度其实是巨大的，高强度混凝土的使用不但使得这个破坏不可挽回，还因其物理性质使得洞窟内湿度上升，影响了文物的长期保存。同一时期的须弥山石窟保护工程中，以钢筋混凝土的形式修复了部分窟檐和壁面；在克孜尔石窟工程中，替换了原有栈道和窟檐等做法，可以说都是对"不改变文物原状"这一保护原则理解上引发的问题。

由此，纵观20世纪的石窟保护实践，虽然目的都是"不改变文物原状"的进行保护，但一些具体的保护原则和方法值得商榷，是否真的未改变文物原状，石窟的原状是什么，在石窟保护上怎样才能不改变原状，表现在保护实践中，都是尚未明确、比较模糊的问题。

**2. 对"可逆性"原则的反思**

在石窟保护工程进行中，"可逆性"被认为是比较重要的原则之一。早在20世纪60年代敦煌莫高窟保护工程中，国家文物局就提出

“工程可逆”，将来“可以拆除”。可惜的是，这一要求在具体执行过程中被忽略了，加上铁道部工人以完成国家政治任务的激情认为牢靠、坚固是工程质量的标准，最终这一以传统方法为加固手段的工程并没有达到预期的效果。20世纪70年代云冈保护工程以后，大量的新技术、新的化学方法被应用于石窟保护上，其中一些方法经过了实践检验，但还有另一些方法仅做过小规模试验，在未经科学评估的石材上使用这些化学方法和现代建筑材料，使得在20世纪80年代后大部分石窟保护工程中“可逆性”几乎成为空谈。

对于保护评估体系的建立以及可操作的保护原则制定，也因此成为中国石窟保护进入21世纪后的重要任务之一。

**3. 对保护程序的反思**

在对保护实践的回顾中，除了上述对于原则的思考，也在一些层面体现出保护方法与体系的问题。比如，在20世纪80年代末至90年代进行的克孜尔千佛洞保护工程第一期[64]51，在窟檐地面上进行加固工程的相关建设之时，才发现对此处地面下的遗址造成了较大的破坏。造成这种后果有多方面的原因，如缺乏整体考虑、实施工程操之过急等，但这其中反映出我国石窟保护缺乏整体、系统保护过程的现状。这种科学方法的缺失使得保护实践自主性和随意性增强，可能造成破坏的后果。这也是需要完善和改进的方面。

总而言之，从中国石窟保护历程整体来看，2000年可被看做一个较明晰的分界点：20世纪的石窟保护有许多值得汲取的经验和教训，其代表的遗产保护这一文化现象也映射出我国政治、经济与社会的发展变迁；从上述若干石窟保护的典型案例，暴露出对文化遗产重要保护原则的混淆与理解不清，保护程序不当、缺乏科学系统的评估与研究等问题；而进入21世纪后，中国的石窟保护则在保护工程、保护理念、保护程序等方面都有了明显的改观和进步，这其中作为行业指导文件的《准则》作用不可小觑。在接下来的三章中，笔者将通过对2000年后五个不同类型的石窟保护案例的详细分析，探讨《准则》在其中的直接指导与间接影响作用，并结合第二章中对中国石窟保护获得的整体成就与目前仍然存在不足的方面，分析《准则》在成就方面的推动与在相关缺憾方面可能的提升空间。

# 第四章
# 《准则》的产生及之后的石窟保护典型案例分析（2000 ~ 2013 年）

在《准则》颁布以后的百余项石窟保护实践中，莫高窟保护规划与第85窟壁画保护、云岗石窟保护性窟檐建设、大足千手观音造像修复与龙门石窟治水四项工程时间最长、人力物力和财力投入最多、受到的关注最广泛。这四项不同类型的工程更能体现出保护理念的发展，其在全国甚至世界范围内，也具有较大的影响力。因此，在本章中，选择这四处世界遗产地的五个不同类型的保护工程作为重点案例进行分析，探讨保护目的、技术路线、保护实施，以及在这个过程中反映出的原则、理念理解，剖析其中与《准则》相关联的部分。

## 第一节 《准则》概述

《准则》诞生于文化遗产事业蓬勃发展的大背景下，作为中国第一部遗产保护的行业准则，它并不是国家法律，而是在国际合作的基础上，结合国家《文物保护法》和西方《威尼斯宪章》所体现的保护精神，经过几年的反复探讨，由ICOMOS/CHINA所公布的一部行业标准。其专业性的规范文本使得《准则》在具体保护工作中具有很高的指导意义和参照价值。由此，自《准则》颁布后，也成为新时期文化遗产保护中应用最广、操作性最强、影响最大的指导标准。

### 一、《准则》的制定

在《文物保护法》公布后，虽然在保护大方针上得到了统一，但就具体的实践标准并不一致，各地都存在不少问题。早在20世纪90年代初，北京古建研究所就试图对新中国成立后的实践进行总结以期提炼出相应的保护原则，但这个“中国文物建筑保护实践与理论”的课题终因为资料来源、研究水平等诸多因素的限制止于1992年。另外，随着对以《威尼斯宪章》为代表的国际保护原则的理解和与本国保护实际情况的比对，中国也迫切需要在《威尼斯宪章》原则下，寻求与本国《文物保护法》制定的实际相吻合的指导性标准。结合美国盖蒂保护研究所在敦煌莫高窟与云冈石窟的合作中取得的经验，国家文物局于1997年向盖蒂中心、中国文物研究所和澳大利亚国家遗产委员会①发出了邀请，邀请保护专家共同研究编写一份基于中国国情的文物保护指导性文件。

“该项目讲参考外国经验，根据中国的法律法规、方针政策以及中国的国情、传统和保护实践，结合中国文物修缮案例，写出一部包括文字和图解内容的、有关中国古迹遗址（不可移动文物）修缮管理原则和程序的书籍，时间为期两年半。”[68]

1997年国家文物局组织成立了共13人②的“中国文物保护纲要”项目组，同年，时任文研所副所长的黄克忠先生通过《对〈中国文物保护纲要——文物保护理论与实践〉的一些想法》初步草拟了一些大体构想。此后，在1997～2000年为期三年的时间内，项目组一共召开了三次会议，对这份文件进行了九次修改，文件的名称也由《中国文物保护纲要》改为《中国文物古迹保护纲要》，最终定为《中国文物古迹保护准则》，并于2000年在中国古迹遗址保护协会承德会议上通过并公布，次年由盖蒂研究所出版发行。

## 二、《准则》的内容

《准则》包括准则文本、文本阐释和案例阐释三部分。前两部分主要参考了1964年以来以《威尼斯宪章》为代表的一系列国际文

① 澳大利亚国家遗产委员会因编订了本国保护准则《巴拉宪章》，而为美国盖蒂保护研究所向中国推荐加入。

② 这13人由中国、美国、澳大利亚研究人员组成。中方成员：张柏、王世仁、黄克忠、晋宏逵、黄景略、樊锦诗、李最雄、彭常新；美国盖蒂研究所：内维尔·阿根扭（Neville Agnew）、玛莎·迪马斯（Martha Demas）、林博明（Po-Ming Lin）；澳大利亚国家遗产委员会：沙拉·沙利文（Sharon Sullinvan）、科斯蒂·阿腾伯格（Kirsty Altenberg）。

献，而案例阐释部分则主要结合20世纪80～90年代以来我国文化遗产保护的现状和特点进行分析与阐释。《准则》文本除了序言外共包括五章38条，分别是：总则（8条）、保护程序（9条）、保护原则（10条）、保护工程（8条）、附则（3条）；文本阐释包括对“文物古迹”“不改变文物原状”“社会经济效益”“评估”等16个问题的具体解释。

《准则》中的重要内容主要有以下三方面。

第一，明确了文物古迹的三大价值；结合《威尼斯宪章》中关于价值的理解，沿用1961年《文物保护管理暂行条例》中的价值分类方式，最终取消了中间版本中关于“文化价值”的部分，去繁就简，在当时的情况和条件限制下具有较强的可操作性。

第二，《准则》解释了“不改变原状”的内容。“不改变原状”一直是新中国成立以后重要的文物维修原则，但关于“原状”的定义以及如何才是“不改变”的理解不一造成了长时间的争论。《准则》针对这一情况，在本文阐释的3-3中明确提出，这一“原则包括保存现状和恢复原状两方面内容”[4]，并对必须保存现状的对象、可以恢复原状的对象分别作了具体的描述，提出“保存现状应主要使用日常保养和环境治理的手段，局部可使用防护加固和原状整修手段；恢复原状可以使用重点修复的手段”[4]。在此基础上，参考《威尼斯宪章》的相关原则，进一步提出了原址保护，最小干预，日常保养，保存遗产的历史信息、技术、文物环境等具体的几项标准。

第三，《准则》制定了文物古迹保护的程序并强调了评估在其中的

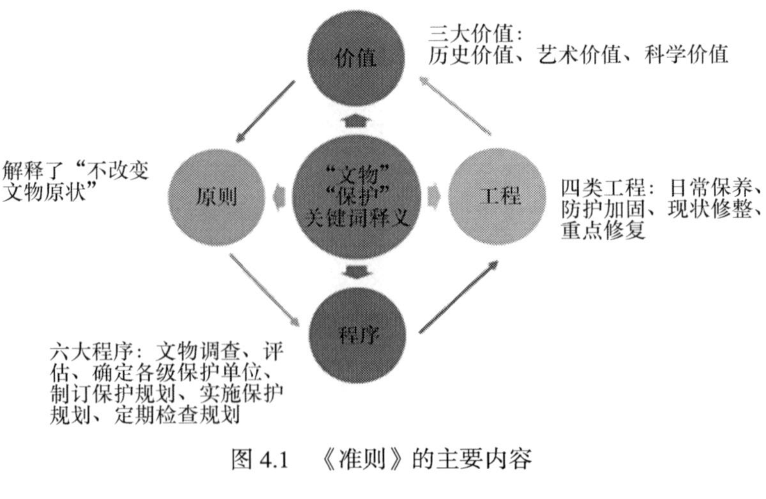


图 4.1　《准则》的主要内容

重要作用，这与同时规定的四项保护工程的具体对象、要求、内容和意义，对于此后的保护实践具有十分显著的指导价值。

## 三、《准则》的意义

《准则》在序言开始部分就开宗明义地指出了它的背景与意义："中国近代的文物保护观念和方法开始于20世纪30年代。中华人民共和国成立以后，在有效保护了一大批濒于毁坏的古迹的同时，形成了符合中国国情的保护理论和指导原则，并由国家颁布了《中华人民共和国文物保护法》和相关的法规。在此基础上，参照以1964年《国际古迹保护与修复宪章》（《威尼斯宪章》）为代表的国际原则，特制定本《准则》。它是中国文物保护法规体系的框架下，对文物古迹保护工作进行指导的兴业规则和评价工作成果的主要标准，也是对保护法规相关条款的专业性阐释，同时可以作为处理有关文物古迹事务时的专业依据。"①从它的条文中，如最小干预原则（第十九条），保存历史信息和真实性原则（第二十一条、二十三条），原址保护、尽量不复建原则（第二十四条、二十五条），保护文物环境原则（第二十四条）等内容，也可清晰地看出其与《威尼斯宪章》精神一脉相承。这些原则的表述不仅解决了我国遗产保护实践中一些长期争论的问题，更重要的是，它标志着中国文物古迹保护经历了较长时间的实践积累之后，开始逐渐步入科学化保护的时代："第二次世界大战以后，保护文物古迹已成为国际社会共同关注的事业，众多专家组织了各类国际保护组织，很多国家签署了各类国际保护公约，不少国家也制订了符合本国国情的保护规则。中国是联合国《保护世界文化和自然遗产公约》的缔约国，也是ICOMOS的成员国，应当为国际保护理论做出贡献。"②这"一方面体现了我们作为ICOMOS的国家委员会接受ICOMOS通过的一系列关于文化遗产保护的宪章的原则和精神，并希望能够在中国的文化遗产保护工作中坚持这些原则，体现这些宪章的精神。作为UNESO《保护世界遗产公约》的签约国，遵守这些体现在《公约》中的原则也是我们必须尽的义务"[65]198。同时，《准则》编订的过程也是一次在中国现行法律法规框架下，保护领域的学者独立合作的过程，其成果也体现了国际交流、

① 《中国文物古迹保护准则》序言中的内容。

② 《关于〈中国文物古迹保护准则〉若干重要问题的阐述》1.1.4 的内容。

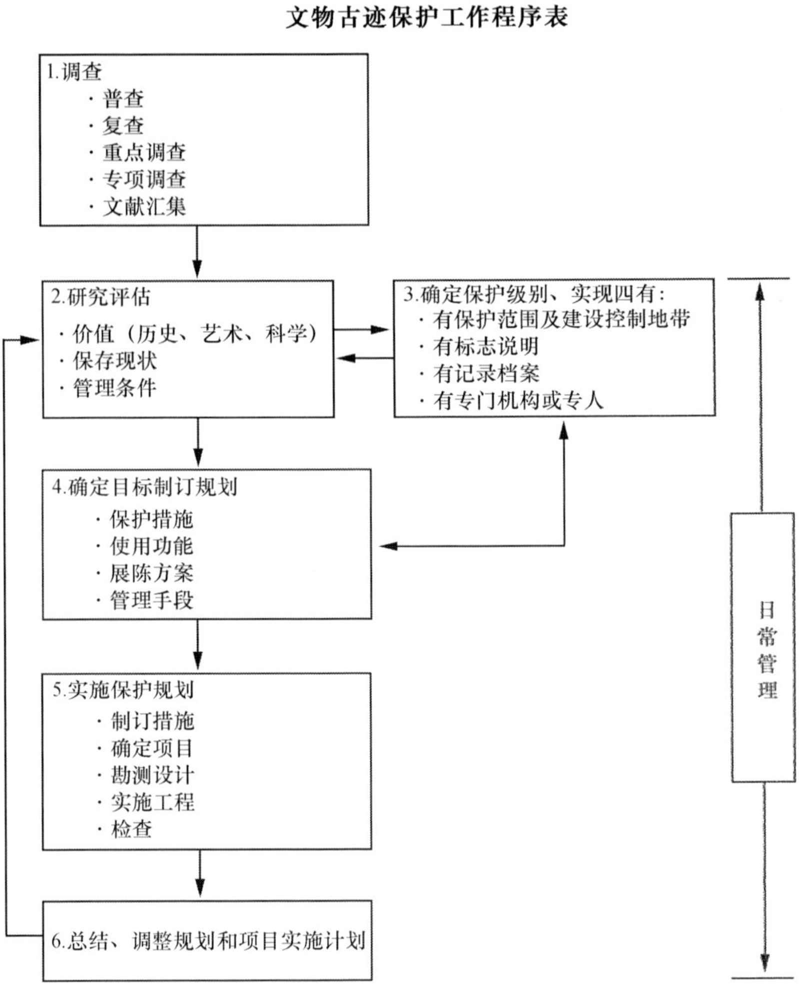


图4.2　《准则》中制定的保护程序

资料来源：《关于〈中国文物古迹保护准则〉若干重要问题的阐述》5.3.8

学习的过程[66]。

另外，在中国市场经济的社会背景下，其价值取向所影响的文物类型、保护标准、利用方式和传统文化表达等都具有与西方不同的特殊性。《准则》在制定过程中也充分考虑并体现了这一特点，这种独特性对于东亚地区的文化遗产保护，同时又具有一定的普遍性与参考价值，是其后其他国家制定本国国家级保护准则的重要参考。《准则》正文和此后的《〈中国文物保护准则〉案例阐释》分别于1999年墨西哥召开的第12届和2005年西安召开的第15届ICOMOS代表大会上推出，反响强烈，与包括印尼、澳大利亚、美国等其他国家的ICOMOS机构所颁布的本国遗产保护准则性文件相比（见第六章），被认为体现了自身遗产特点，同时对与国家保护的趋势和原则等基本概念进行了较好的解读，是地方应用国际准则的重要实例。

自2000年至今，《准则》已成为指导我国文化遗产保护实践最为重要的理论原则和行为导则，也是遗产保护行业从业者的行为规范。诚然，《准则》也留有不少遗憾，如关于遗产类型、遗产价值，以及由于出版发行问题而导致的后续宣传困难等，通过对这十年《准则》指导下石窟保护的探讨，以及与国外其他案例进行比对，从而完善并探索我国文化遗产保护准则的未来发展方向，也是后文的研究重点。



## 第二节　敦煌莫高窟保护规划与壁画修复工程

2000年后，编制保护规划的石窟国家文物保护点共有近90处，其中敦煌莫高窟保护规划作为首例，最具有讨论的价值；2000年后，做过较大壁画保护工程的石窟国家文物保护点有莫高窟、庆阳北石窟寺、马蹄寺、文殊山、石钟山等近10处，其中以敦煌第85窟壁画保护实践最具有代表性，其也是与《准则》最相关的壁画案例，其经验也在西藏布达拉宫、马蹄寺等石窟壁画保护中得到了推广和应用。

### 一、莫高窟保护策略

莫高窟作为国内石窟中最受关注的一处，在21世纪秉承研究与保护相结合、监测与保护相结合的思路，结合国际合作与交流的加强，在整体规划、环境监测、壁画保护和虚拟技术方面取得了一定的成果。

从图4.3中可以看出，近十年来，敦煌研究院的保护与研究力量不断加强，超越了行政管理机构。同时，对于遗产展陈也越发重视，专设的展陈机构数量翻了一倍。研究院益发合理机构设置和具有专业资质人员的增多，也折射出这十年来保护工作的思路和重点。

从图4.4～图4.6中也可看出近十年来敦煌莫高窟在保护工作上资金投入的整体加强。在收入上，除门票收入外，国家也加大了对保护的投入；在支出中，项目支出和包括人员支出和公共支出在内的基本支出的数

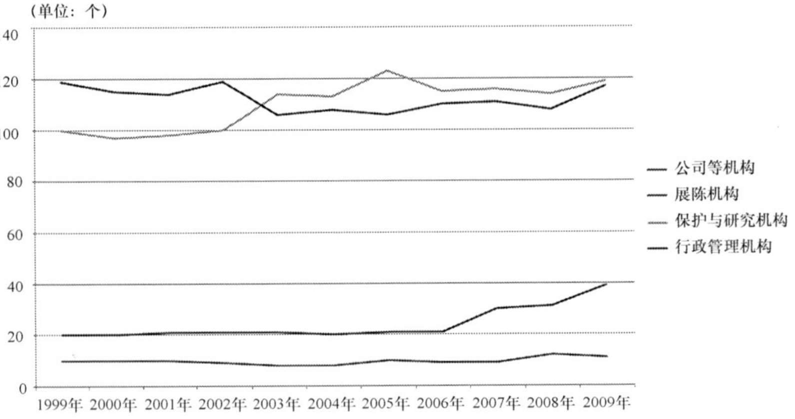


图4.3　1999～2009年敦煌研究院机构与人员变化①

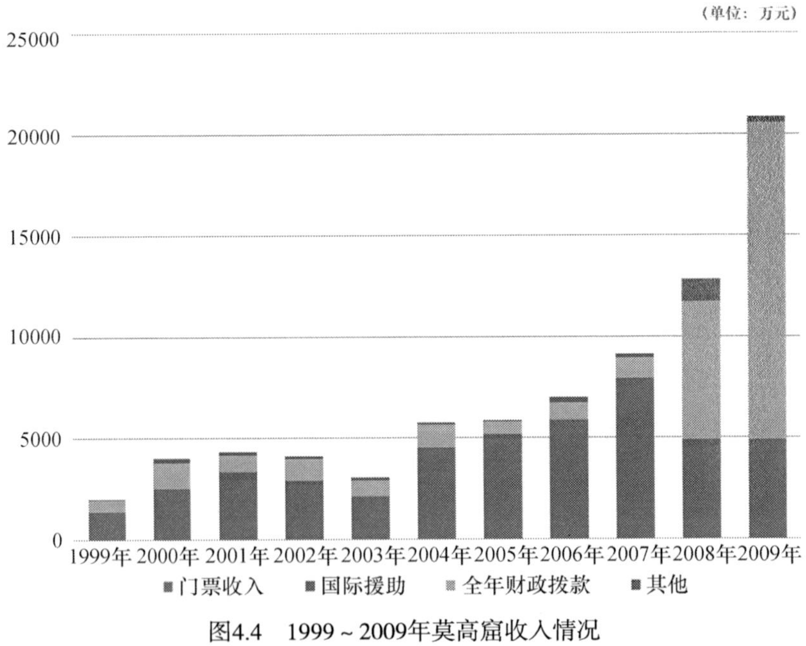


图4.4　1999～2009年莫高窟收入情况

① 图 4.3 ～图 4.6 根据敦煌研究院提供的数据绘制。

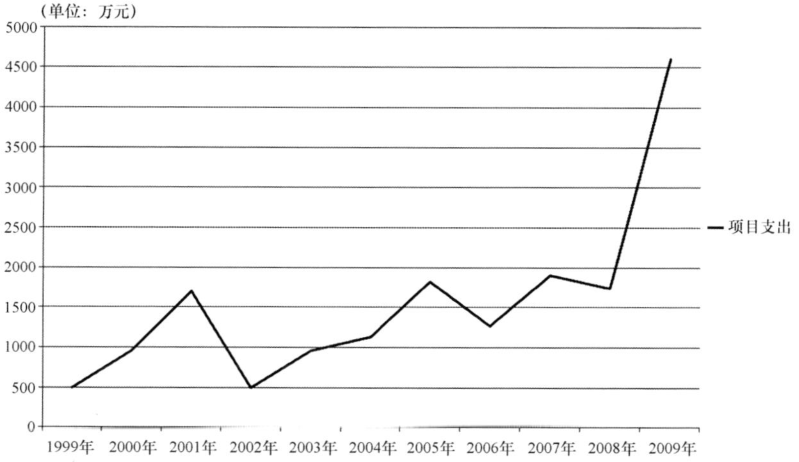


图4.5　1999～2009年莫高窟保护项目支出情况

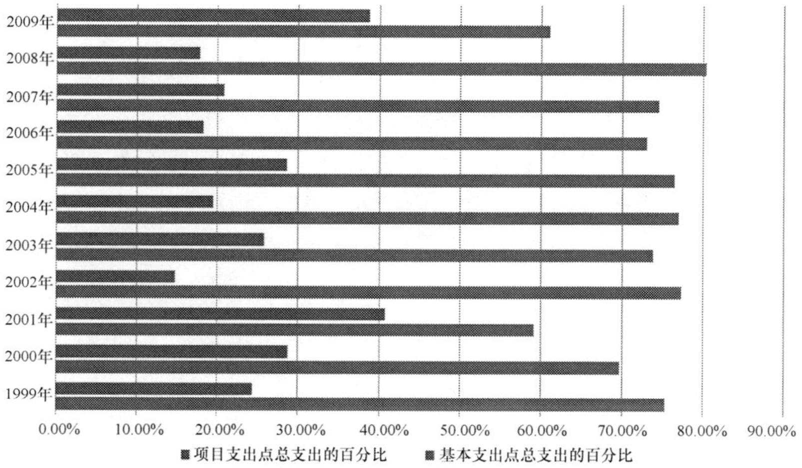


图4.6　1999～2009年莫高窟基本支出与项目支出百分比情况

量都在增多，但项目支出的增长速率更快，且从整体情况上看，项目支出占总支出的百分比也有所增强。

总的来说，21世纪莫高窟开展了如下重要保护工作：第一，自1999年开始，为了验证《准则》的可操作性和权威性，中国文物局与美国盖蒂中心、澳大利亚国家遗产委员会展开了三方合作，决定选择莫高窟作为试点，共同编制《敦煌莫高窟保护规划》。这项规划最终在2011年完成，并于2012年完成审批准备实施。第二，继续与盖蒂中心合作研究莫高窟第85窟壁画保护，在2010年取得较好的成果并基本完成了第85窟的维修；在《准则》指导下，这些成果陆续应用于敦煌第98窟、第44窟等洞窟的修复，以及包括西藏三大寺在内的国内其他相关壁画保护项目。第三，自1999年开始，敦煌研究院与梅隆基金会、美国西北大学合作的“敦煌壁画数字化档案”工作启动；这项工作在2010年归于“数字敦煌”这一更宏大的工程工作中，后者包括敦煌莫高窟洞窟信息的全面图像记录、复原，以及全面的网络信息资源库，计划2020年初步完成。第四，进一步加强环境监测的内容和分析，分层级逐步对崖顶、窟外和窟内都建立起完善的监测系统，并与具体的保护修复项目及游客管理建立联系，2009年敦煌还与甘肃省地震局签署协议合作建设莫高窟地震监测系统。此外，莫高窟还在北京、台湾、日本等海内外各地举办了多次艺术展览或纪念活动，反响强烈，引起了对于敦煌文化更多更广泛的关注。

## 二、敦煌莫高窟保护总体规划

如前所述，1997年开始，中国、美国、澳大利亚的遗产机构在合作起草《准则》这部文件时，需要选择合适的文化遗产地来验证其可操作性、优越性和权威性，鉴于敦煌莫高窟为中国首批世界遗产地，且与美国盖蒂中心、澳大利亚国家遗产委员会均有过一些合作，因此选择作为《准则》两处①试点之一。自1999年开始，敦煌莫高窟在中国、美国、澳大利亚三方合作下，以《准则》规定的原则、工作程序和内容开始编订《莫高窟保护总体规划》。同时，中美双方仍在《准则》指导下，进行莫高窟第85窟保护的研究。这两个保护研究的试点内容不同，操作上各有特点，均取得了较好的成果。

经过中国、美国、澳大利亚三方专家三年多的努力，于2002年《莫高窟保护总体规划》初稿完成。在测评和分析之后，为了使其符合我国文物保护规划的规划以及莫高窟不断发展变化的现状，敦煌研究院又邀请中国建筑设计研究院历史研究所一起参与规划编制。从此，保护规划几易其稿，根据莫高窟现状与发展计划不断修改，终于在2010年，通过十年的研究论证修改，莫高窟保护规划形成了最终的

① 另一处为承德避暑山庄。

定稿①，此后通过审批，在2012年开始实施。

### （一）编制指导与程序

《准则》第二章“保护程序”第9条中指出：“文物古迹的保护工作总体上分为六步，依次是文物调查、评估、确定各级保护单位、制订保护规划、实施保护规划、定期检查规划。原则上所有文物古迹保护工作都应当按照此程序进行。”在其《关于若干重要问题的阐述》第9条“保护规划”中，更是详细地阐明了编制保护规划的意义、程序、人员、内容。文化遗产的保护规划是“实施保护工程和布置展陈、进行管理的依据。经过主管部门批准的规划，在文物古迹的管理事务中，具有规范性和权威性”，且“所有文物保护单位都应制订保护规划”。此阐述中还详细规定了保护规划的内容，分为6个部分：基本情况、保护总原则和预期总目标、保护措施、规划利用功能、展示陈列方案、管理手段。

基于上述规定，莫高窟保护规划编制的过程如下（表4.1）。

**表4.1　莫高窟保护规划编制过程表**[67]

| 过程步骤 | 工作内容 | 意义 |
| --- | --- | --- |
| 调研并收集资料 | 1. 调研莫高窟价值：<br>洞窟相关历史文献、档案、研究成果等，莫高窟自身经济数据及对城市的影响、社会资料等。<br>2. 调研洞窟保存保护现状：<br>石窟群整体及单个洞窟资料，文物建筑资料，可移动文物资料，各项保护、维护工程资料。<br>3. 调研环境现状：<br>自然环境现状，保护工作现状，社会环境现状资料。<br>4. 敦煌学研究现状。<br>5. 管理现状：<br>管理机构的沿革、设置、人员，规章制度，经费等情况。<br>6. 利用现状：<br>开放强度、利用措施、展陈服务设施、游客调查等 | 为规划的评估部分提供基础资料 |

① 在2006年，莫高窟保护规划第一稿通过了审批，但此后又进行了新一轮的修编。

续表

| 过程步骤 | 工作内容 | 意义 |
| --- | --- | --- |
| 评估 | 1. 价值评估：<br>评定莫高窟洞窟群整体价值和单个洞窟的相对价值。<br>2. 保存保护现状评估：<br>文物本体及环境的现状分析，包括现存主要问题及病害、威胁的形成原因、变化等，保护工程的效率、质量与持久性。<br>3. 管理、展陈、研究综合评估：<br>就管理机构、基础设施、规章制度等对管理进行评估，就展陈体系、游客管理等对利用进行评估，就研究能力、研究队伍、研究管理与国际合作对现有研究情况进行评估 | 为此后的规划措施制定部分提供依据 |
| 陈述目标与原则 | 1. 规划总目标：<br>保护：保护莫高窟的真实完整以期更好的延续，通过诸项措施和保护手段维护文物价值。<br>研究：通过整理藏经洞和洞窟文物，为敦煌学研究做出贡献。<br>教育：弘扬莫高窟的价值，提升其世界知名度。<br>流失文物的回归：尽管在短时期内无法实现，但此为莫高窟长期的目标。<br>2. 规划总原则：<br>在《准则》的指导下，遵循国家《文物保护法》《世界遗产公约》等相关法律法规的要求。<br>最小干预原则：所有的活动都应尽量减少对石窟的干预，所有的措施都必须经过科学论证。<br>维持原貌、不改变原状：保持石窟及环境的原状，不增添任何破坏风貌的构筑物，不进行任何商业活动。<br>功能与价值协调原则：开放展陈利用应在洞窟承载量之内。 | 明确了目标和原则，为下一步具体的措施确定中心 |
| 确定分期规划目标 | 1. 保护规划目标：<br>实现保护区分级设置、功能分区，建设环境监测体系和景观保护体系，建立石窟壁画保护研究中心。<br>2. 研究规划目标：<br>建成敦煌学信息中心（达到国际水准）。<br>3. 利用规划目标：<br>展陈、管理和阐释、教育体系的建设，以及博物馆的建设。<br>4. 管理规划目标：<br>建立完善的管理及监督体系，包括日常运行、机构维护、职工队伍及人才建设、服务设施和基本生活在内的 | 在2025年之前分阶段分期可实现的具体目标 |

续表

| 过程步骤 | 工作内容 | 意义 |
|---|---|---|
| 制定具体的措施与各个分项规划 | 保护工作规划及相关措施，<br>运行管理规划及相关措施，<br>展陈利用规划及相关措施，<br>研究工作规划及相关措施 | |

资料来源：敦煌研究院王旭东院长访谈





根据上述程序制定的保护总体规划，目标明确，可行性强，其价值评估、现状评估都十分深入客观，为此后的保护提供了有针对性的问题解决方案，较好地论证了《准则》的原则和要求。

### （二）两稿比较研究

在保护总体规划的十年编制中，文本内容几易其稿，但总的说来可以分为两个阶段：其一是1999～2002年，中国、美国、澳大利亚三方编制的过程稿，其中在评估和分析内容上很大程度地参考了世界遗产和国外规划的编制方法；其二是在陈同滨所长带领的中国建筑设计院历史研究所参与进来以后，2003～2010年编制并最终定稿的版本。这一版本更多地强调符合中国文物保护的具体要求及莫高窟自身发展的现状。因此，可以将莫高窟保护总体规划分为两个大的类型，在此选取2002年末及2010年这两个类型的最终版进行如下比较（表4.2）。

从表4.2中可以看出，2002版保护总体规划更侧重于借鉴世界遗产平台上关于遗产构成、评估的相关体系，在规划依据上也是世界遗产操作指南与国内法律、文件并重；在评估中，强调了不同种类、详尽周全的分析过程，在诸如利用、管理的部分突出了与人相关的各类资料，使得结果丰富而有着详实的数据基础；而2010年版更侧重于对中国国情的考量，依据偏重于国内法律法规，2002年版的众多分析过程多置于说明中，而文本中仅为提炼的定性概括性描述。另外，在整体结构上2010版显然更为明晰完整，在一些诸如专项规划等方面的细节上也更好地适应于敦煌研究院的实际情况。总的来说，这两版都遵循了《准则》中关于保护规划的内容，尽管前者更侧重于与国际的接轨，而后者更偏重于国内的实际与可行性，其规划过程的工作程序、规划结构和内容的完整，都可视为国内遗产保护规划的范本，验证并确定了《准则》中关于保护规划相关内容的权威与科学。

**表4.2　莫高窟总体保护规划2002年版[①]与2010年版[②]比较**

| | | 2002年版规划 | 2010年版规划 | 比较 |
| --- | --- | --- | --- | --- |
| 编制机构 | | 美国盖蒂保护中心，澳大利亚国家遗产委员会，敦煌研究院 | 在Ⅰ版三方外还有中国建筑设计院历史研究所加入 | Ⅰ版以盖蒂为主导，Ⅱ版以中方历史研究所为主导；敦煌研究院都是重要参与者 |
| 体例 | | 分为15章节 | 分为五大部分17章节 | 《准则》要求的六大部分二者都包含在内，Ⅱ版增添了五大部分，结构更加清晰 |
| 内容 | 总则 | 在“规划依据”部分，罗列了国家法律、地方法规以及国际宪章 | 在“规划依据”部分，除国家、地方、国际宪章法规外，增添了“相关技术规范”、“相关规划文件”；<br>增添“规划原则、目标与框架”章节 | Ⅱ版的规划依据更完整；增添的第二章规划框架结构图对本规划的过程及结构做了清晰说明 |
| | 遗产概况 | “自然环境”包括地理地质以及与洞窟相关的自然条件，非常详细；“遗产构成”分为本体和环境，并对重点窟龛及其与自然环境的关系一一作了详细说明 | 没有“自然环境”一节；“遗产构成”中遗产本体分为洞窟、壁画、文物建筑三类；遗产环境除了山形水系，还包括常书鸿等公墓等纪念性建筑 | Ⅰ版遗产本体按照范围由大到小分类，Ⅱ版按照国内通常意义上的文物类型分类 |
| | | 可移动文物的数量以及在世界范围内的分布明确 | 可移动文物数量明确，分布较为概括 | Ⅰ版环境部分突出自然的山形水系以及1944年以前存留的各类设施、遗迹，Ⅱ版除此之外还突出了1944年后较有纪念意义的构筑物 |

① 表中简称Ⅰ版。
② 表中简称Ⅱ版。

续表

| | | 2002年版规划 | 2010年版规划 | 比较 |
|---|---|---|---|---|
| 内容 | 价值评估 | 分为文物价值和社会价值两大类，文物价值偏重世界遗产标准下评定的价值阐述，在每一条价值标准下按照历史、艺术、科学详细解释了该价值；社会价值分为五条并有详细价值阐述 | 分为文物价值和社会价值两大类，文物价值分为历史、艺术、科学三类；<br>社会价值分为五条，详细的价值阐述置于说明 | Ⅰ版更侧重世界遗产公布的价值标准，结合《准则》，对每一条按历史、艺术、科学进行了解释；Ⅱ版文本更简洁 |
| | 保护保存现状评估 | 对于遗产保护现状的总体工作①、本体保护、遗产环境、自然环境、科技保护、日常维护每一类均按具体内容分项列表评估；对于保存现状评估多采用列表分级统计数量和比例的方法 | 对保护现状、保存现状评估多采用定性描述的方法，分析分类图表多在说明中 | Ⅰ版定量分析图表多，对于诸如破坏因素、洞窟稳定性的统计较为直观；<br>Ⅱ版中自己制定的相对标准较少，综合描述较多 |
| | 利用现状评估 | 对于利用强度、现有展陈体系、现行宣传教育均列表进行分项有效性评估；对于“人”的评估尤其详细，包含利益相关者类型、数量、来源、特征、需求、容量控制、管理、服务、安全、设施、发展需求等各方面内容的具体分析 | 大的评估条目与Ⅰ相同，结论基本与Ⅰ同，对于利益相关者评估突出游客类型 | Ⅰ版的评估分析详尽而丰富，但相对来说没有明确结论；Ⅱ版缺乏周全的分析，但结论概括提炼 |

① 总体保护分为保护等级、保护范围、保护标志、保护档案、保护规划、保护条例六项进行评估；本体保护分为安全防范、信息保存、保护措施、岩体加固、壁画保护、洞窟承载力、防护措施、监测内容八项进行评估；遗产环境分为检测内容、风沙防治、暴雨渗水、植被影响、风蚀防治、地震洪水六项进行评估；环境保护分为生态环境、历史环境、景观环境、环境质量、环境监测五项进行评估；科技保护分为研究机构、目标职责、主要研究方向、科研力量、科研成果、科研水平、发展方向七项进行评估，日常维护分为监测系统、日常维护两项进行评估。

续表

| | | 2002年版规划 | 2010年版规划 | 比较 |
|---|---|---|---|---|
| 内容 | 管理评估 | 对于遗产运行管理从国家保障、地方管理、管理机构、管理能力技术、价值管理等方面进行有效性评估 | | 对于遗产运行管理从国家保障、地方管理、管理机构、管理能力技术、价值管理等方面进行有效性评估 |
| | 规划原则与目标 | 分为“保护对象与实施准则”以及“分类专项规划目标”两章，在实施准则中强调了最小干预、保护遗产环境以及合理利用的原则 | | Ⅰ、Ⅱ版内容基本相同，将国际宪章的要求与《准则》结合，与实际联系制定标准和要求 |
| | 保护区划 | 划分依据中包括《文物保护法》《文物保护法实施细则》、《关于进一步做好文物保护“五纳人”的通知》、《实施世界遗产公约的操作指南》；<br>划分保护范围（两级）、建设控制地带（三级） | 划分依据中强调了《文物保护法实施细则》、《关于进一步做好文物保护“五纳人”的通知》①；<br>划分保护范围（三级）、建设控制地带（一级）、环境控制地带（三级） | 划分依据和级别设置的不同侧重点体现了世界遗产平台与国内保护平台的不同偏重 |
| | 本体保护规划 | 均分为功能分区、保护工作、本体保护、保存环境四大类，Ⅰ较Ⅱ增加一项“科技保护规划”内容，除此之外，仅在一些面积划分上有所修改 | | |
| | 利用规划 | 均分为利用强度、展陈体系、游客管理、宣传教育四大类，Ⅰ版较Ⅱ版在展陈体系、交通游线等的设置上更为详细具体 | | 具体利用措施有所不同，比如Ⅰ版提出洞窟分等级展示，展陈体裁的设计等，Ⅱ的措施更符合实际 |

① 在环境控制区的划定中还参考了《风景名胜区条例》以及世界遗产《操作指南》。

续表

| | | 2002年版规划 | 2010年版规划 | 比较 |
|---|---|---|---|---|
| 内容 | 管理规划 | 分为“运行管理”“工程管理”“职工队伍”三节 | 增添了“课题管理”、“综合设施”两节 | 增添的部分使得敦煌研究院的工作规划更为全面 |
| | 研究规划 | 分为“学术研究”和“学术交流”两节 | 将“科技保护”纳入本章节，其余内容与Ⅰ基本相同 | Ⅱ版的结构更显清晰 |
| | 规划分期与实施保障 | 规划分四期，各期不同的实施重点；<br>规划实施保障体系由世界遗产管理、城市发展建议、经费、监督等几部分组成； | 分期与重点与Ⅰ基本相同；增添了“专项规划项目”一节，将未来敦煌计划编制的保护、利用、管理专项规划列入；<br>实施保障体系内容与Ⅰ相同 | “专项规划项目”的增添使得敦煌的未来发展更加全面 |
| 审批执行 | | | 2011年通过国家局审批，2012年开始执行 | |

资料来源：敦煌莫高窟保护总体规划2002、2010.（敦煌研究院提供）

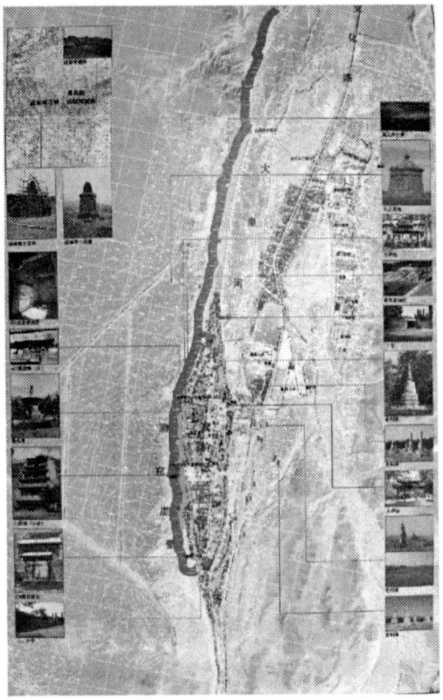

图4.7 《莫高窟保护总体规划》（2010）遗产构成图

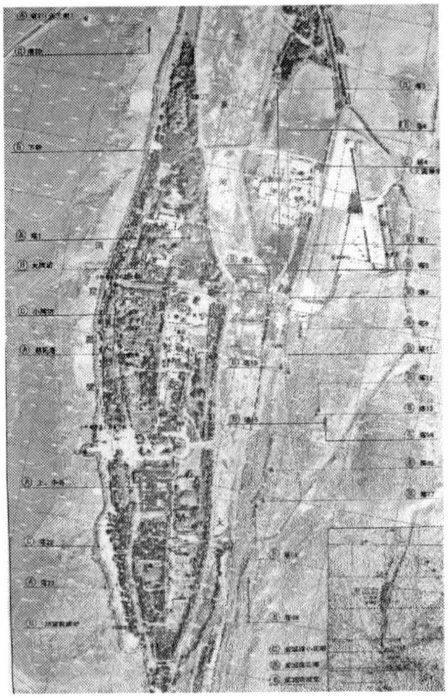

图4.8 《莫高窟保护总体规划》（2010）相对价值评估图

资料来源：《莫高窟保护总体规划》，敦煌研究院提供，2010年

## 三、敦煌莫高窟第85窟壁画保护工程

### （一）莫高窟第85窟价值与病害

1999年开始，同时作为《准则》试点的还有莫高窟第85窟壁画保护项目。

莫高窟第85窟开凿于晚唐。这一时期，唐张议潮因其收复河西十一州的功劳，被宣宗授予此地区节度使一职。此后，张议潮及其侄张淮治下颇清明，敦煌地区社会安定、经济繁荣，各民族均安居乐业，这为佛教石窟的开凿创造了良好的条件。约在862～867年，供养人法荣出资修建了第85窟，其经过在唐代《翟家碑》有记载。

敦煌莫高窟陈列室中这样介绍第85窟："第85窟是一个晚唐大窟，内容丰富，气势磅礴。历史、艺术价值很高，仅主室中的巨幅经变画就达17幅，堪称莫高窟之最。"[68]这些经变画，如维摩诘经变、报恩经变、法华经变、弥勒经变、华严经变、金刚经变、药师经变等（图4.9），通过严谨的结构、丰富的内容、开阔的布局、富丽生辉的艺术效果，折射出唐代当时的社会生活。

图4.9　莫高窟第85窟经变画部分

然而，就在这350平方米的范围内，由于石壁后的可溶性盐作用，却集中了敦煌壁画中几乎所有的典型病害：壁画酥碱、起甲、空鼓、脱落、粉化等。因此，选取第85窟作为研究的典型案例，对于敦煌壁画保护都有较为重要的意义。莫高窟第85窟壁画保护，由制定《准则》的中国、美国、澳大利亚三方学者选取作为验证《准则》科学性和权威性的试点，而具体研究和保护工作则由美国盖蒂中心和敦煌研究院合作完成。在项目实施以来的十多年，中美双方依据《准则》，通过现状调研、环境和微环境监测、壁画制作工艺和材料研究、修复材料筛选等多方面的实验研究，在调研方法、病害机理和壁画修复材料选择、修复方法等方面都取得了较多成果。

### （二）第85窟壁画保护技术路线

中美双方将《准则》所提出的遗产保护关键步骤概括为：程序、评估、研究、监测、保养[69]397。根据此理解，结合壁画保护的特点，研究人员将保护工作的技术路线分为如下步骤[70]（图4.10）。

1）价值评估：根据《准则》要求，对第85窟进行全方位的分析，并评估期历史、艺术、科学价值。

2）全面调查：对洞窟的历史文献、图形描述、图像记载及其他形式的资料都一一进行梳理。

3）保存现状评估：首先通过照相摄像等设备对壁画进行拍照记录，接着在电脑上进行拼接处理，达到壁画数字化的目的；继而通过对支撑材料、颜料、胶结材料和地仗层材料的仪器分析，了解壁画的处理材料；同时还要对洞窟所处区域的环境及洞窟内微环境进行监测；最后详细分析壁画的各种病害机理，并通过尝试和模拟不同的制作材料和环境，分析查证各种类型病害威胁的形成机理、变化过程和影响。

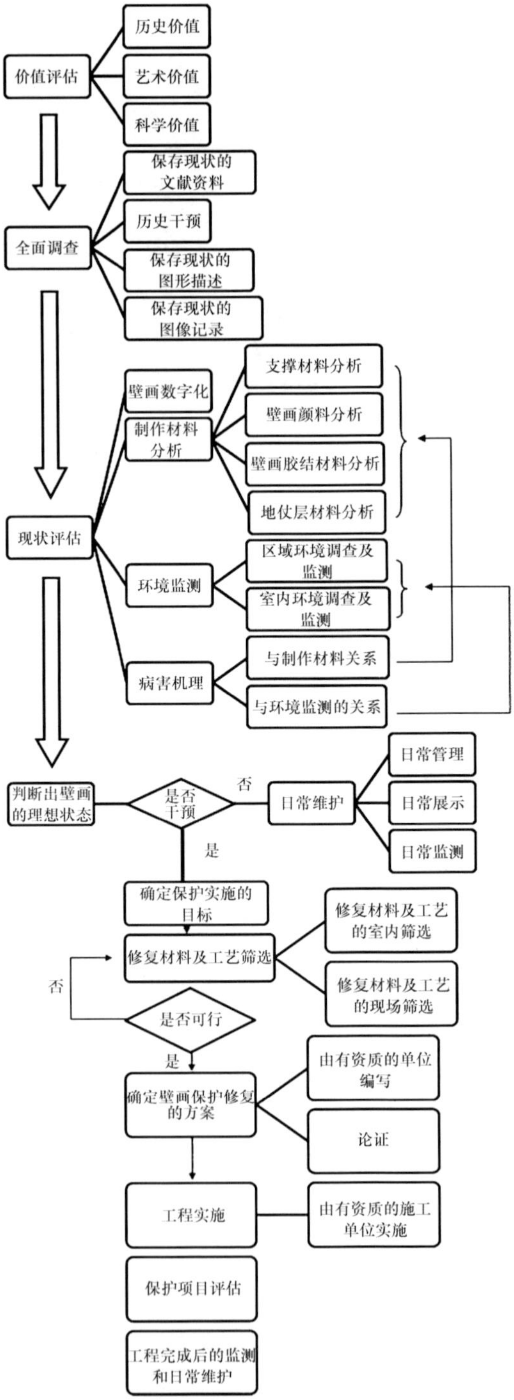


图4.10　莫高窟第85窟保护技术路线

资料来源：敦煌莫高窟王旭东院长访谈及敦煌莫高窟陈列馆展览

4）壁画理想状态的判断：根据上述前置研究和评估，在对壁画的理想状态有了较清晰预设的前提下，综合判断决定进行干预的必要性；如必要性较小，则进入日常维护程序，通过《准则》中所要求的日常保养来保护；如果需要干预，则进入下一步。

5）确定保护实施的目标：上一步骤中确定的理想状态是完美状态，我们需要通过对现有技术手段的评估来确定保护实施所必须和能够达到的显示目标，以期尽可能的接近理想状态。

6）修复材料和工艺筛选：针对壁画病害，确定可用于修复的材料范围，通过实验室模拟环境，选择其中条件最优的种类；接着再在现场重要性弱的地方进行尝试；这个过程要通过反复试验判断是否可行；如果各方面都可行，才能进行下一步。

7）确定壁画保护修复的方案：根据上述材料和工艺的筛选结果，设计保护修复的方案，方案要通过论证后才能实施。

8）工程实施：由有资质的施工单位执行修复方案。

9）保护项目评估：要求专家对保护工程的实施方法、效果和是否遵循了《准则》所规划的保护原则进行评估。

10）工程完成后的监测和日常维护：这一次施工完成并不等于一劳永逸，还需要今后实施洞窟进行监测和日常维护，以达到较好的长期效果。

### （三）第85窟壁画保护修复过程

根据上述路线，在价值评估和全面调查、资料收集之后，中美双方对第85窟壁画进行了全面评估分析。

#### 1. 全面调查

在搜集历史文献、图像图形资料的基础上，通过测绘、摄影和后期数字化处理完成了对第85窟平面、剖面基本情况、病害普查的大部分内容[71]178（图4.11、图4.12），以前对壁画处理范围的标注，以及钻孔采样位置的标注。

#### 2. 现状评估：壁画制作材料和工艺

经过调查研究，对莫高窟壁画的制作工艺还原如下：因酒泉地区的砾岩结构粗糙且易风化疏松，无法直接绘制壁画，所以首先用取自洞

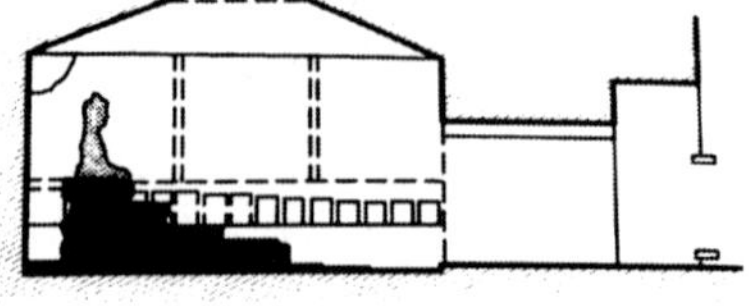

图4.11　第85窟横剖面图

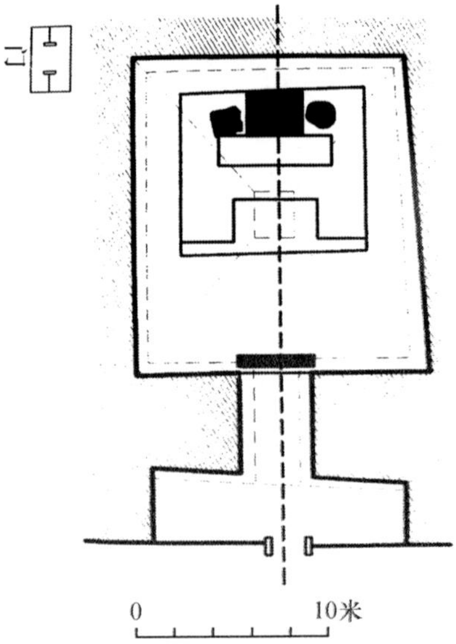


图4.12　第85窟平面图[72]351

窟附近的细沙、壁泥土掺加植物纤维和制成泥，压抹在洞窟的四壁和窟顶，作为使壁面平整的粗草泥地仗层；接着用莫高窟窟前宕泉河的澄版土掺加麻筋，调制成细泥，涂抹在粗草泥层上；最后在细草泥层上涂抹上一层非常薄的高岭土、石灰或石膏之类的粉层，方可起稿。起稿时首先按内容对墙面进行大块的整体划分，然后根据事先画好的构图小稿，按比例放大，用毛笔蘸淡土红颜料在墙壁上勾画，完成画稿；继而师傅在其上写上色标①，由弟子工匠上色；壁画绘制的最后一道工序是勾线，即描线成型，因此也称之为“定型线”（图4.13）。

其中，上述制作地仗层的方法在塑像制作上也得以使用：先完成木构骨架的模型，接着用秸秆或芦苇扎出人体大致结构，这种方法省泥且可减轻木骨架的压力，骨架上还要做出此后将其固定在石壁上的插头；然后，仍用澄版土、细沙、植物纤维调制粗泥和细泥②，粗泥制作人物大样，细泥用以塑造人物五官、衣褶、配饰等，将泥层涂抹在

① 色标，色彩分布的代号。敦煌壁画中已发现的用行草书法的色标有：“夕”（绿）、“工”（红）、“龶”（青）、“廿”（黄）、“紫”、“青、”“朱”、“禄”（绿）等，前四个色标以字形的局部为代号，后几个则取全字。敦煌壁画中也有没有色标直接上色的，这是由工匠的熟练度决定的。

② 粗泥，澄版土加麦秆制成；细泥，澄版土七成，细沙三成，加水后制成。

图4.13　壁画绘制程序（从右往左依次是砾石层、粗草泥地仗层、细泥地仗层、壁画层）

资料来源：敦煌莫高窟博物馆

图4.14　塑像制作过程

资料来源：敦煌莫高窟博物馆

以芦苇包裹的木头骨架上，继而在塑造成型、上彩（图4.14）。

在了解制作工艺后，中美学者还对壁画地仗层、颜料、胶结材料进行了化学实验分析，通过取样、红外光谱、X射线衍射，以及化学反应的方法测定了各材料中的成分、可溶性盐和各种离子的含量。

### 3. 现状评估：病害分析

中美合作壁画现状调查小组对壁画病害展开了调查，并制作了第85窟各壁、各批和藻井壁画病害的3D模型（图4.15）。第85窟的主要病害包括：空鼓、酥碱、起甲、疱疹状脱落、裂缝、点状脱落、白霜、划痕等，其中空鼓及由空鼓引起的壁画脱落是最严重的一类，酥碱次之[①]。在1996年，西壁就有一大片壁画因空鼓而脱落了。

① 根据敦煌研究院保护部樊再轩主任访谈整理。

图4.15　莫高窟第85窟洞窟壁画病害分布3D模型

资料来源：The Getty Conservation Insititute. Wall Paintings at Mogao Grottoes. 2010. http://www.getty.edu/conservation/our_projects/field_projects/mogao

学者还进行了如下技术分析[73]：

1）对洞窟内可溶性盐的分布研究；

2）对之前所做的壁画处理方法方式的整理和效果评估；

3）对壁画上的有机着色剂的持久性研究；

4）对有机着色剂中光敏感的类型的研究，以及评估其在中美合作组工作照明条件下的变化。

在上述分析中，对比了1959年、1974年、1986年和1998年拍摄的照片，发现第85窟壁画的空鼓、酥碱、起甲、点状脱落等病害都有明显发展的趋势。特别是1999年6～8月，病害急剧发展，原稳定的东部墙面也开始酥碱，主室南北两壁空鼓加剧，地面上有掉落的粉土和颜料层残片，西南角和西北角也大片起甲。工作小组调研结束总结：第85窟壁画病害由东向西逐渐加重，最严重的区域为南北两壁西侧和西北区域。

继而，学者分析了病害成因和机理，发现洞窟墙壁内的水分侵入及可溶性盐的影响[74]475，使得壁画材料发生物理变化、化学变化，导致各种病害的发生。这些可溶性盐分无法移除，只能削弱、减缓。基于此，在保护修复之后，预防性保护和日常维护就成为降低壁画病害速率的现实手段。

**4. 现状评估：环境监测**

环境温湿度变化对壁画的影响很大，为了研究清楚这种影响和变化过程，工作组采用了盖蒂中心提供的全自动环境监测系统。该系统可测量记录气温、墙壁温度、相对湿度、风力、风向、$CO_2$等数据，传输至控制电脑，具有较高的自动化水平。

第85窟的环境监测分阶段进行：1994年4月首先在洞窟中间安装了一个温湿度探头，在北壁布设了一个墙温探头；1998年对探头进行了调整，增设了西北角、西南角和窟门附近的三个温湿度探头，变动了原北壁探头的位置，并在西北角、西南角和窟门的相应位置布设了三个墙温探头。同时，为了探测水的活动对壁画的影响，还增设了监测水移动的仪器，即在地下河岩壁内部安设了13个温湿度探头。

通过对第85窟连续10多年不间断的环境监测，取得了大量的数据。保护工作者首先分析了敦煌地区年降水、气温的变化，与监测到的年温湿度数据进行对比，了解这些环境因素的年间变化和季节变化；其次，分析了对微环境的气温、墙壁温度和岩体内部水分的变化情况，以及这种微环境数据与大环境的关系；最后，统计游客数据，实验各种矿石颜料在温湿度、$CO_2$变化时所带来的变化，最终获得对保护措施和利用强度的参考。

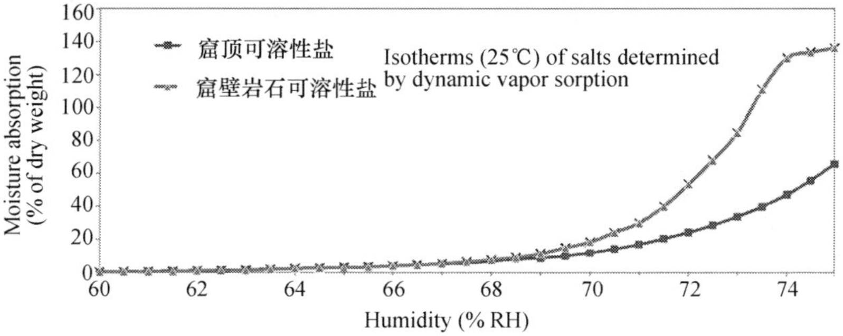


图4.16　25°下可溶性盐与湿度的变化关系

资料来源：Neville Agnew, Demas Martha, Shin Maekawa, et al. A Systematic Methodology for Sustainable Visitation at the MogaoGrottoes, China. Los Angeles: The Getty Conservation Institute, 2012.p23

结合对壁画病害机理的研究，针对与病害有关的水气和可溶性盐的影响，学者们得出以下结论[75]26。

1）第85窟崖壁内的可溶性盐主要为NaCl，占到所有可溶性盐的70%以上；这些盐来源于岩体深处湿度相对较高的地方，在数个世纪的运功中慢慢迁移到壁画所在的岩体表层，使得表层盐的重量比达到1%～6%。

2）第85窟内的可溶性盐在温度20℃条件下的相对湿度为67%[①]之时开始吸收水分发生潮解[②]，考虑到墙壁温度对湿度的影响（通常壁面温度低于室内温度），实际上在相对湿度62%左右的时候就开始发生这个过程，因此相对湿度62%也就成为壁画破坏的关键点。同时，加上时间的作用，加速了这一过程。研究显示，当莫高窟在明代被弃的时候，由于长期暴露和雨季的影响，其壁画的损毁就加剧了。

3）当温度降低，水蒸气挥发，盐表面的饱和溶液发生再结晶作用，这一过程破坏了原壁画颜料的分子结构，使得壁画发生病害。因此，盐的潮解与再结晶，是壁画发生病害的原因所在。

4）温度和湿度变化成为上述过程的重要因素，而影响湿度变化的因素有两个：窟前灌溉水、降水。前者通过渗入地下与岩体发生交换作用，后者通过直接渗入和空气交换发生水的迁移。湿度变化若得到有效控制，则能从源头上消灭病害。

5）专家结合采集的$CO_2$数据分析其对不同颜色的影响：工作小组采用原工艺流程制作了地仗层的模型，再采用敦煌壁画的矿石颜料绘上不同颜色，放置在不同浓度的$CO_2$环境中判断其中的变化及影响。

据敦煌研究院环境部的薛平主任介绍，关于$CO_2$对壁画影响的机理仍在研究中，但洞窟内已经建立了完善的监控设备，能够将数据时时传输到办公室的中央设备上。

调查评估完成后，学者开始进入第85窟的保护过程。

### 5. 保护目标设定

在现状评估中，工作人员评估了以前所做的保护，发现由于对病害机理研究不够而只注重于单纯的技术处理，使得如空鼓、起甲、脱落等病害在保护结束后反复发生，甚至加剧。因此，本次的保护目标设定为：在充分了解病害机理的基础上，安全、有效地处理严重的病害，并尽可能地减缓今后病害发生的速率。

---

① 纯的NaCl晶体在温度20℃时，在相对湿度65%时开始发生潮解。

② 晶体自发吸收空气中的水蒸气，在其固体表面形成饱和溶液的现象叫做潮解。无水氯化钙（$CaCl_2$）、氯化镁（$MgCl_2$）和固体氢氧化钠（NaOH）在空气中很容易潮解。

### 6. 修复材料和工艺筛选

在莫高窟第85窟的保护程序中，筛选修复材料和工艺是花费时间最长的一项（表4.3）。1974年曾使用聚醋酸乙烯乳液修复和加固了酥碱和起甲部分[72]396、397，但20年后病害反而发展得更为迅猛。在这次修复之前，中美工作小组先用日本纸对起甲的颜料层做了临时加固，然后罗列了4000多种不同的加固材料，包括实验室里用到的化学试剂如聚乙烯类，还有生活中种种可能被用于加固的材料，如蛋清、植物纤维、煤灰等①。经过实验室模拟实验筛选，选定了80余种材料进入现场筛选阶段。在这一阶段，工作人员先在洞窟内进行模拟实验，再选取不太重要的壁画部分进行实际实验，最终，经过三年以上的筛选，选择了最适合敦煌壁画的空鼓灌浆材料（第81号）、起甲胶结材料（传统绘画颜料明胶）及吸水脱盐材料（棉纸KC-X60）（图4.17、图4.18）②。

表4.3　第85窟壁画保护修复材料选择

| 类型 | 选择标准 | 材料 | 实验 |
|---|---|---|---|
| 空鼓灌浆材料 | 透气性好、密度小、强度适中、收缩率小、浆液流动性好，与壁画地仗层材料相近 | 澄版土：浮石：玻璃微珠：鸡蛋清=1：0.71：0.1：0.05（质量比） | 测定了干燥时间、析水性、透气性、线性收缩率、含水率、比重、抗压抗折强度、黏结力、抗剪应力，均达到要求 |
| 起甲胶结材料 | 透明性好、透气性强、黏结强度适中、无色无味无腐蚀、兼容性好 | 传统绘画材料：明胶（动物蛋白型） | 测定了其含水量、pH值、黏度、渗透深度、透气性、抗压强度，均是较好的 |
| 吸水脱盐材料 | 吸水率高、速率高、对壁画层没有伤害 | KC-X60、日本绵纸、少量黏土 | 分不同的材料组进行观察，KC-X60吸水脱盐效果最好 |

资料来源：敦煌研究院院长王旭东、保护部主任樊再轩访谈

### 7. 确定方案并实施

使用第81号灌浆材料对壁画空鼓病害进行修复的过程如下（图4.19）。

---

① 根据敦煌研究院保护部直接负责此修复过程的樊再轩主任介绍情况整理。

② KC-X60，纯木浆与无纺布交织在一起制作成的高吸水材料。

图4.17 剪成小块的KC-X60

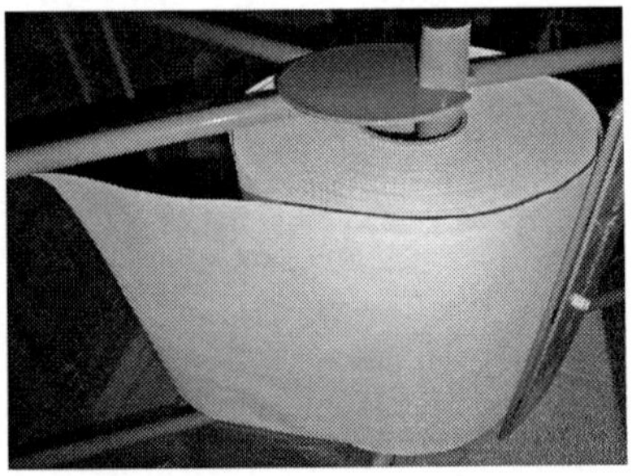

图4.18 日本绵纸

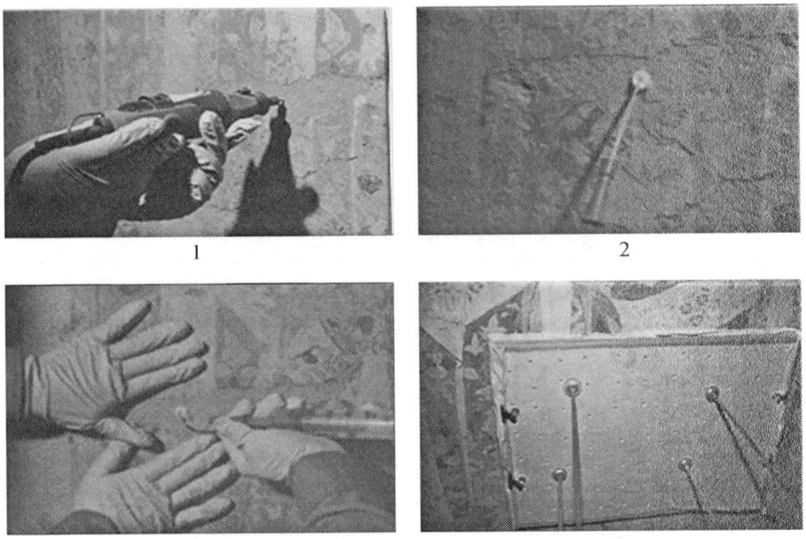

1 2 3 4

图4.19 空鼓壁画修复工艺

1. 开孔 2. 埋设灌浆管 3. 灌浆 4. 支顶

（1）开孔

1）确定壁画空鼓的程度和范围；

2）在颜料层骆驼成地仗破损处用微型电钻开直径0.3厘米的灌浆孔。

（2）埋设注浆管

1）将注浆管插入壁画与岩体的空隙中；

2）注浆管的位置应能根据空鼓的部位随时调整。

（3）除尘

为了提高黏结力，用压缩空气清除地仗层背部和崖体表面的尘土。

（4）灌浆

用注射器将已配置好的第81号灌浆材料顺着灌浆管压入空鼓部位。

（5）支顶

用带有保护层的顶板对壁画进行支撑。

使用明胶材料对起甲壁画进行修复的工艺如下（图4.20）。

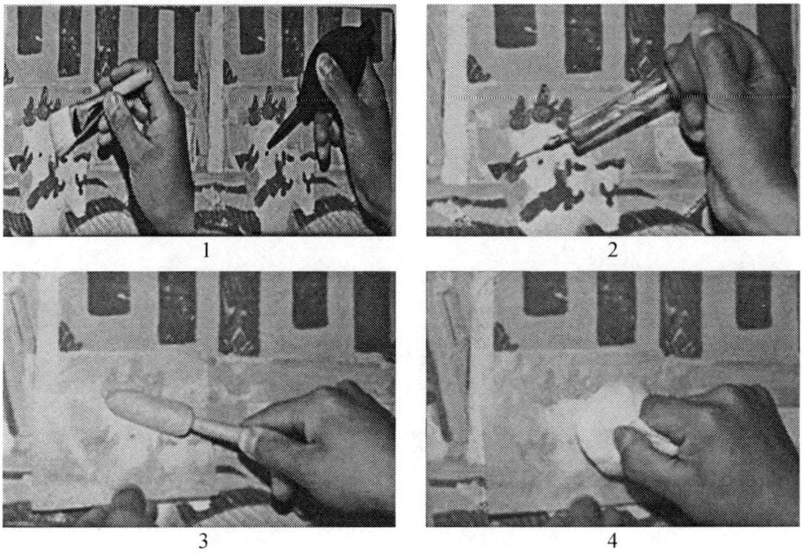

图4.20　起甲壁画修复工艺

1. 除尘　2. 注射黏结剂　3. 颜料层回贴　4. 液压

（1）除尘

1）用洗耳球小心地将颜料层翘起背后的细沙和尘土吹干净；

2）用软毛笔清除壁画表面的尘土。

（2）注射黏结剂

用注射器将明胶注射到起甲颜料层的背部。

（3）颜料层回贴

1）等待明胶被地仗层吸收后；

2）用棉纸垫着修复刀，将起甲的部分轻轻回贴到原位。

（4）液压

1）用绸纺包裹着药棉，制成棉球。

2）用棉球进行液压，其方向应从未开裂的颜料层部位向着裂口处轻轻按压。这样能将起甲层的空气排出，也不会对壁画造成褶皱损害。

使用棉纸材料对酥碱壁画进行修复的工艺如下（图4.21）。

图4.21　酥碱壁画修复工艺

1. 除尘　2. 填垫泥浆　3. 注射黏结剂　4. 回贴颜料层　5. 液压　6. 脱盐　7. 二次脱盐

（1）除尘

1）除尘方法与起甲壁画的除尘方法基本相同；

2）酥碱壁画颜料曾更脆弱，粉状脱落较多，除尘更要小心，要保留粉化的地仗层，又要清除灰尘。

（2）填垫泥浆

1）用长针头的注射器将明胶材料多次注入地仗层缺失部位，使其向内渗透；

2）再用同种注射器或滴管将稀泥浆均匀的铺在地仗层缺失的地方。

（3）注射黏结剂

等泥浆半干时，再用注射器将明胶沿着悬浮的颜料层边缘处注入颜料层的背部。

（4）回贴颜料层

等待泥浆和明胶被吸收后，用包裹着棉纸的修复刀将颜料曾轻轻贴回。

（5）液压

与起甲壁画修复类似，用垫着棉纸的棉球对壁画进行轻轻液压。

（6）脱盐

1）用透气性好的顶板把日本绵纸和KC-X60材料贴在壁画表面，喷上一层薄薄的蒸馏水；

2）等待干燥将其轻轻取下。

（7）二次脱盐

1）将脱盐棉纸剪成5厘米×5厘米的小块，用保护笔的水蒸气将其打潮贴在壁画表面，用软海绵与二者充分结合；

2）等待干燥将其轻轻取下。

在上述工艺实施的过程中，遵循《准则》，在最小干预原则、最大兼容原则和可重复性原则的指导下进行。在完成后，取得了较好的效果，第85窟壁画的真实性和完整性得以延续（图4.22、图4.23）。

**8. 日常监测与维护**

2010年，莫高窟第85窟壁画保护修复基本完成。空鼓、起甲、酥碱这三大主要病害得到了有效的治理和控制，病害主因的表层岩体含盐量也降低到0%～5%[76]。但这次工程实施后并不是一劳永逸的，壁画病害并没有彻底根除，只能减缓其发生的速率。因此，定期检测与

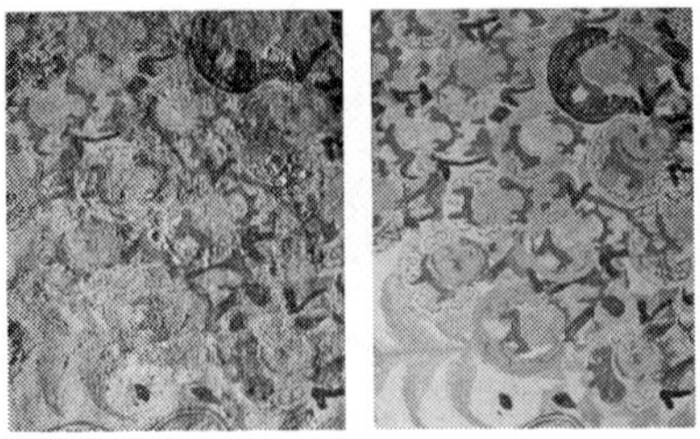

图4.22　第85窟起甲壁画保护前后对比

资料来源：敦煌研究院

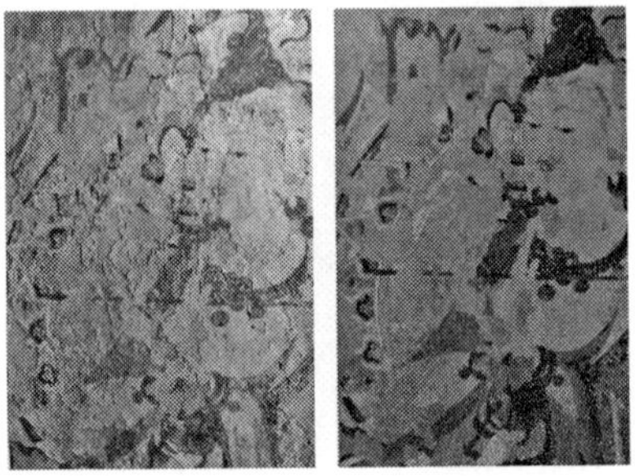

图4.23　第85窟酥碱脱落壁画保护前后对比

资料来源：敦煌研究院

日常保养就成为更重要的任务。敦煌研究院选择一定的壁画区域进行定期拍照检测，同时利用环境监测的设备了解窟内的温湿度变化，以便随时做出控制环境的适当措施。比如，根据天气不同而决定是否封闭洞窟来维持窟内湿度的稳定，从而使可溶盐活动减少。在2012年6月下旬，敦煌遭遇了罕见的特大暴雨，降水量达30多毫米，洞窟前的河流涨水漫到了窟前地面上，这使得崖体岩石内部含湿量剧增，而第85窟壁画局部又出现可溶性盐的活动；由于监测及时，敦煌研究院的工作人员很快采取了二次除盐的措施，没有对壁画造成更大破坏。

（四）壁画保护技术的推广应用

在中美合作小组对第85窟壁画实施保护之后，积累了许多针对敦煌壁画的保护经验。这些经验与技术首先被推广应用在了病害类型及分布与第85窟十分类似的第98窟上。

位于莫高窟南区第一层的第98窟，开凿于五代时期（公元924年），属于大形洞窟之一，被称为“大王窟”[①]。洞窟形制沿袭了晚唐须弥佛坛的覆斗形，但较晚唐洞窟更宏伟。该窟壁画面积达693.1平方米，有经变画、故事画、装饰画、佛教史迹、供养人画等，是五代时期归义军曹氏开凿的第一个大型功德窟，历史价值、艺术价值很高，是研究五代社会、政治、民族文化、日常生活的重要资料。

在20世纪60年代敦煌加固工程中，曾对这一区地面进行了清理，

① 在“敦煌遗书”中，第98窟被称为“大王窟”。

发掘出第98窟窟前遗址。此后，1975年也曾对使用聚醋酸乙烯和聚乙烯醇壁画做了一些保护处理，但也和第85窟一样，在20多年后，空鼓、酥碱和起甲这三大主要病害复发且加剧。在本次保护开始之前，第98窟的起甲壁画达320平方米，空鼓壁画350平方米，酥碱壁画110平方米，甚至有的部位同时有两种或两种以上的病害，处于亟待修复的时刻。在第85窟壁画实施的过程中，研究院的工作人员试图再次使用传统做法修复空鼓的部位，即用泥浆灌浆。但在灌浆的过程中，壁画出现了泛白现象，工作人员认为这是因为泥浆中含有较多的水，而激活了壁画地仗层中的可溶性盐活动。因此，这次保护被迫停止。在第85窟壁画保护完成后，根据其经验，工作人员按照已经形成体系的技术规范开始了对第98窟的全面调查。按照全面调查—现状评估—判断壁画的理想状态的顺序，对第98窟进行了平立剖测绘、拍照和壁画数字化，继而对壁画工艺与病害因素进行了详细的分析，关注点主要在于与第85窟壁画有差异的地方，然后在对第98窟展开窟内、窟壁、崖体内三个层面的环境监测基础上，开展了修复材料与工艺的筛选。最终，工作人员选择了与第85窟保护相同的工艺对第98窟实施保护。目前，保护部的人员正在对起甲的部位注射明胶，同时对一些病害较轻的部位实施脱盐。这些保护措施的实施，已经能看到初步成效（图4.24、图4.25）。

图4.24　注射明胶

图4.25　第98窟保护实施现场

据保护部樊再轩主任介绍，在第98窟壁画保护完成以后，第44窟、第105窟的壁画保护也随之提上日程。

除了在敦煌莫高窟范围内的应用，中美合作保护第85窟的经验还推广到了其他地区壁画保护的相关实践中。比如，2004年开始的西藏布达拉宫、罗布林卡、大昭寺壁画保护项目，这三大寺的主要病害也是空鼓，其中布达拉宫的空鼓占到所有病害的70%以上[77]71、72，其次是起甲、酥碱和烟熏，敦煌研究院王旭东院长称其为“第85窟壁画的简化版”。因此，研究院根据第85窟的保护经验顺利地完成了西藏三大寺壁画修复工程：在现状评估基础上，对保护材料和工艺进行筛选，而后在室内模拟了几种不同的墙体和病害，最终选择了“高模数硅酸钾”[78]164作为空鼓灌浆的主材料。

此外，国内其他石窟寺，如马蹄寺石窟、新疆吐峪沟石窟等，也因为第85窟的保护经验而受益匪浅。

## 四、案例探讨与总结

事实上，莫高窟第85窟壁画保护的成功并不是孤立、单一的，而是建立在若干先置工作和经验积累的基础上。美国盖蒂保护研究所的Neville.A教授这样介绍了第85窟的工作：“自1989年起，盖蒂研究所就与敦煌研究院开始合作，我们一起完成了若干项的前置研究，包括对于莫高窟历史与文化、之前的保护评估、游客监测和研究等等；1999年展开的《准则》编制和莫高窟保护规划的编制，更是为第85窟的保护工程奠定了直接的基础。”“在清楚的明确之前工作的误区之后，一系列通用的、普遍的保护程序得以通过文本（《准则》）和实践（保护规划和85窟）两种方式确立下来。在正确的保护程序实施过程中，若干保护原则才能得到真正的遵守。”①

诚然，第85窟的壁画保护取得了不少成就，如形成了关于调研、评估、筛选材料和工艺的技术规范，培养了一批具有科学保护观念的保护工作者，确立了壁画保护的关键性数据（如72%的湿度临界点等）并加以推广等，但最重要的两点影响正如Neville教授所说：一是建立了正确的保护程序，在国内普遍缺乏研究、只重视工程的情况下开创了先河；二是展示了价值研究的重要性，通过实例说明研究和分析价值是一切保护的核心与前提。作为《准则》的试点工程，莫高窟的工作不仅仅验证了文件所具有的权威性、可行性和科学性，更重要的是，以成功案例的姿态将《准则》的条文具象化，形成了“看得见、摸得着”的“准则”，为此后的保护工作树立了实实在在可以参考、

---

① 来自笔者与Neville教授的谈话及书信。

依照的榜样。对于国内其他的保护单位来说，这种生动的榜样发挥的作用远超于干硬的《准则》条文。一方面，莫高窟工作的实施步骤清晰明了，更有第98窟壁画保护中第一次保护措施的中止，与后来按照保护程序后的顺利实施之间的对比，成为“严格遵守保护程序”鲜活的注释；另一方面，盖蒂以其丰富的保护经验，向国内保护界解释了“价值研究先于保护实施”的重要性，这些研究一一与后期的专项规划措施相对应。同时，将文本之外的（社会、教育、经济等）价值巧妙地融汇于文本规定的（历史、艺术、科学）价值当中，体现了在运用《准则》时的灵活与超越，这也成为此后众多保护工程学习的地方。

总而言之，敦煌莫高窟的保护规划与第85窟壁画保护工程，与《准则》文本互为理论与案例的阐释。《准则》文本中的每一条，都可以在这两个案例中找出对应；而案例中的具体做法，也能在《准则》中找到依据。这两个案例与承德避暑山庄保护规划及殊像寺保护工程一起，为国内石窟寺、古建筑两大类遗产的保护提供了鲜活的标准参照，引发了学习《准则》、应用《准则》的浪潮，为其真正成为行业规范奠定了基础。

## 第三节　云冈石窟保护性窟檐修建工程

2000年后，包括榆林窟、马蹄寺、安岳石窟等不少石窟都进行过窟檐维修工程，而作为其中工程量最大的云冈窟檐修建工程，最具有分析的价值。

### 一、世界遗产保护策略与系列工程

#### （一）系列环境整治工程

为了申请列入世界遗产、符合世界遗产的管理规定，并更好地保护文物环境、发展旅游，从20世纪90年代末期开始到2009年，云冈研究所将重点放在了环境整治工程上。这其中的重要工程包括：109国道云冈段改线工程、广场建筑物拆迁工程、周边环境改造工程等20余项。其中，109国道改线最为重要。这条原线路距离云冈石窟仅350米，随着大同煤业与经济的迅速发展，在这段公路上大吨位煤车与日俱增。在1997年时，仅煤车就达到日平均16 000余车次[30]26，由此带来的粉尘、废气污染十分严重，对云冈石窟造成了比较大的威胁。由此，在云冈研究所所长李治国的呼吁下，从1992年起，经过省、市（自治区、直辖市）文物部门、交通部门、环保部门的多次协商，最终在五个设计方案中选择了其中一个，实施改线工程。该工程耗费2.6亿元，在距离云冈石窟1500米外建设了一段长约30千米的全新路段，而原公路作为云冈内部旅游线路使用。本次工程可以说是云冈研究所新中国成立后实施的第三次[①]重大保护工程，既解决了粉尘对石窟的损害、保护了石窟，又保证了煤炭的顺利运输，实现了“两利”，也为云冈石窟申请世界遗产创造了基础。云冈研究所还基于109国道改道前对石窟的影响，完成了分析工业粉尘引起石质文物风化机理的课题“工业粉尘对云冈石窟石雕的影响”，获得了2006年的全国文物保护科学和技术创新奖。

1999年，大同市政府提出申报云冈石窟成为世界遗产的预案。这一方面可以全面推动保护工作的进行，同时对照世界遗产的管理要求，使云冈的保护与管理与国际接轨；另一方面有助于提升云冈、大同的知名度，有利于云冈、大同的旅游与城市发展。当年11月开始，云冈石窟文物研究所就开始了调查与文本撰写的工作；另外，为了达到申请世界遗产的标准，云冈石窟文物研究所决定开展包括广场建筑物拆迁改造在内的20余项环境整治工程。首先要完成的是在重点保护区内的环境整治。2000年时，云冈石窟重点保护范围内有大量工厂、居住建筑，有农户550多户，1700余人，单位22个，工作人员2300多人，一些新建建筑甚至有三层高，与洞窟所在岩壁几乎等同。云冈研究所第一期就投资2500多万元，拆除了石窟前广场上影响风貌的建筑物，绿化周边空地。到2001年10月，拆迁面积58 000平方米，建成停车场6000平方米，广场1900平方米，草坪20 000平方米，于当年的第25届世界遗产大会上顺利地列入世界遗产名录。在此后的十余年间，云冈研究所继续进行环境项目，到2011年，云冈石窟已经建成了包括十余个其他景点在内的大公园式景区，为保护文物环境、发展旅游提供了良好的条件。

---

① 第一次重大工程是1974～1976年的云冈三年保护工程，第二次重大工程是1991～1996年的“八五”维修工程。

### （二）云冈石窟顶部防渗与凝结水研究

距离大同煤工业基地很近的云冈石窟，其目前主要病害因素来源有二：一是煤炭粉尘，二是风化影响。而云冈石窟研究院前党委书记、石质文物保护博士黄继忠先生认为[79]115、116，无论是这两者中的哪一种，都离不开水的作用。如果是在湿度很低的状态下，那么粉尘、有害气体（$SO_2$）和盐的影响微乎其微，可以说，水是危害云冈石窟安全最主要的因素，而云冈所有洞窟中有渗水问题的就有将近一半，因此防水是云冈石窟保护的重点。

云冈石窟中水的来源有三：第一是雨水冲刷，由于许多洞窟的窟檐缺失，降水直接冲刷立壁表面造成风化和水蚀；第二是顶部渗水，水分从崖顶渗进洞窟，危害石雕安全；第三是凝结水，是指水蒸气进入洞窟遇冷凝结成液态，这种现象一般发生在雨过天晴时，不仅发生在石壁上，湿度较大时在石材内部也可能直接凝结，对石材分子结构造成直接破坏。此外，地下水通过“毛细现象”①[80]8，沿着石材的孔隙上升，也会造成石质文物的风化。

基于此，2002年，云冈石窟研究院启动了石窟防水保护工程。这一项大的工程中包含三个部分：顶部防渗工程、凝结水的治理与研究以及保护性窟檐修建。

顶部防渗工程的目的有二：一是防止山顶渗水，需要在崖顶适当的地方铺设防渗层；二是加快排水速度，将雨水等很快的排走，防止水在山顶的存留。因此，堵排结合是此项工程的原则。经过三年多的研究和实验，吸取数次失败的教训，2005年7月，防渗方案终于实验成功并通过审批。该方案包括在崖顶0.36平方千米的范围内建立排水系统，同时采用膨润土防水毯对崖顶进行防渗处理[81]。方案结合地表排水、边缘冲沟防渗处理的方法，加上有效的监测和补强方法，比较系统和完整。膨润土防水毯这是一种由膨胀性良好的天然黏土加工而成的防水材料，据这次防渗工程的总负责人彭润博士说，这是国内在文物工程上首次大面积使用膨润土防水毯。本次工程预算近亿元，在2006年开始分三期实施。

---

① 毛细现象（又称毛细管作用）是指液体在细管状物体内侧，由于其表面张力（内聚力）与附着力的差异、克服地心引力而变化的现象。出现毛细现象，水能沿着有孔隙的材料上升。

凝结水的问题在此之前一直没有得到保护人员的重视，在这次工程中，云冈石窟研究院与中国地质大学合作，首先开展了“云冈石窟冷凝水形成的规律、机理和量”这一课题的研究，在其中研发出一套定量测量凝结水的设备，利用密封干燥原理，不但能够较准确地测量出凝结水的质量，还能够研究清楚其形成机理。从2004年开始，云冈开始使用这套设备监测第5窟和第9窟中的凝结水，在统计测量结果的基础上进行分析，明确了凝结水形成的规律：影响最大的是相对湿度的变化，湿度越高，越容易凝结；其次三个因素是风速、气温，以及石壁表面和内部温度（图4.26）。

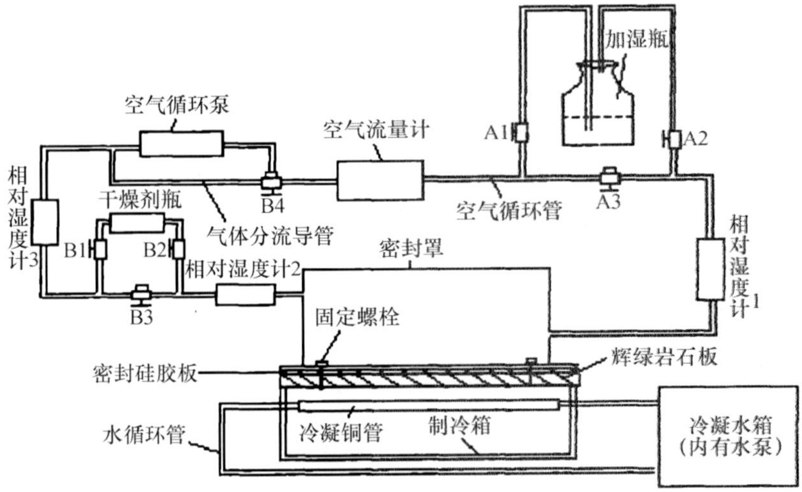


图4.26　凝结水测量装置示意图

资料来源：黄继忠：《世界文化遗产云冈石窟的防水保护》，《文物保护与考古科学》2008年，第118页

由此，研究院在洞窟内安装了除湿机，用以控制相对湿度这个对凝结水影响最大的因素，收到了较明显的效果。

云冈防水工程中第三个部分保护性窟檐修建开始于2004年，引发了较广泛的讨论。

## 二、云冈石窟保护性窟檐设计与修建

### （一）历史上的窟檐修建

作为始凿于北魏和平年间的皇家寺院，云冈石窟的大部分洞窟开始时都有窟檐或者楼阁式建筑保护。《水经注·漯水》中记载："武州川水[①]又东南流；水侧有石祇洹舍，并诸窟室，比丘尼所居也；其水又东转迳灵岩南，凿石开山，因岩结构，真容巨壮，世法所希，山堂水殿，烟寺相望。"[82]即是对当时窟檐的描述。到了辽代，重熙十八年至清宁六年（公元1049～1060年）对云冈石窟展开了大规模的建筑工程，重修之前毁于战火的窟檐，兴建了"云冈十寺"，即通乐、灵岩、鲸崇、镇国、护国、天宫、崇福、童子、华严、兜率。虽然这十寺在辽保大二年（公元1122年）毁于兵火，但遗迹尚存。

清顺治八年（公元1651年），时任大总兵的佟养量主持募集资金修建了第5窟、第6窟的木构阁楼窟檐，之后以此为中心修建了山门、配殿等，形成了较完整的寺庙格局，成为"石佛古寺"。到了清中期，对双窟形制的第7窟、第8窟也修建了楼阁式窟檐。

然而经历了1500多年的历史变迁，大多数窟檐均已湮没无存，上述第8窟窟檐大部分以及第7窟的一部分，也在建成不久后毁于战火。由于直接暴露在环境中，阳光直射、雨水侵蚀、粉尘、风蚀等，以及由此带来的温湿度变化，使得洞窟壁画和石雕像风化、腐蚀加剧，严重威胁到文物本体的安全。据研究所的阎宏斌主任介绍，五华洞洞口的石质柱子，几乎是在以肉眼可见的速度每年变细，可见风化、水蚀之强。

基于此，2004年云冈石窟文物保护研究所启动了保护性窟檐设计与修建工程，以五华洞（第9～13窟）和第3窟保护性窟檐修建为第一期。

### （二）历次窟檐设计探讨

事实上，自云冈研究所成立后，修建窟檐的想法就一直在石窟保护的计划中。依20世纪20年代之后云冈的考古证据显示，第3窟、五华

① 今名十里河。

洞、昙曜五洞等窟前地面下有若干排列整齐的北魏至辽金时代窟檐建筑遗迹、柱列遗迹，在云冈崖壁顶上还发现了三组北魏建筑遗址；而在崖壁壁面上，大多可找到与地面柱列遗迹相对应的梁尾洞口。这些丰富的考古成果，是云冈保护性窟檐设计的一个重要资料与前提（表4.4）。

**表4.4　云冈历次考古发现建筑遗址情况表**

| 位置 | | 年代 | 备注 |
|---|---|---|---|
| 窟檐地面 | 第3窟之前 | 北魏、辽金 | |
| | 第9～13窟 | 北魏、辽金 | 五华洞 |
| | 第14～20窟 | 北魏 | 昙曜五洞 |
| | 龙王庙沟西侧 | 辽金、明清 | 周边地区仍在考古发掘中 |
| 崖壁顶部 | 第38窟之上 | 北魏 | |
| | 第3窟之上 | 北魏 | |
| | 第1窟及东山顶 | 北魏 | |

从20世纪60年代到90年代，云冈研究所联合山西省古建研究所、中国文化遗产保护研究院等机构完成过20多个关于窟檐设计的方案，但除了第7窟、第8窟窟檐外，其余方案都由于资金受限、其他威胁更急迫、方案有争议等种种原因限制没有实施（图4.27～图4.31）。

唯一建成的第7窟、第8窟窟檐设计方案于1992年由中国文物研究所完成。这一组双窟的清代窟檐在方案实施前仅剩第7窟窟檐部分。本方案根据考古资料、崖壁孔洞、椽眼，仿照第7窟存留的窟檐主体结构，结合之前的若干清式方案和第5窟、第6窟的清代窟檐（图4.32），对第7窟、第8窟两窟窟檐做了修复方案并得到实施，1993年完工（图4.33）。

另外值得一提的一次关于窟檐的设想是20世纪90年代中国文物研究所与美国盖蒂中心的共同方案。在对云冈石窟调研之后，双方均认为云冈石窟最大的危害来自于水。

之后中美双方勘察了水的运动，提出了保护性防水窟檐设计的方案。根据此方案，在山顶0.4平方千米的范围内要修建两个大的防水窟檐。在这个方案中，窟檐建筑共有两座。一座在北区40余窟的洞窟岩

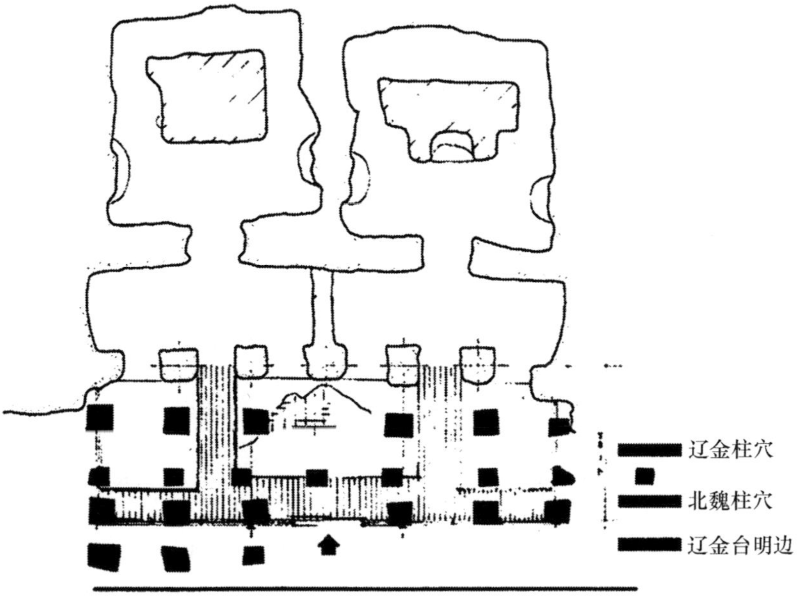


图4.27　第9窟、第10窟的窟檐柱列考古研究

资料来源：山西省古建研究所

图4.28　五华洞窟檐方案一

图4.29　五华洞窟檐方案二

资料来源：吴锐、黄继中、张焯：《云冈石窟五华洞保护性窟檐前期研究与设计方案》//山西古建筑研究所：《山西文物建筑保护研究文集》，北京：中国建筑工业出版社，2011年，第214页

壁上方，约21万平方米的建筑面积[83] 82；其以钢架为骨，用分子轻型结构与成半椭圆形的顶板相连，并在顶板上安装接受太阳能的电池板，以提供照明等的用电，并在与山体相接的部位铺设防渗层。屋内使用天窗采光，南面延伸与窟檐相接。另一座在西区崖壁之前，面积

图4.30　五华洞窟檐方案三：北魏风格

资料来源：山西省古建研究所

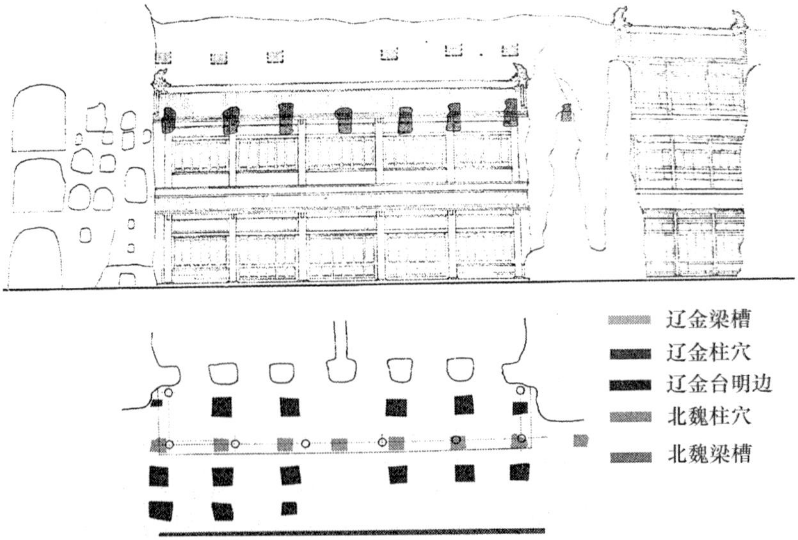


图4.31　五华洞窟檐方案四：清代风格

资料来源：山西省古建研究所

约为18万平方米，采用简易的传统木构建筑形制，内部设不同的通道供不同功能需求（图4.34、图4.35）。

这个方案的设计理念与优点[84]如下。

1）遵循“不改变原状”的保护原则。此方案不改变洞窟所在的环境与文化层。

2）防渗层与可供排水的屋顶较好地达到“堵、排结合”的防水效果，降低了降水对洞窟的冲击和侵蚀。

图4.32　云冈石窟第5窟、第6窟的清代窟檐图

图4.33　20世纪90年代修复的第7窟、第8窟窟檐

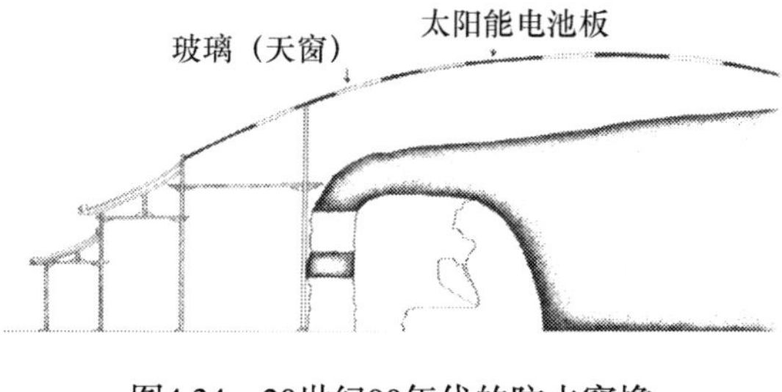


图4.34　20世纪90年代的防水窟檐设计方案剖面图

3）室内温湿度控制体系可有效控制温湿度变化给石窟带来的风化危害。

轻质结构与玻璃框架使得内部参观空间宽敞，且在视觉上达到虚实结合的效果，能较好地和石窟景观融合在一起。

不过，这个方案由于景观风貌、费用问题，以及在具体操作上一些不容易控制的问题，没有能够实现。

2004年12月，云冈石窟防水保护工程窟檐设计研讨会在大同召开，国家文物局古建专家罗哲文、中国建筑设计研究院研究员傅熹年、中国文物研究所高级工程师黄克忠等均发表了自己的看法。专家

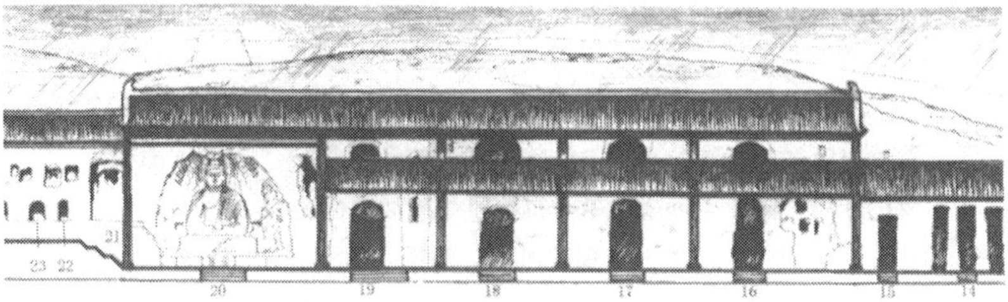

图4.35　防水窟檐方案立面（局部）



形成了两点共识：一是从现在的情况看，有窟檐保护的第5窟、第6窟，洞窟造像、岩体保存情况要好于没有窟檐的洞窟，因此认为窟檐对于洞窟的保护是有积极作用的，但具体定量分析的科学依据，需要进一步的监测才能确定；二是云冈石窟保护性窟檐的设计要遵循《准则》的要求，“不改变文物原状”，与石窟群风貌协调，但不一定模仿传统的形式，可以尝试地添加一些新的元素。因此，对设计方案的讨论态度一定要审慎，要集思广益，要多比较，多试验，最终才能通过执行。

在这种情况下，2006年下半年至2007年4月，香港中文大学建筑系与北京建筑工业学院建筑系19位研究生，在两名香港中文学、北京建筑工业学院建筑专业老师，瑞士伯尔尼应用技术大学建筑学院教师，云冈石窟研究院研究人员，以及测绘专业教师成立的指导小组的带领下，就云冈石窟保护性窟檐设计举办联合工作坊。这次联合设计一方面是对设计者的挑战——要面对文化遗产较为苛刻的设计环境和矛盾的要求进行设计，另一方面，设计师不同的背景与团队合作，可以集思广益、探索讨论不同的设计思路，对于云冈石窟窟檐修建的真正实施，扩展思路，提供一定的参考。

教师指导小组与研究生就此展开了对设计原则和概念的探讨，经过讨论，大家认为：

1）面对云冈石窟所做的设计应该是谨慎、节制的，干预应降到最小。

2）设计应该遵循“隐蔽性”原则，具有“隐身性”，突出石窟群的主体地位，这样才能对景观的改变降到最低。

3）窟檐建筑应该是一个独立的、轻型的构筑体，建造设施应是可逆的。

4）对于特定的气候环境、地域文化、窟檐建筑形式、结构与材料的选择等问题需要设计者仔细研究，应力图在设计中通过空间、材料、色彩、尺度、形式等建筑语言逐一回应对文化的思考。

这次联合工作坊，共设计完成了16个窟檐方案，其中既有传统形式的，也有新结构新形式的方案。比如，张豪的“传承·传统”方案，就是在分析了敦煌九层阁、巩县石窟寺窟檐、云冈第5窟、第6窟与第7窟、第8窟窟檐的基础上，采用“传承”了“传统”这一形式，进行了设计（图4.36）。

图4.36 “传承·传统”方案透视

资料来源：汤羽扬、邹经宇：《行走于历史与未来之间——大同云冈石窟保护性窟檐概念设计工作坊》，北京：中国建筑工业出版社，2007年，第60页

“云与网”“悬浮结构”“蛋形结构”“不规则结构”“模块结构”等方案都是采用一些现代轻型结构，利用一些已有的自然意向，做隐蔽性窟檐设计（图4.37）。

在传统形制和新结构之外，还有一类利用传统元素构建简单形式的设计，如“特定设计”“与历史对话”“看得见的大地艺术”等

图4.37 “轻质结构”（左上）、“悬浮结构”（右上）、“蛋形结构”（左下）、“云与网”（右下）

资料来源：汤羽扬、邹经宇：《行走于历史与未来之间——大同云冈石窟保护性窟檐概念设计工作坊》，北京：中国建筑工业出版社，2007年，第65、82、86、90页

图4.38 “与历史对话”

图4.39 “看得见的大地艺术”

资料来源：汤羽扬、邹经宇：《行走于历史与未来之间——大同云冈石窟保护性窟檐概念设计工作坊》，北京：中国建筑工业出版社，2007年，第53、70页

（图4.38、图4.39）。

这次联合工作坊在以上三种类型中各选出一种供云冈石窟研究院选择深化，形成可以讨论和实施的方案。总的来说，本次窟檐设计的探讨是历次中思路最宽阔、形式最多样的，有许多值得借鉴和思考之处。但由于设计多关注形式和材料的问题，对于相应的技术还有不少难以实现的地方，而有的方法也并不是文物保护的最佳选择，故而这些设计都未能继续实施下去。

从20世纪60年代到2007年设计工作坊为止，云冈石窟研究院经过国内外、建筑界与保护界对窟檐修建的多次探讨，虽然实施的仅有第7窟、第8窟修复一例，但在窟檐设计方面拓展了视野，也积累了相当的经验。

### （三）本次保护性窟檐设计与修建

对于风化最严重的五华洞和第3窟来说，由于雨水的冲刷使得洞窟外雕刻和石柱以可见的速度逐渐缩小，而暴露于环境中带来的巨大温差变化让冻融、高温等频频光顾石像。尤其是冻融，对于北方地区的石质文物来说，冻融可以说是其破坏的主要因素之一。从云冈石窟研究院进行的第9窟立柱风化砂量与降雨量监测、温湿度监测等环境数据中，我们可以看出，可以保持窟内环境相对稳定、防止雨水直接冲刷的保护性窟檐修建已经迫在眉睫（表4.5）。

表4.5 第9窟东侧三根立柱风化与降雨量关系

| 时间 | 降雨量/毫米 | 风化砂重量/天 | 收集 |
| --- | --- | --- | --- |
| 2004.7.2 | 2.3 | 平均每根4.7605克 | 7月3日中午 |
| 2004.7.6 | 9.1 | 平均每根5.3891克 | 7月8日 |
| 2004.7.16～29（其中下雨8天） | 共103.7，日均7.41 | 共1704.353克；平均每根每天23.6717克 | 7月9日～8月2日下午收集 |

资料来源：云冈研究院

2008年1月12日，国家文物局、山西省文物局和大同市文物局又一次召开了云冈石窟窟檐设计研讨会。这次会议在北京举办，古建专家罗哲文先生、石窟保护专家黄克忠先生、考古专家杨弘先生等9位专家出席。在这次会议上，专家进一步讨论明确了窟檐的设计原则，必须严格遵守《准则》，设计应不违背原形式和原格局的风貌，以传统形式为主，强调对功能的要求与可操作性。

根据2008年《云冈石窟保护总体规划》中第68条的规定：根据主窟防水要求继续推进“云冈防水工程”之“保护性窟檐建设”，其具体要求如表4.6所示。

表4.6 对保护性窟檐设计的具体要求

| 针对层面 | 具体要求 |
| --- | --- |
| 保护功能 | 以防止雨淋为主，防止雨水对崖壁和石雕的冲刷造成的不可挽回的伤害 |
| 设计要求 | 有明确的针对性和预期效果，满足可逆性和可再处理要求 |
| 外观要求 | 尽量淡化窟檐形象，保持石窟群的整体景观和现状特征 |
| 展示宣传 | 不妨碍洞窟立面的观赏和展示 |
| 保护顺序 | 依照威胁强弱评估，首先启动第9窟、第10窟窟檐建设 |

资料来源：中国建筑设计院建筑历史研究所《云冈石窟保护总体规划》（2008）

2010年10月，云冈石窟研究院和大同市文物局向国家文物局提交了关于云冈石窟保护性窟檐修建和窟顶防水的工作计划；同月，大同市成立了云冈石窟保护性窟檐联合调研设计组，由市文物局、山西省建筑设计院和云冈石窟研究院的人员组成①。调研设计组首先进行了全面调查和前期调研，并对以往的设计方案进行了评估，接着在参考国

① 主要设计人：吴锐、黄继忠、张焯。参与设计人：赵鹏图、刘建军、苑静虎、李小青、赵靖、郭鹏云、李志林、张海霞。

内莫高窟、龙山、天龙山、石佛堂禅寺等窟檐案例的基础上，确定了设计理念如下：

1）将窟檐设计与石窟总体风貌设计结合，保护性窟檐的风貌要尽量与云冈石窟文脉相一致、协调。

2）将窟檐设计与考古发现证据结合，使其在结构、体量、色彩、形制、质感等方面具有历史上的承续关系。

3）将窟檐设计与窟室内部的数字化监测、智能化管理、综合诊断评估、保护技术研究结合，努力使其成为可以满足现代石质文物保护工作的保护性功能建筑。

4）将各窟窟檐的内外空间结合，统筹考虑，在满足外部景观视觉需求的同时，为构建云冈展陈体系做出努力。

5）坚持不损害壁面和窟前遗址，坚持可逆性和可再处理的原则。

设计组设计了辽金风格及北魏风格两种传统形式的窟檐。首先依据窟前考古发现的柱列和孔洞遗迹（表4.7），确定了两种方案分别延续北魏和辽金时期窟檐的面阔和高度；对于具体形制和风格，前者多参考大同地区的其他辽金时代建筑，后者多参考云冈石窟内北魏风格的石雕。

**表4.7　第9窟、第10窟相关的考古发现**

| 时间/年 | 考古人员 | 发现遗址 | 推论 |
|---|---|---|---|
| 1938～1944 | 水野清一等日本学者 | 窟前地面上有北魏时期的莲花与龟背纹样；前廊柱附近发现6个辽金时代的柱础 | 北魏和辽金时期都有较大规模建筑窟檐存在 |
| 1972～1973 | 中国文物研究所、云冈文物保管所 | 前廊柱外侧发现8个北魏时期的柱础，且能够与壁面上的孔洞对应；新发现6个与日本学者发现柱础对应位置的辽金柱础，以及壁面上的对应梁尾孔洞；还发现了同一时期的铺地砖和台明遗址 | 北魏时期窟檐可能为面阔七间；<br>辽金时期窟檐可能为面阔五间[85]91～93 |

资料来源：水野清一：《云冈石窟石佛群》，朝日新闻出版设. 1944年；云冈文物保管所：《云冈石窟建筑遗迹的新发现》，《文物》1976年第4期，第89～93页

2011年下半年，国家文物局批准了北魏风格的窟檐修建方案，而第3窟窟檐的设计方案暂未批准，需要再进行深化修改。同年11月15日，山西省文物局在太原市召开了“云冈石窟五华洞保护性窟檐施工图设计文件”专家论证会，古建筑专家柴泽俊、石窟专家李裕群、云

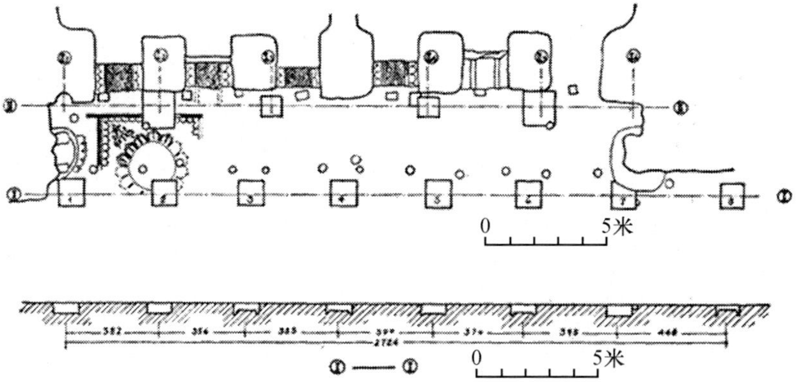

图4.40　第9窟、第10窟窟前地面平面图

资料来源：云冈石窟文物保管所：《云冈石窟建筑遗迹的新发现》，《文物》1976年第4期，第90页

冈石窟研究院刘建勇、阎宏斌、省文物局文物处、规划处，以及设计单位代表等17人参加了会议。在设计单位方案汇报结束后，专家肯定了此次方案，也提出了一些需要进一步修改的问题（表4.8）[86]。

**表4.8　专家论证会上针对方案的意见以及应对修改**

| 专家意见 | 应对与修改 |
| --- | --- |
| 窟檐建筑柱头卷杀应注意与唐代柱头卷杀的区别 | 分析了佛光寺和云冈石窟柱头卷杀的区别，卷杀施工放大样时，请专家再次审核 |
| 第9窟、第10窟窟檐大额枋的断面尺寸问题，注意不要过大 | 参考云冈第9窟西壁屋形龛，对大额枋尺寸进行了调整，由580×950改为580×790 |
| 为增强窟檐建筑的结构刚度和抗震性能，在柱网间架设类似地栿、阑额构件的必要性 | 在柱头—替木—额枋—坐斗之间增设一根断面25×25毫米的钢筋，加强连接强度 |
| 第11～13窟窟檐斗拱用材问题，注意不要偏小 | 为保证开间宽度与岩壁上古代窟檐存留的卯洞一致，对斗拱材宽保留为140毫米 |
| 五华洞斗拱卷刹、斗幽曲线、出挑长度的设计是否有准确依据的问题 | 参考依据：云冈石窟石雕；梁思成《云冈石窟中所表现的北魏建筑》，汉代明器，响堂山北齐窟檐残部复原图 |

资料来源：云冈石窟研究院：《山西省大同市云冈石窟五华洞保护性窟檐修建工程施工图设计文件》，2011年

图4.41　第9窟、第10窟窟前柱础遗址

图4.42　第9窟、第10窟崖壁梁尾槽

资料来源：云冈石窟文物保管所：《云冈石窟建筑遗迹的新发现》，《文物》1976年第4期，第91～93页

在完成了这些修改的基础上，2012年6月27日，五华洞保护性窟檐正式开工实施，建筑具体情况见表4.9。这次工程由山西达志古建筑保护有限公司负责，计划于2013年下半年完成。

**表4.9　五华洞窟檐建筑基本情况**

| 编号 | 名称 | 形制 | 建筑面积/平方米 | 建筑高度/米 |
|---|---|---|---|---|
| 1 | 第9窟、第10窟窟檐 | 面阔七间，进深七椽，高廊柱式单檐悬山建筑，屋面筒板布瓦顶；土木结构 | 390.20 | 14.69 |
| 2 | 第11～13窟窟檐 | 面阔九间，进深六椽，重檐悬山建筑；明次间出单檐半庑殿顶抱厦，二层出平座以勾栏围护，屋面筒板布瓦顶 | 1112.70 | 18.07 |
| 3 | 无名洞窟檐 | 面阔五间，进深七椽，重檐悬山顶建筑；底层高廊柱式，二层出平座以勾栏围护，屋面筒板布瓦顶 | 498.99 | 17.50 |

资料来源：云冈石窟研究院：《山西省大同市云冈石窟五华洞保护性窟檐修建工程施工图设计文件》，2011年

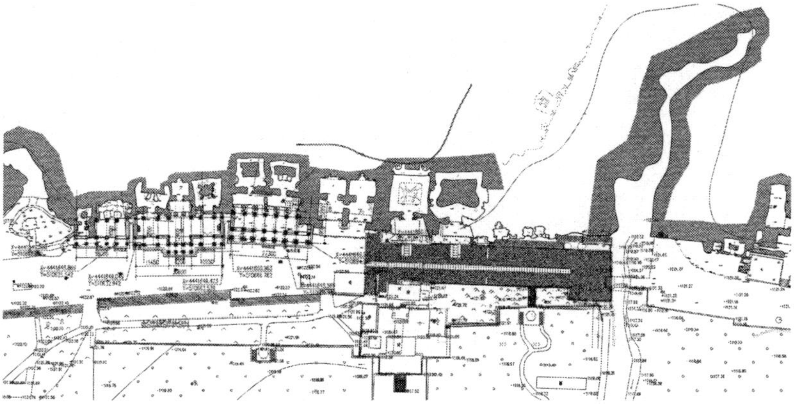

图4.43　五华洞保护性窟檐实施方案总平面图

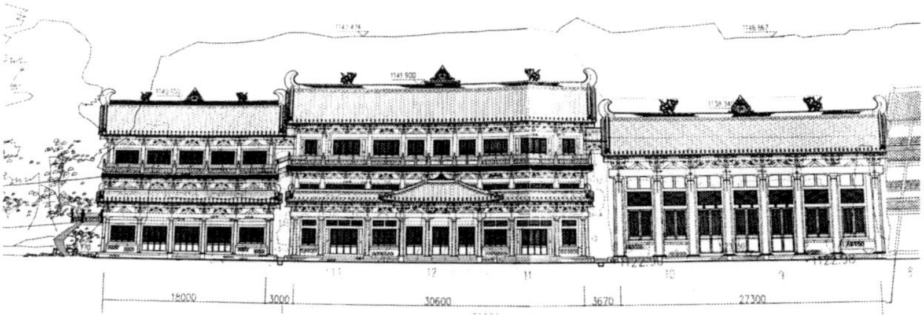


图4.44　五华洞保护性窟檐实施方案立面图

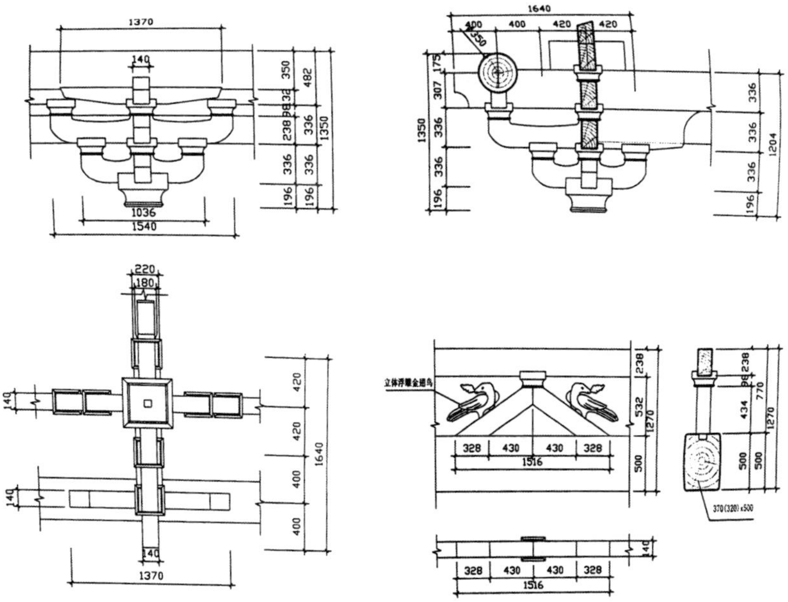


图4.45　五华洞保护性窟檐斗拱大样图

图4.43～图4.45资料来源：云冈石窟研究院：《山西省大同市云冈石窟五华洞保护性窟檐修建工程施工图设计文件》，2011年

## 三、案例探讨与总结

云冈石窟防水工程可称得上是我国石窟中规模最大、最完善系统的一次整体水治理工程。这其中的保护性窟檐经过多年、多次的探讨、尝试最终选择了北魏风格的传统形式修建，这可以说是吸取并总结了之前方案的经验教训，最终选择了较为稳妥的方案，更有可能是由于现实条件的种种制约和影响而导向了传统。

在设计方案的说明中，设计组提出该方案具有如下特点[87]223、224：

——窟檐建筑体量根据考古资料确定，与原北魏窟檐较为一致；风貌依照洞窟石雕和前人研究，与北魏原有窟前建筑一致；高度和力量符合历史上窟檐于崖壁的空间关系。

——第11～13窟前的三间庑殿抱厦体现了第12窟窟檐入口处原有石雕的意向。

——无名洞窟檐体现了汉魏时期重檐悬山顶建筑的外观形式，且能够起到保护崖壁附龛的作用。

——该设计内部空间符合人类视觉要求，满足文物保护的相关的原则。

——该设计将考古遗址包括在内，满足未来展示要求。

——三座主要窟檐之间以连廊连接，主从有致、起伏有度，比例恰当，形象古朴，展现连贯，功能合理，与这组石窟之前的原窟檐建筑有一定的文脉传承关系。

从上述说明中，我们不难发现，该方案的最大特点和依据来源于20世纪70年代的考古发现和推论：根据柱础和梁孔遗迹，推断北魏时期五华洞有面阔七间的窟檐建筑。设计组认为，依照这一体量设计修建窟檐有利于传承历史的文脉，并且遵照了《准则》的要求，能够保护文物的真实性，以破坏小部分现代环境为很小的代价而保护了历史环境的完整性①。事实上，这一逻辑并不是无懈可击的。

首先，对于复原，包括《准则》在内的若干法规文件都指出遗址不应予以复建，该方案虽有一些考古依据，但细节的形制问题还是暴露出了资料不足带来的困境，如同评审会上专家提出的意见，各个建筑构件的比例、尺寸等。而传承历史文脉，是否一定需要复原原形式来进行，这其中的因果逻辑也十分值得商榷。退一步讲，历史上北魏、辽金和清代都曾建

① 山西省古建研究所所长吴锐先生访谈时所说。

有较大规模的窟檐，且北魏、辽金的窟檐尺度和规模同时为考古发现所证明，对于传承历史来说，哪一种选择都有自己的道理。实际上，“恢复原状”需要恢复到哪一个时期，这是从20世纪70年代南禅寺大殿修缮①以来未有定论的问题，从保护遗产价值角度出发，也并不提倡。

其次，与一般木构建筑不同，对于石窟窟檐来说，更多的是承担了保护性的功能需求。随着保护理论的发展，遗产各个时代的历史信息也被公认作为需要保护的一部分。按照该方案建造窟檐，要使得柱子、梁尾与北魏遗迹完全吻合，这个过程是否会使得经历一千多年环境变化、已经变得很脆弱的石质受到损害、破坏真实性或影响稳定性？在没有详细评估之前，很难有确定的结论。但这种与崖壁接触式的窟檐，在建造过程中无疑会对其造成一定的影响。

那么，这一复原北魏风貌的选择是如何做出的呢？笔者以为，一方面是因为现代材料本身会使得人们在面对文物保护相关问题上有所疑虑，而延续历史选择的传统木构会显得安全许多；另一方面，深入探究下去，选择北魏这一时代风格可能受到了以北京故宫大修为首的风气影响。

这一影响从2004年和2008年的窟檐设计研讨会上专家态度的转变似可窥一二：两次研讨会都提到了保护性窟檐的建设要遵守“不改变文物原状”或要依照《准则》进行，但两次会议上的具体要求大相径庭。前者在与石窟群风貌协调的前提下，并不反对新形式或者新元素的加入；而在后一次研讨会上，新形式和新元素被否定，要求保护性窟檐以传统形式为主。这种转变应当是受到了重大事件或风气的影响，而在这一时期，全国文物保护工作中最引人瞩目的就是故宫、颐和园、天坛等重要场所的维修。

2002年开始试点的故宫大修，在2005年之后，尤其是2008年中轴线主殿等（包括太和殿、乾清宫以及东西六宫等）维修的第一期工程结束后引发的国内外争议越来越广泛和热烈，由于对“恢复盛世”风貌之修缮原则和方法的不赞同，2007年故宫、天坛、颐和园甚至被UNESCO亮出“黄牌”，要求中方在同年的世界遗产大会上做出申诉。在这种情况下，由国家文物局牵头，ICCROM、ICOMOS、

① 20世纪70年代南禅寺大殿修缮以“恢复原状”为目的，去除了清代的特征构件恢复到唐代式样，但之后主持参与此次工程的祁英涛等先生认为这是“不理想的，是迫不得已采取的办法”[1]。

UNESCO联合举办，故宫博物院承办，召开了“东亚地区文物建筑保护理念与实践国际研讨会”，在会上讨论了包括中国在内的东亚木结构建筑的特性、保存难点与保护方法，并通过了《北京文件》（2007.5.28），形成了针对东方木结构建筑的独特保护原则，对于文化多样性、真实性、完整性等概念都做出了有针对性的补充解释。在这次会议上，西方专家最终承认了东方木结构建筑的特殊性，在不同文化背景下对于不同文化遗产的有着不同的思考方式，在《威尼斯宪章》的共识前提下，对于诸如“可识别性”、真实性等原则的不同理解正是文化多样性的体现，故宫、颐和园、天坛的建筑和彩绘在修缮过程中“修旧如新”的方法得到了一定程度上的承认。

基于此，故宫作为国内文化遗产的领头羊，此次以恢复“康乾盛世风貌”为目的的百年大修不可避免地成为国内遗产保护的风向标。云冈石窟保护性窟檐修缮工程很有可能是在故宫大修的影响下，定下了要恢复“传统形式”的基调，并且最终选择了北魏这一云冈石窟的“盛世风貌”作为实施方案，这某种程度上是全社会“盛世心态”的折射。

诚然，对于今天威胁越发严重的石窟来说，可能迈出尝试的步伐永远比纸上争论更重要。正如吴锐先生所说：“先修一个保护着本体，以后觉得不对了不好了可以拆掉，所以关键要保证可逆。”[①]在这方面，清华大学于2011年开始在四川广元千佛崖窟檐修建上所做出的包括长期监测比对、非接触式形式、半通透性材料等的尝试，具有一定值得探讨的价值（图4.46、图4.47）。

该保护建筑以覆盖遗址本体所需的最小面积及高度进行体量设计，对山体无干预，为千佛崖摩崖造像遮风避雨，去除风雨这两个最大的隐患，包括隔绝雨水和表面径流水，降低风速但实现低速畅通的空气流通。表皮以半封闭的方式保持千佛崖自然存在状态，提供一个缓冲、惰性的空间，以避免不确定因素带来的破坏。结构之间的空间兼顾博物馆工作，将保护、展示、观赏、研究一体化（图4.48）。本方案遵循的设计原则如下。

1）保证文物本体安全。设计方案应确保在保护建筑施工、日常和极端情况下千佛崖文物实体的安全性，包括避免机械性破坏、病害破坏和保护性破坏。

① 在笔者2013年6月访谈吴锐先生时他所说。

图4.46　广元千佛崖窟檐方案：剖面意向（非接触）

图4.47　广元千佛崖窟檐方案：内部空间意向

资料来源：清华遗产所

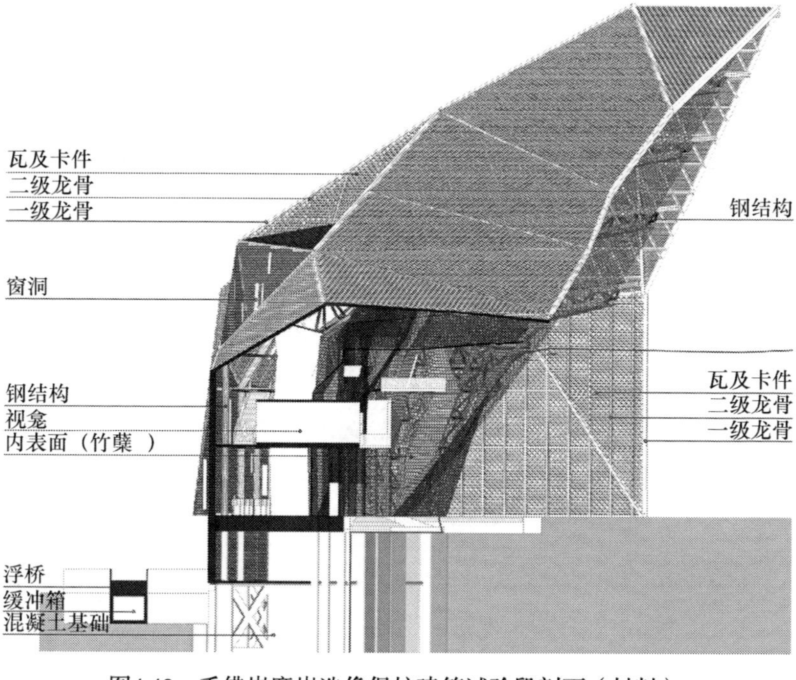


图4.48　千佛崖摩崖造像保护建筑试验段剖面（材料）

资料来源：广元千佛崖摩崖造像保护建筑试验段深化设计方案.2012年

2）保证文物信息安全。在本体的真实性、完整性的基础上，新建设施应避免由风格材质、结构选型而引起的对文物本体信息的干扰，使其具有可识别性。

3）尽量保持新建保护性建筑和千佛崖的相对独立性，确保所有的干预都是必要的，并保持在最低限度并具有可逆性。

4）新建保护性建筑应融入参观利用的功能，使遗产的社会效益最大化。

同时，在方案实施过程中通过建立监测站研究比对该保护性窟檐试验段的效果：建立小型气象站，在崖体周围和部分洞窟中安装检测设备，监测区域内的风力、温湿度，并通过专业部门对设计方案进行风洞试验，以检测方案实施后风力气流变化对崖壁窟龛的影响（图4.48）。

应该说，这个方案在设计过程中比较严格地遵循了《准则》，探讨了如何保护石窟原状、最小干预又能够达到保证安全的目的，试图保护文物多方面的价值并加以阐释。千佛崖保护建筑可以说是石窟保护性窟檐建设中新形式的一个代表性尝试（表4.10），从设计方、文物方到审批方都非常谨慎，对方案进行了多次修改和论证。结合云冈本次窟檐工程中对于形式和材料的反复争论，我们可以看出目前在石窟窟檐工程上保护界所持有的偏传统、保守态度，这一方面表现了学者对待文物这一不可再生资源的谨慎小心的姿态——经过历时检验的传统形式和材料显得更为可信，另一方面也在某些时候略微有些偏颇而偏离了相关保护原则和要求。诚然，这并不意味着某种方式就一定是有价值或正确的。事实上，这些围绕保护展开的探讨和相反的争论也有着重要意义和参考价值，同样是《准则》推动下遗产保护发展的体现。

**表4.10　石窟保护性窟檐建设情况表**

| 形制 | 材料 | 案例 | 评价 |
|---|---|---|---|
| 传统 | 木 | 莫高窟20世纪50年代唐宋窟檐修复；天龙山20世纪80年代漫山阁修复；慈善寺20世纪90年代窟檐大殿修复；龙门石窟20世纪90年代潜溪洞唐代窟檐修复；云冈2011年窟檐建设 | 应用最多、接受度最高的窟檐建造方式，景观较协调，“恢复原状”这一原则值得探讨 |
| | 砖石/砖混 | 龙门石窟1989年药方洞窟檐修复；麦积山20世纪80年代窟檐替换修复（原木结构换成钢混） | 景观较协调，材质较木结构有更好的延续性；保护原则值得思考 |

续表

| 形制 | 材料 | 案例 | 评价 |
|---|---|---|---|
| 现代 | 轻质材料（瓦、钢） | 2011年千佛崖造像保护建筑工程 | 较好的满足了功能和保护要求，遵循《准则》若干原则；形式易引发争议 |
| 其他 | 现代材料 | 须弥山20世纪80年代窟檐建设（混凝土）；克孜尔石窟20世纪90年代防雨棚建设 | 缺乏科学评估和研究，真实性和保护功能上均易引发较多问题 |
|  | 石 | 大足石刻岩檐建设工程，龙门石窟岩檐建设 | 投入很小，传承传统且达到一定的保护效果；保护效果和功能综合性有一定欠缺 |

# 第四节　大足石刻千手观音造像修复保护工程

2000年后，在石窟国家重点文物保护点中做过造像维修工程的有四五十处，包括麦积山石窟、天梯山石窟、甘肃武山县水帘洞石窟、乐山大佛、石钟山石窟、杭州宝成寺麻曷葛剌造像、金塔寺石窟等。这其中以大足千手观音造像修复工程投入最多、影响最广、受到《准则》的作用最典型、最具有研究的代表性。

## 一、本次工程的源起与概况

大足石刻位于重庆大足县山区，始凿于盛唐，兴于两宋，延续至明清，于1999年被列入世界遗产名录。其中，位于宝顶山大佛湾南区的千手观音（编号第8号）造像，高7.7米，宽12.5米，占崖壁面积达到97平方米[88]70，是大足石刻摩崖造像的重要组成。其主观音像有千余只不同法相的手，雕刻精美，遍体贴金。周围还有力士塑像2尊、恶鬼塑像两尊，其他塑像4尊。整个千手观音造像气势庄严、金碧辉煌，具有极高的艺术感染力和历史价值。在同类型的造像中尺度规模最大，是我国石刻精品。

千手观音造像塑造于南宋中后期，是根据佛教经典《千手千眼观世音菩萨广大圆满无碍大悲心陀罗尼经变相》（《千手眼大悲变相》）中描述的观音[①]而塑造的，全名“千手千眼观世音自在菩萨”，其千手千眼各不相同，持有杨柳枝、如意珠、佛塔等众多法器，分别能够消除不同的人间苦难（图4.49）。此造像直接开凿于岩体上，其主体部分浑然一体，由工匠在崖壁上直接雕凿而成。之后又在雕凿好的塑像上妆彩贴金，妆彩的颜料为矿物颜料，有着较长的耐久性，贴金不但有着强烈的视觉冲击，也能够起到保护岩体风化的作用。最后在下部点缀泥塑流云，完成整个造像的塑造。这尊距今800多年的造像历史，在各朝代均有过修缮、妆彩贴金。最近的记载、规模最大的一次是在清光绪十五年（公元1889年），曾对千手观音进行了大面积贴金。同样在清代，还增建了覆盖整个造像的保护性建筑大悲阁。

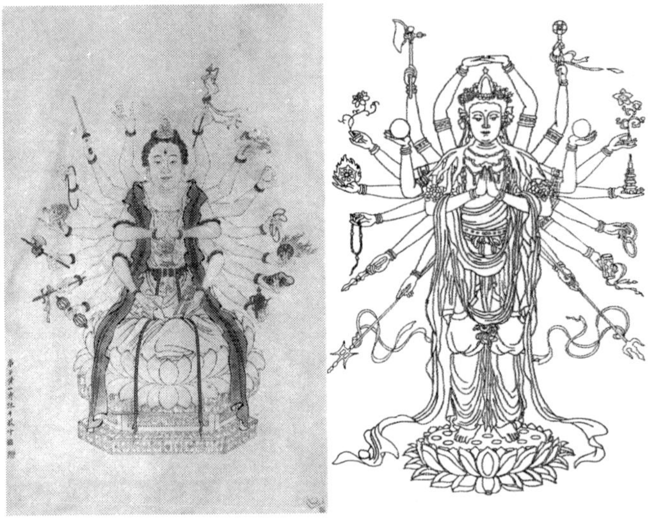

图4.49　千手观音图像（左：黄山寿[②]绘，右：民间年画）

资料来源：世界名画网http://www.shijieminghua.com/gallery/h/huangshanshou

① 此经中记载观音在过去无量劫时，听千光王静住如来讲经时“即发誓言，若我当来堪能利益安乐一切众生者，令我即时身千手千眼足”“发誓愿已，应时身千手千眼悉皆具足”[2]。

② 黄山寿（1855～1919年），原名曜，字旭初，清末著名书画家。海上画派代表人物，代表作品有《秋山飞瀑图》轴、《梅花图》轴等。

历来对于千手观音究竟有多少只手说法不一，民间流传比较广泛的说法是1007只①，2009年大足研究院在拍摄千手观音时，使用投影仪对手进行编号，一共编到829。而在本次千手观音造像保护与修复的过程中，专家借鉴了考古学挖探方的方法，将立壁划分为88个探方，通过一个一个探方的梳理，最终确认千手观音手的数量为830只（图4.50）②。

图4.50　千手观音2008年正立面图

资料来源：大足石刻艺术博物馆

千手观音造像虽然总体上保存完整，但在较长的时间变化中，出现了如岩体剥落、金箔起翘风化等多种病害，危害文物的安全和价值，引起了多方重视。2001年11月，在由国家文物局组织的大足石刻千手观音造像保护专家论证会上，启动“千手观音造像保护工程的决议”得到了一致通过[89]。在经过资料搜集和基本调查研究之后，2008年6月包括敦煌研究院、国家文化遗产研究院、国家博物馆、故宫博物院、大足石刻艺术博物馆、清华大学、北京大学、河海大学、中国地质大学、北京建筑工程学院、成都文物考古研究所等单位在内共同组成的项目组正式开始了对千手观音的保护工作。按照《准则》的要求，工作组首先展开了对千手观音造像的全面调查与现状评估，系统了解了基岩、金箔、彩绘的病害。在此基础上，项目组分为水文、地质、环境、化学、物理、生物等多个学科的团队，展开了10个保护修复的专题研究。

## 二、调查与评估

### （一）病害类型与特征

根据工作组的调查，千手观音造像由内向外可分为岩体与装饰

① 据大足当地人传说，在历史上曾经有一名工匠为了数清千手观音究竟有多少只手，在为造像贴金箔时，每贴完一只手的金箔就朝下方的桶里扔一支竹签。完工后，他清点竹签，发现有1007只，故普遍认为有1007只手。

② 大足博物馆负责千手观音修复的陈卉丽主任介绍。

（彩绘和贴金）两个层次。在装饰保存相对较好的部分，由于其保护作用，内部的石质也基本完好；而在装饰残损、脱落的部分，石质由于裸露在外也出现了风化等病害。而就彩绘和贴金相比，后者的保护效果更好，金箔完好的部位内部的石质也基本保存完好。此外，还有剥落、断裂等岩体病害威胁着造像的安全。具体岩体和装饰部分的病害特征如表4.11所示。

**表4.11　千手观音造像岩体和装饰层病害特征**

| 部位 | 病害 | 表现 | 典型位置 |
|---|---|---|---|
| 岩体 | 脱落 | 石质呈粉末状脱落，为雕像的主要病害 | 主像嘴下部、膝盖以下，法器部分，彩绘流云部分，立像下部 |
| 金箔 | 剥落 | 因结构疏松在物理化学作用之下，岩体呈鳞片状剥落 | 大部分法器，主像膝盖下方部分 |
|  | 开裂、掉落 | 手指部位由于风化而导致内部分子结构疏松，开裂破损甚至断裂掉落 | 大部分手指，东侧手指更严重 |
|  | 剥落 | 原金箔内侧的黏结剂①由于风化失去作用，数层金箔之间或金箔与岩石之间呈片状或鳞片状②脱落或呈悬挂状态 | 贴金最严重的病害，呈上方比下方严重、右侧比左侧严重的分布 |
|  | 开裂与起翘 | 当黏结剂失去一定的效用时，金箔表面会在自身应力的作用下形成开裂、起翘 | 造像西侧最多，下方比上方严重 |
|  | 变色 | 由于古代工艺、环境污染等原因，石膏（$CaSO_4 \cdot 2H_2O$）、朱砂（HgS）等颗粒的覆盖使得金箔表面变色 | 主要集中在造像右侧（东侧） |

中国地质大学、中国遗产研究院，以及大足博物馆绘制了1∶1的病害分布图③，经过扫描和统计，以造像两侧对称的中轴线为界，东侧造像95%以上的金箔因风化褪色成红褐色，西侧由于受水的影响小些，褪色金箔比例为14.3%～26.9%；中上部金箔严重起翘，而中下部金箔剥

① 历史上曾多次贴金，使用的黏结剂有石膏，也有金胶油。

② 片状脱落与鳞片状脱落的区别是前者的黏结剂基本失去作用，而后者还能起到一些作用。

③ 大足博物馆陈卉丽主任介绍了病害调研的具体情况。

落严重。同时，有64%的手指发生了断裂剥离，有一半左右的岩体发生了较严重的风化；大多数彩绘的法器残缺不全，风化和粉化较为严重（图4.51～图4.54）。

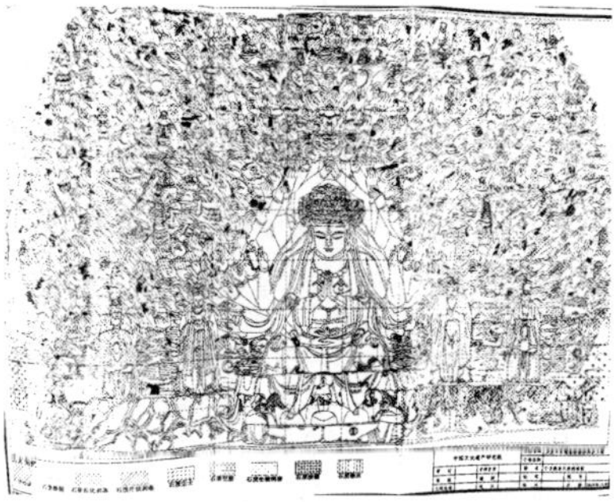

图4.51　千手观音石质病害调查图

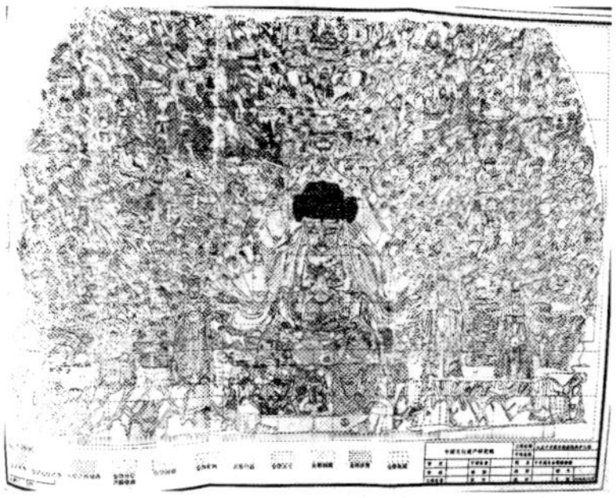

图4.52　千手观音金箔病害调查图

图4.51～图4.52资料来源：《大足石刻千手观音造像抢救性保护工程总体保护修复方案》

图4.53　千手观音造像岩体风化、断裂

图4.54　千手观音造像金箔病害

（二）病害影响因素

**1. 岩石病害影响因素**

千手观音造像所使用的主要是石英砂岩（主要成分为$SO_2$，其次为$Al_2O_3$），项目组在实验室对健康的岩石和风化岩石进行了分析。前者结构致密，孔隙度小（2%～3%），作为内部胶结的方解石焊料较高（>12%）；而后者结构疏松，孔隙度增大（>20%），方解石含量降低（<5%），在岩体内部的可溶性盐含量很高。

造成岩石结构有这样变化的原因是多样的，工作组对这些因素进行了一一评估分析。

（1）水的影响

影响岩石稳定性的水可分为地下水、雾和凝结水三类。根据科学方法[①]勘测，在千手观音造像上部深层的岩体中有一个地下水含水带，在其南侧也有一个南北方向的楔形潮湿带。这两个含水带对千手观音造像有一定不利影响，但由于造像本身的砂岩石质渗透度极低，因此影响也较小，较之同属于大气水的雾和凝结水对造像的影响可以忽略。大悲阁的存在阻止了雨水对千手观音造像的直接冲刷，因此降水中危害最大的即是雾。大足县的气候与宝顶山的地理位置决定了这里常年阴霾起雾，雾对造像石质，尤其是没有金箔保护部位的裸露石质影响较大，加速了岩体的风化。同时，在上述高温高湿的情况下，也容易在造像表面形成凝结水，这使得岩体表层的可溶性盐总处于饱和状态，溶蚀了石质内部的胶结物，危害着造像的稳定。

大气水对岩体的破坏主要有两种：其一是通过水的软化作用导致石质风化，其二是通过可溶性盐的积累而产生的破坏。前者主要是水浸润了岩石内部的黏土成分，降低其强度，使岩石软化并形成了泥质软弱带[②]；在失水时这些部位就会开裂，导致岩层的风化、片状、层状脱落。后者是在随着诸如石膏、芒硝、硝钠盐[③]等可溶性盐在风化作用下的接力而进行的。在这个过程中，可溶性盐在岩石内部孔隙中，随着含水量的多少不断发生着溶解—结晶作用，破坏了岩石的结构，加剧了风化的进行。

（2）地形、构造的影响

千手观音造像位于大佛湾的砂岩壁上，这个崖面呈负坡内倾，崖顶与崖底的水平距离足有2米，这使得岩壁面对千手观音造像有着一定的保护作用。这个岩壁在千手观音造像东侧约6米处发现一条裂隙，但对造像印象不大。

千手观音造像所在的岩壁植被茂盛，雨季时岩体总处于潮湿状态，这些水可能会通过岩石内部的空隙发生迁移，并在这个过程中带来可溶性盐的迁移与溶解—结晶循环作用，加剧了岩石的风化，一定程度上危害着千手观音造像的安全。

---

① 主要采用了高密度电法和自然电位法。

② 黏土遇水膨胀、崩解，形成力学强度极低的地带，成为泥质软化带。

③ 它们的化学式分别是 $CaSO_4 \cdot 2H_2O$、$Na_2SO_4 \cdot 10H_2O$、$NaNO_3$。

（3）环境污染的影响

大足地区是酸雨的重灾区。根据大足环保局十年来对大气的监测数据可知，除了$NO_2$没有超出国家二级标准外，$SO_2$超标最大达到12%，总悬浮颗粒物（total suspended particulate，TSP）超标达到25%～60%，降尘超标率超过了40%。这些大气污染的存在，加上这一地区多雨、潮湿的气候，构成了酸雨、酸雾①形成的条件，成为危害造像安全的最重要的环境因素。据大足环保局2005年以前的统计显示，重庆大足地区降水的pH值平均为4.16，酸雾的pH值平均为4.39，在国内属于较严重的污染区。这些酸雨、酸雾飘落、溅落对岩体表面，或形成水雾弥漫、沉降到岩体表面，使岩石的主要成分发生溶解反应、水解泥化的作用，造成岩体的不断风化，极大的危害了千手观音造像的安全。

**2. 金箔病害影响因素**

中国遗产研究院、北京大学和国家博物馆对千手观音造像表面的金箔进行了实验室分析，通过红外光谱、X射线能谱和扫描电镜的分析，发现由于历史上曾对千手观音造像多次贴金，金箔最多的部位就有4、5层，含金量达到90%以上②，除此之外还含有一些Cu和Ag[90]7。金箔变色和污染的主要原因是表面覆盖有朱砂（HgS）和石膏（$CaSO_4 \cdot 2H_2O$）。朱砂是传统工艺中为了衬托金色而在胶合剂中加入的，石膏则是在大气污染的环境下，酸雨、酸雾与岩石发生反应而积累的。

金箔层发生风化而导致脱落的原因与岩石风化基本相同，主要是在水的作用下使得金箔不断膨胀收缩而导致的。金箔的变色除了在制造过程中添加朱砂的影响外，石膏的沉积也是在酸雨、酸雾的作用下，与岩层发生反应并在水的影响下不断迁移至表层而形成的。

因此，水与大气污染是千手观音造像病害的两个最主要影响因素。

① 酸雨、酸雾中主要包含的离子有：$H^+$、$Ca_2^+$、$K^+$、$Na^+$、$Mg_2^+$、$NH_4^+$、$SO_4^{2-}$、$NO_3^-$、$Cl^-$、$F^-$等。

② 指健康的金箔，病害较严重的金箔含金量下降。

## 三、保护理念与技术路线

### （一）保护理念

在调查评估基础上，项目组确定了保护的目的与技术路线。在2001年千手观音造像保护讨论会上，专家一致确定千手观音造像的保护理念是：以积极、主动的态度“既要保护它的原有形态、工艺、状态、艺术价值，还要保存、激活它蕴含的感染力和生命力，使它活起来”[91]202。而遵照《准则》中规定的保护原则，在修复过程中要保护造像的真实性，保护其文物价值，不能单纯地重新贴金彩妆，而要通过谨慎的清洗、修复，保持原有的工艺和材料，这样才能达到保护的目的。为本次工程制定的原则[92]18有如下四条：

1）文物原状原则。要求真实全面地延续和保留造像的历史信息及其价值。

2）最小干预原则。最低限度地增添人为的手段，满足保护要求即可。

3）修复材料的安全耐久性原则。

4）审美原则。

2008年，国家文物局确定了千手观音造像修复为“全国石质文物保护一号工程”，此后来自中国文化遗产研究院、国家博物馆、故宫研究院、敦煌研究院、清华大学、北京大学等研究机构的30多名专家与大足石刻博物馆合作，在《大足宝顶山石刻千手观音造像抢救保护勘察设计方案》《大足石刻千手观音造像抢救性保护工程总体保护修复方案》《大足石刻千手观音造像抢救性保护工程岩土体工程详细勘察工作方案》《大足石刻千手观音造像抢救性保护工程小环境监测与评估设计方案》①的指导下，积极开始了保护修复的前期试验。

### （二）技术路线

大足石刻千手观音造像保护修复的技术路线如图4.55、图4.56所示。

---

① 内容包括千手观音彩绘与贴金材料、工艺及病害研究，千手观音风化岩体保护材料及修复工艺研究，微环境及凝结水监测保护修复试验，千手观音抢救性保护修复设计方案编制等。

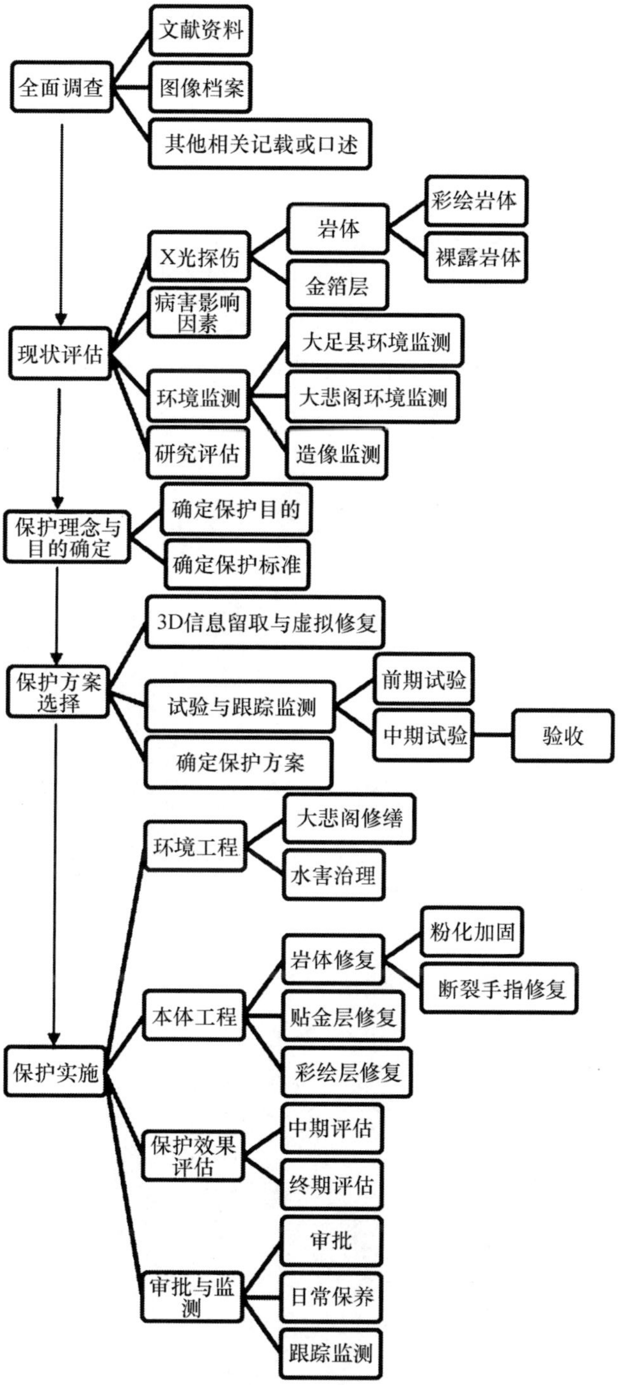


图4.55　大足石刻千手观音造像保护修复技术路线

## 四、保护与修复实施

2008年“石质文物保护一号工程”启动后，项目组首先选择了具体代表性的12只手进行修复试验，到了2010年，这12只手全部修复完成且效果较好，项目组又在千手观音造像上部选取了两个实验区，共划出20只手、4个彩绘法器，又针对风化岩体的加固工艺、彩绘部位不同修复方法、金箔（多层）不同方法和不同效果的揭取与回贴工艺、表面清洗等内容进行了中期试验，次年通过审批（图4.57、图4.58）。2011年4月，大足石刻千手观音造像修复工程全面展开，2012年6月通过了中期工作评审。2013年完成34平方米的保护修复与小环境整治，并建立完善的三维模型，预计2014年6月最终完成总体修复报告。总共保护投入约4600万元。

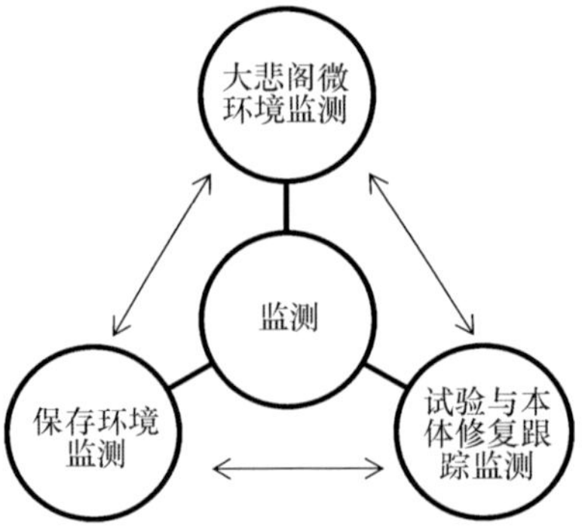


图4.56　监测部分技术路线

图4.57　大足千手观音修复现场

图4.58　大悲阁旁架设的环境监测站（室内）

### （一）石质岩体部分的修复

经过试验和专题研究，项目组对不同的部位和病害采用了不同的处理方法，这其中可以分为对岩体的处理和对金箔的处理。前者主要包括对风化岩体、残损断裂手指、彩绘疱疹部分等的处理。

风化岩体的修复方法如下。

1）表面清理：使用软毛笔等工具小心地将风化岩体表面的灰尘清理掉，要注意保留粉化的原岩体。

2）渗透加固：用长针头的注射器将加固材料醋酸纤维素多次注入需要加固的岩层部位，使其向内慢慢渗透。

3）初步补型：初步对风化部位按原有状态进行补型。

4）残缺部分补强：用和原岩体相同成分的岩块粉碎，再用岩体加固材料①将石粉调成浆液，用修复刀将石浆填补到缺损部分，对手指残缺有依据的可以进行补塑；对缺损部分补强时，不能一次进行，如果一次补强浆液太多只能存留在表面，中间部分由于不宜干燥达不到目的，所以必须进行多次补强。

5）石浆补型：调制石浆在初步补型的基础上再次塑型，这样有利于打磨光滑后的金箔回帖。

千手观音造像中有400多只手指残损，其中192只手指断裂。对于其中断裂缺失部分较少可以根据根部随形补形修复的，或者对称方位有参考依据的手指进行了修复（图4.59、图4.60）。

1）风化部分加固：首先对现存手指中的风化部分按风化岩体的处理方法进行加固。

2）断裂手指截取：根据对称原则在相应的位置找到断裂手指的原形式，通过扫描、拍摄等方法获取准确的信息。

3）断面渗透加固：在手指的断裂部位使用醋酸纤维素进行注射加固。

4）支撑连接：如果断裂的部分比较长，在其中以木芯连接。

5）补型：根据根部随形补形或者根据对称部位的形制，使用泥浆和石浆进行塑型。

6）清理打磨：等手指补型的部位半干燥后进行清理打磨。

---

① 岩体加固材料为ZB-WB-S-1（5%）的试剂。

图4.59　修补法器

图4.60　修补断裂手指图

对彩绘疱疹部位的加固方法如下。

1）表面清理：与风化岩体的加固方法类似，需要注意的是要谨慎对待颜料层。

2）彩绘颜料层揭取：对于没脱落的彩绘颜料层，用布紧密地贴在颜料层上，使其不要有空气，在布的背面刷上两层胶①，待干燥后轻轻的揭下。

3）剔除疱疹：根据疱疹形状选用不同规格的雕刻刀或修复刀，将疱疹处剔除干净。

4）基岩脱盐处理：用敦煌研究院的专利壁画脱盐技术进行脱盐处理，即将棉纸贴在基岩上，喷上薄薄的蒸馏水，等待干燥后取下，反复几次进行。

5）渗透加固：用针头注射加固剂对基岩进行加固，重复几次，使其均匀的慢慢渗透；干后，用专用加固材料对剔除疱疹的部位进行补平。

6）彩绘颜料层回贴：采用小号油画笔将加固材料②涂刷在疱疹处，将颜料层按形状回贴，用棉球压平，最后用修复刀对回贴边沿进行修正。

① 一般用聚乙烯醇或桃胶。

② 加固材料：ZB-WB-S-2（10%）溶剂。

此外，对于20世纪40～70年代在造像上刷铜粉、广告漆的不当维修，在修复过程中也进行了去除。

（二）贴金层的处理与修复

千手观音造像在历史上曾经多次贴金，金箔层一方面与观音在佛教中的形象地位和造像的历史艺术价值息息相关，另一方面发挥着封护石质胎体的客观功用。因此，在修复中保持这种“金身”形象是毋庸置疑的，争议的焦点集中在由于多次贴金而形成的多层金箔处理方法上。项目组认为，从传统工艺的角度，多次贴金非是正常，而更多的包含着历史、宗教和社会文化的意义；从病害调查分析的角度，未去掉老化的金箔而覆盖新的，更易产生病害。因此，项目组决定采用“减层法”，即逐一揭取金箔层，分层处理后保留可利用的部分进行回贴，同时多出来的金箔可“移植”于原金箔层已损毁的部位。这个方法有两个重点，一是揭取金箔后的处理加固与保存，二是回贴。前者包括六个步骤的工艺[①]：① 初步平整；② 湿热回软；③ 逐层分离；④ 表面清洗；⑤ 冷却压平；⑥ 分级归类。

后者分为镶嵌法和薄贴法两种工艺（图4.61、图4.62）。镶嵌法主

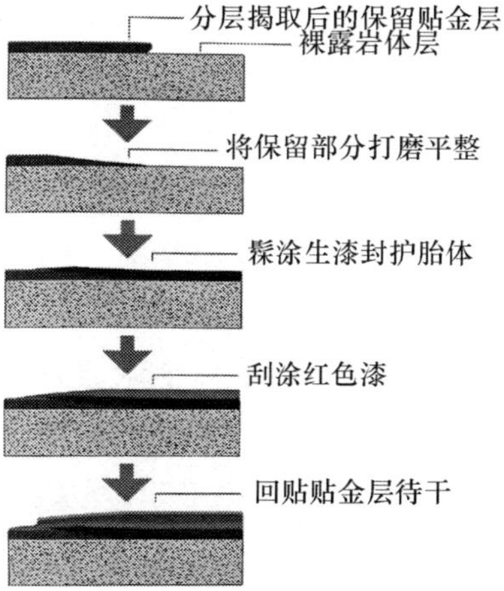


图4.61　镶嵌法工艺示意图

资料来源：《大足石刻千手观音造像抢救性保护工程总体保护修复方案》，第69页

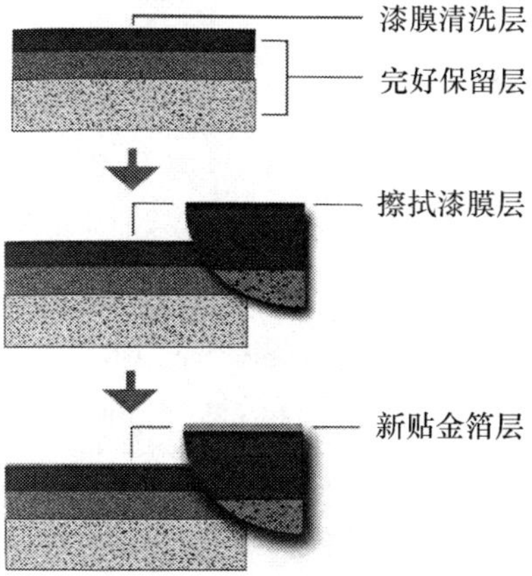


图4.62　薄贴法工艺示意图

资料来源：《大足石刻千手观音造像抢救性保护工程总体保护修复方案》，第73页

① 其中湿热回软中利用水蒸气、乙醇、高级醇、丙三醇等化学软化剂进行。

要针对保留有金箔层的部位，使回帖的金箔层与原有金箔层保持厚度和视觉上的平整，分为五个步骤；薄贴法则是针对整体回帖的部位，分为三个步骤。

综合上述分析，结合造像东西部金箔层的病害、存留情况的不同，于贴金层的修复，包括胎体处理、髹漆处理、回帖工序、协色工序、封护工序五个步骤。

图4.63 实验室回贴材料及工艺比对

在整个金箔修复过程中，值得讨论的是回贴黏结剂的选择（图4.63）。传统金胶漆的耐久度和抗腐蚀性不佳，且透气性差，严重阻碍了石质胎体内部的水分蒸发，而使得岩石恶化加剧。这得到了研究组的公认。在选用新的黏结材料时，中国文化遗产研究院比对了牛胶①、鱼鳔胶等其他动物明胶后，选择了川蜀地区的传统材料，即大漆为黏结剂的方案，并采用原材料制作了10只1：1的手运送到清华大学漆艺研究室尝试不同的配方并测试其效果。而敦煌研究院以苏伯民所长为首的研究组则在比对了包括牛皮胶、大漆+桐油等若干传统材料后，研发提出了一种以醋酸乙酯和醋酸纤维素为主②的新型试剂。经过多组对比试验，该新材料稳定性更好，由于其透气性更强而具有更好的抗潮性、耐久性。

这两种方案各有利弊，项目组经过几轮评审，最终决定选择大漆，认为它是传统材料，按照《威尼斯宪章》《准则》等条文的规定，传统材料和独特的传统工艺应予以保留。按照上述要求，项目组和清华大学漆艺研究的研究生一起，在川渝地区走访了数个老艺人学习大漆贴金，挽救了这项濒临失传的传统工艺，并吸取采纳了敦煌方案中的部分研究结果，放弃了桐油，最终选定了大漆+松节油的方案。

---

① 牛胶，一种动物类的骨胶黏结材料；使用广泛，黏结性高，多用于书籍、纸盒、木器的黏结剂。

② 该黏结剂完整的配比为：醋酸丁酸纤维素CAB：15 ~ 20份，醋酸乙醋：60 ~ 65份，丙酮：8 ~ 12份；醋酸丁醋：5 ~ 8份，二甲苯：1 ~ 3份，苯胺甲基三乙氧基硅烷：0.8 ~ 1.5份，消泡剂：0.1 ~ 0.3份[3]。下文用醋酸纤维素指代这种新材料。

## 五、案例探讨与总结

千手观音造像保护工程，可以说是近十年来参与的保护单位、人数最多的工程，当之无愧为“全国石质一号工程”。这次工程管理规范，重视研究，体现了多学科互补、多单位合作的优势，锻炼了一批专业人员并发表了数篇可研报告；对千手观音造像本体面临的地质、环境、材料、工艺有了深入的认识，强化了保护修复的针对性，对在其中所应用的方法、技术和工艺积累了大量经验。到2012年6月中期审批时，项目组已经完成了千手观音造像233只手和66件法器的修复与档案记录[93]；环境监测站开始采集数据并进行比对，三维信息也与实施建立了关联。无论是2009年4月7日的试验评审、2010年6月27日的中期修复试验评审还是2011年1月21日的中期修复试验验收，专家们都给予此次工程较高的评价：“……技术路线合理，修复工艺严谨，符合文物保护要求”“修复中又有研究，称得上国内典范”“……工艺和技术方法可靠，材料实用性强，符合文物保护要求。”①等。国内社会各界也给予了广泛关注，总的来说是一片好评。

然而事实上，千手观音造像工程并不是尽善尽美，仍然有值得反思的地方。比如，前述金箔回贴时黏结剂的选择，就十分值得探讨。从表面上看，选择大漆遵循了《准则》中保护传统技术和工艺，以及谨慎使用新材料的规定。但实际上，提倡使用传统材料和保护传统工艺，并不是说传统材料一定优于新材料、新材料不能被使用，而是强调在保护中须持一种谨慎的态度，相比盲目的、未经试验的使用新技术，经过历史检验的传统材料更温和、令人放心。在《准则》第22条中，明确指出的是“按照要求使用保护技术”，是一种具体情况具体分析的意思。在千手观音保护案例中，前期研究已经证明了，金箔层（包括金箔和黏结剂）具有历史、宗教和社会文化上的价值，但同时由于它的不透气性，使得内部岩体的水分无法散发而导致了病害的发生。因此，在必须保有金箔层的前提下，黏结剂选择应当首先考虑耐久性、稳定性和透气性的要求。醋酸纤维素作为一种专门为金箔回贴而研发的试剂，在相关性能方面优于大漆，且经过试验的测试，申请

① 上述评价来源于《大足石刻千手观音抢救性保护工程工艺修复试验评审意见》《大足石刻千手观音抢救性保护工程中期修复试验技术方案评审意见》《大足石刻千手观音抢救性保护工程中期修复试验验收意见》。

了国家专利。在这种情况下，即使出于保护传统工艺的目的而选择大漆这一方案，也应该出于延续性的考虑而不失未来选择的可能。比如，划出部分实验区尝试新材料，并建立长期监测体系观察两种方法的效果，可能是对今后的保护较有益的一种方式。

另外，将原有金箔层揭取、选择其中完好的处理后或回贴、或移植回贴的方案在理论上是可行的，但是在实际中，回贴的金箔往往琐碎，或是仅剩漆皮而金箔已破损不可用（实际上揭取的旧金箔有60%都不可用[94]25），即使是较完整、可用的部分，状况较好、可以回贴的也仅仅占10%，并且在回贴时还无法保证形象的贴合，需要重新裁剪，最终效果并不尽人意。在施工过程中，项目组显然也意识到了这个问题，先后采取了三种方法进行试验（表4.12），最终在这些试验基础上选择了旧金箔回贴后找平、用新金箔部分协色、全色的方法。这样的方法是在保护历史真实性的目的和实现手段间的平衡，但也引发了争议，如协色、全色后的效果、真实性等问题（图4.64～图4.67）。

**表4.12　旧金箔回贴试验**

| 试验 | 工艺 | 效果 |
| --- | --- | --- |
| 1 | 将清洗后的旧金箔回贴，缺失部分以新金箔协色，不全色 | 回贴部分斑驳不均，露色较多；新金箔故意露色，新旧衔接自然，对比明确 |
| 2 | 将清洗后的旧金箔回贴，缺失部分髹漆后贴新金箔并全色处理 | 回贴部分斑驳不均，露色较多；新金箔不露色，新旧对比差异较大 |
| 3 | 回贴清洗后的旧金箔，缺失部分找平后贴新金箔并进行协色 | 找平后肌理较为统一，但可识别度降低 |

图4.64　以新金箔协色、全色的试验

图4.65　贴金与打磨效果试验

图4.66 贴金试验对比

图4.67 贴金最终方法效果

图4.68 重庆潼南大佛修复前后对比图

参与本次工程的虽然多为具有文物保护经验的工作者，或是在这之中培训的文物工作者，但在施工过程中，仍有方案或理论的理念与实际执行者的观念、审美取向、保护取向等不相符的情况发生。比如，上层的专家学者、方案制定者希望能够“不改变”千手观音造像的“原貌”，能够尽可能多的保持真实性和历史信息，而实施贴金工序的负责人则表示，希望将千手观音修复成自己之前负责维修的、某种程度上作为千手观音工程“练手”的重庆潼南大佛一样的效果。



## 第五节　龙门石窟保护修复工程

2000年后，包括麦积山、马蹄寺、库木吐喇千佛洞、柏孜克里克石窟、杭州飞来峰造像、锦州万佛堂石窟等十多处石窟国家保护单位都做过关于防水、治水方面的保护工程。这其中以龙门石窟保护工程的投入、影响、成就、关注度最高，与《准则》的关系更密切。

### 一、工程概况

位于河南省洛阳市城南12千米的龙门石窟，始凿于北魏时期（493年），兴于隋唐（公元5～8世纪），共有大小窟龛2300余龛，造像10万余尊，佛塔40余座，题记碑刻3600余块，是我国1961年公布的首批全国重点文物保护单位之一，聚集着早期中国石雕艺术的杰作[①]，为研究佛教史、雕塑史及当时的社会文化提供了重要的实物资料，具有很高的文化价值。龙门石窟于2000年被列入世界遗产名录。

然而，经历了1500多年的变迁，龙门石窟受到自然和人为因素的破坏逐渐加剧，这些危害因素对岩体和雕刻造成了包括风化、掉色、剥落、腐蚀等的破坏，加上石窟所在的脆弱的卡斯特地貌，使得修复保护工作更为艰难。虽然在新中国成立后，从国家到地方都展开了一定的保护工作（见第二章），建立了环境监测站、实验室，进行了一些抢险加固与环境整治工程，但直到20世纪90年代末，仍然有许多问题没有得到解决。比如，针对岩体位移的持久性保护方法、洞窟渗水的问题，以及石雕的表面风化，同时以往的一些保护工程中使用的钢筋锚杆、铺设的防水层也出现了持久性方面的问题。

鉴于龙门石窟的重要价值和堪忧的保存现状，中日两国建立了合作关系对龙门石窟的保护进行研究。1998年11月，中国前主席江泽民与日本前首相小渊惠三就中国丝绸之路地域的文化遗产保护达成了协议，并在UNESCO的提议下选择了河南龙门石窟和新疆库木吐拉千佛

① 联合国教科文组织驻华代表辛格语。

洞作为该项目的对象。之后，日本成立了UNESCO文化遗产保护日本信托基金，用于上述两石窟的保护。2001年11月，龙门石窟保护修复工程正式启动，这成为龙门石窟史上最大的保护工程。

本次工程分为两期[95]，第一期从2001年到2005年，主要是进行了地形勘测、现状调研及数据收集的工作，并对三个试点洞窟潜溪寺、路洞、皇甫公窟进行了保护研究；第二期从2005年到2009年，侧重于一系列的保护指南以及试点洞窟洞窟的具体保护。



## 二、保护工程技术路线与实施

### （一）组织与目标

本次中日合作的龙门石窟保护修复工程在联合国教科文驻华代表的协调及河南洛阳市文物部门的支持下进行，确定了两项主要目标：

1）选择潜溪寺、路洞、皇甫公窟作为三个试验洞窟进行详细研究，调查确定威胁洞窟的主要因素，以及较为合适的长期保护措施。

2）制定并确保实施龙门石窟的可持续保护相关方案和规划，规范石窟的日常管理及维护工作。

来自中国和日本的8位专家①探讨了具体的阶段性目标和措施，并在整个保护工程的过程中定期举行三方会谈。国家文物局、河南文物局、日本外务省、UNESCO代表，以及负责执行调查、规划的公司均列席定期参会。大家共同讨论保护实施中出现的技术难题，并总结相关技术经验，交流必要的信息，以期更好地指导下一阶段的工作。

### （二）技术路线

在确定技术路线之前，研究人员首先通过基础调查选择了三个具有代表性的典型洞窟：潜溪寺、路洞和皇甫公窟都是渗水和染色病害相当严重的洞窟，后两者还表现出典型风化的特征。加上三者的地理

---

① 这8位专家是：中国文化遗产研究院黄克忠高级工程师、中国科学院地址与地球物理研究所曲永新教授、龙门石窟研究院刘景龙副研究员、中国地址大学方云教授、北京大学考古文博学院文物保护系胡东坡副教授、东京文化财研究所国际文化财保存修复协力中心冈田健室长、（洙）Geolest Co. 负责人津田丰、wood circle有限公司负责人中田英史。

位置，在保护修复中将以这三个洞窟为重点，进行相关的研究和具体措施的实施。

第一阶段：调查与检测（2001～2005年）。

确定洞窟的关键病害和威胁因素

1）测绘与测量。地形图测绘（1：500、1：1000、1：2000、1：200立面图）；航拍图拍摄；近景勘测与测绘图绘制（试验洞窟详细截图）。

2）环境监测（以三个试验洞窟为主）。大气污染物监测；洞窟内渗水和漏水监测；地址分析和水文调查。

3）研究与试验。洞窟灌浆试验：材料筛选—进行试验；凝结水研究：定量测量—监测危害；数据库的建立与资料整理。

第二阶段（2005～2009年）：具体修复的实施。

管理及保护相关方案的制定以及试验洞窟的修复。

1）制定方案。龙门石窟保护修复工程指南大纲；龙门石窟保护修复工程方案详细指南。

2）试验与应用。治理渗水；增强结构稳定性；清洗：去除人为和自然的染色。

（三）保护实施过程

图4.69　潜溪寺正立面测图

资料来源：联合国教科文组织：《龙门石窟保护修复工程报告概述》，北京：文物出版社，2001年，第10页

根据上述技术路线，项目组在第一阶段首先侧重于三个试验洞窟的测量、绘图，以及保护状况数据收集的相关工作。这项工作包括地形测绘、地质测量、环境观察；风化和渗水的实验研究，以及洞窟的详细评估。此外，这一阶段的工作还为工作人员提供培训与能力建设的机会。

在地形测量与测绘方面，除了绘制不同比例尺的地形图外，项目组还制作出73幅实验洞窟截面图和18幅[96]洞窟高程图（图4.69）。

在环境监测方面，项目组在三个

试验洞窟内安装了温度探测仪、裂隙水测量仪、摄像机等测量设备，并在洞窟外建立了两个大气环境监测站，用以测量大气污染物。这些设备所收集的数据构建了洞窟“水”问题的数据库，为下一阶段制定具体的保护措施提供依据。在此基础上，地质调查组完成了这一区域的地质和水文调查报告，包括岩体裂缝、岩体内部温差及水的渗透形制等内容，进一步明确了此环境的地址与水文特质。

第一阶段的第三项重要工作展开了关于洞窟灌浆与渗水的研究与实验。通过机理研究、材料筛选、室内与现场实验，确定了合适的灌浆与防渗材料。最后，在中国地质大学和龙门石窟研究院的合作之下，建立了包括这之前收集的所有档案、图片、地图和图表等的数据库，为第二阶段的保护实施提供了关键信息。

2005年年底开始，龙门石窟保护修复工程进入第二阶段。首先，在国家《文物保护法》《准则》《威尼斯宪章》等的指导下，以中国文化遗产研究院为主，项目组编制了《龙门石窟第二期保护修复工程基本设计》（2006年）和《龙门石窟保护修复工程方案详细指南》（2007年）两个方案。这两个方案明确了保护工程相关的材料、技术、程序和设施，为此后的具体修复工作提供了综合指导，是这一阶段洞窟渗水治理、清洗、加强结构稳定等工作的大纲性文件。根据这两个方案，项目组于2007年年底到2008年5月展开了针对潜溪寺洞窟的修复，甘肃中铁西北勘察设计院主要负责了防渗工程的实施，北京大学考古文博学院则进行了清洗去除石雕表面染色的工作；在工程中，还依据第一阶段试验的结果，对不稳定的部分进行了灌浆，加强了洞窟整体的稳定性。

### （四）试验洞窟的具体保护修复

潜溪寺、路洞和皇甫公窟作为三个试验洞窟，成为专家组尝试和应用保护手段的对象。项目组以治理渗水、洞窟清洗和加强稳定为主要工作，其中以防渗最为重要，后两项围绕着第一项展开。

#### 1. 防渗工作

由于龙门石窟开凿的地形地貌，大气降水及因此形成的坡水，与构造裂隙、岩体裂隙等构造形成了渗流网络，一部分形成了地下水，另一部分渗入石壁，当渗入洞窟所在的岩壁时，就会造成渗水危害。三个试验洞窟都受到水的威胁（表4.13）。

**表4.13 潜溪寺、路洞、皇甫公窟渗水状况**

| 洞窟 | 渗水现状 | 原因 |
| --- | --- | --- |
| 潜溪寺 | 窟顶渗水最严重，其次是南北壁，是三个洞窟中渗水危害最大的 | 窟顶有裂隙，为水流入提供了通道；窟壁与窟檐脱离，雨水可以直接倒灌进窟内；窟外崖壁风化严重，卸荷裂隙①多，容易渗水 |
| 路洞 | 北壁渗水最严重，洞顶、南壁亦有渗水现象 | 窟壁表面渗入、窟北侧缓坡流入 |
| 皇甫公窟 | 南壁渗水严重，降雨时发生，渗水时间较长 | 洞窟上方有一个斗形缺口，形成了一个缓坡，造成水在此汇聚；窟南有卸荷裂隙，为水的流动提供了通道 |

项目组研究认为，龙门石窟水的危害与洞窟位置、岩体结构密切相关，由于整个山体的层裂隙是由南向北的，也就造成了洞窟南壁的渗水较北壁严重。同时水的危害还受到季节的影响，在5～9月尤其是7～8月的雨季，渗水、凝结水由于空气中水蒸气含量的升高，在一年中表现的最为严重。虽然整个山体内部水蒸气的运动与凝结水的形成关系还需要进一步探索，但可以明确的是，龙门石窟内壁面凝结水的形成是受到大气降水的影响，而裂隙水的流动则受到岩体构造的影响。

基于此，本次防渗工作的主要原则[97]是以防渗排水、疏导水流、解决大气水源为主要措施，石窟内部裂隙灌浆、封堵为辅助措施，综合防治水的危害。具体做法是：首先，根据第一阶段灌浆试验的结果，对窟外的宽裂缝采用超细水泥进行灌浆封堵；其次，铺设膨润土硅酸盐无机防水层，减少地表水的下渗；最后，对窟内的卸荷裂缝，根据上述方案的实施效果来决定是否采用环氧树脂进行灌浆，以防对主要渗水路径进行封堵后造成其他部位的渗水。具体的工程采用截、导、排、防、堵等措施结合，设计如表4.14所示。

① 卸荷裂隙，由于自然地质作用和人工开挖，使岩体应力释放和调整而形成的拉张裂隙。

表4.14　潜溪寺、路洞、皇甫公窟治水工程设计[98]252~363

| 洞窟 | 措施 |
| --- | --- |
| 潜溪寺 | 对窟内渗水裂隙进行简单封堵（有机硅），对原有防渗层进行清除，然后铺设新防渗层；对窟内窟外的各种裂隙进行灌浆处理；修复岩体和窟檐之间的空隙，修建排水坡 |
| 路洞 | 北侧缓坡裂缝封堵，窟内渗水裂隙灌浆：分为清理、灌浆、做旧三个步骤 |
| 皇甫公窟 | 窟顶平台防渗处理、平台上方裂隙灌浆、窟内渗水裂隙处理，除了灌浆封堵外，还在平台上方砌筑排水沟 |

## 2. 清洗工作

清洗工作首先于潜溪寺洞窟展开，历时两年（2008~2009年），目的在于去除造像表面危害其保存和价值的物质，同时调查古代传统工艺。以北京大学为主的清洗工作组首先对石窟造像展开了细致的调研，根据造像表层的状况、颜色、病害判定需要采取不同措施的区域，选择清洗对象（表4.15）；其次在划定的试验区域内采用不同的手段进行清洗，同时分析其揭露出的岩石成分；最后根据由上自下、由简单到复杂、由价值低到价值高的区域这三项原则，谨慎地进行清洗。

表4.15　潜溪寺清洗工作对象与措施选择

| 清洗前的表面 | | 评估 | 措施与清洗程度 |
| --- | --- | --- | --- |
| Ⅰ. 岩石 | | 价值载体 | 不做改动 |
| Ⅱ. 造像表面古代的修补和装饰痕迹 | | 价值载体 | 不做改动 |
| Ⅲ. 因凝结水、降尘、渗水等形成的污渍 | | 损害价值、危害保存 | 清洗 |
| Ⅳ. 近60年来的修缮 | 失误的、失效的修缮 | 不当或失去保护作用的措施 | 清洗去除 |
| | 起一定作用的、与本体结合紧密的修补 | 达到稳定状态 | 不做改动 |
| | 环氧树脂等加固剂造成的二次污染 | 不当或失去保护作用的措施 | 尽可能的清洗去除 |

资料来源：北京大学考古文博学院：《龙门石窟潜溪寺表面试验性清洗研究工作报告》，北京：文物出版社，2011年，第310~312页

经过比对，试验组挑选了洞窟内南侧的天王和门洞旁内部的南段、共约33平方米，分为五个区域，试验不同的清洗方法。这一大区域渗水病害严重、表面物质组成复杂，具有较好的代表性。进行测试的清

洗手段以物理方法[99]290~292为主，包括气枪、刻磨机、打磨机三种。

1）气枪喷射：利用空气气流吹去表面灰尘和一些沉积，快速有效，但容易扬起灰尘形成二次污染，要配合吸尘器等吸尘设备使用。

2）震动刻磨机：空气压缩提供的动力传导到手柄末端的刀刃上，通过产生震动而去除污渍，使用和更换非常方便，但对精细度的掌握比较难。

3）打磨机：通过利用电动马达带动刷子，转动磨去污渍。打磨机有不同的刷子可供选择，如棉布、毛刷、塑料刷、铜丝刷、钢丝刷。这种方法可调整余地较大，且容易控制。

在逐步清洗的过程中，项目组发现了被污渍掩盖的造像彩绘和贴金工艺，对其进行了化学成分的分析；同时，在渗水病害未得到根治的情况下，对可能有色彩的部位不做彻底清洗，防止破坏的加剧。

图4.70　潜溪寺天王像清洗前（左）后（右）对比

资料来源：北京大学考古文博学院：《龙门石窟潜溪寺表面试验性清洗研究工作报告》，北京：文物出版社，2011年，第297页

由于对石质造像的清洗实质是不可逆的，在项目组的实践中，要随时控制清洗程度，并考虑是否会对文物造成二次破坏，如冲蚀、磨损或可能留存的化学物质等，这要求清洗人员保持谨慎的态度，并能较好地掌握清洗技术。另外，清洗虽然能够使得被遮盖的文物信息展现出来、更好地体现文物价值，但在洞窟主要危害（渗水）尚未完全解决，且展现出来的彩绘、金箔等保存工艺尚不完善的情况下，采用物理清洗的手法去除造像表面污渍，是具有一定风险的，其延续性也需要长期的观察。

### 3. 稳定性的加强

稳定性的加强以防渗灌浆为主。2004～2006年，中国地质大学文化遗产和岩土保护工程中心、中国文化遗产研究院，以及龙门石窟研究院共同展开了此项研究。首先选择了不同的材料进行室内试验，接着在听取中日专家组三方会议的意见后，增选材料类型，对其进行了现场测试，最终从现场比对中选择了合适的材料：超细水泥和水性环氧树脂作为三分试验洞窟的灌浆材料。

此次试验研究选取的防渗加固灌浆材料[100]有：超细水泥、聚氨酯树脂、普通水性环氧树脂、新型水性环氧树脂纳米复合材料、改性环氧树脂，以及镁基膨润土硅酸盐防水新材料。通过对上述材料的宏观和微观分析（表4.16），综合比对了不同材料在不同环境下的性质，优选出最佳的实施工艺和对应的材料。

**表4.16　灌浆材料的分析与比对内容**

| 比对层面 | 比对项目 | 比对基本内容 |
|---|---|---|
| 宏观 | 基本物理参数 | 密度、黏度、孔隙度、吸水率 |
| | 抗风化性能 | 抗冻融、抗崩解、耐酸碱性 |
| | 力学性能 | 抗压、抗拉、抗折、抗弯、抗剪 |
| | 化学性能 | 热膨胀系数和热传导率、灌浆压力、灌浆半径 |
| 微观 | 组分与成分 | 结构与成分 |
| | | X荧光化学分析、X衍射矿物分析 |

灌浆措施是龙门石窟的一项重要保护措施，一方面可以加强岩体的结构稳定性，另一方面裂隙灌浆是防渗的重要方法之一。通过此次研究，选择了合适防渗、加固的灌浆材料和工艺，也对三个试验洞窟的渗水进行微观分析，得出“张开性卸荷裂隙”[101]329是主要渗水路径的结论；在洞窟中灌浆应选择流动性好，具有适当的凝固时间的材料，窟内宜用水性环氧树脂，而窟外宜用超细水泥，其他试验材料不适于龙门石窟的裂隙灌浆。

## 三、案例探讨与总结

2001年开始的中日合作龙门石窟保护修复项目，在前期详尽的资料收集、调查研究、试验分析的基础上，选择了三个试验洞窟，以治理水的危害为重点，尝试了一系列的保护措施，并在第二阶段后期将相关措施推广到整个龙门石窟，整个工作是循序渐进、逐步探索并逐步治理的。在这个过程中，项目组不回避矛盾，对关键技术展开了多次讨论，做了一些有深刻影响的探索与讨论，虽然具有一定的风险，但也具有重大的意义。以潜溪寺为例的三个试点洞窟所采取的保护措施，最关键的保护思想是对发现问题的科学评估，以此为基础，借鉴其他领域相关的一些技术应用于洞窟保护之上，以审慎的科学态度，分步实现了不同的措施。

作为国际合作项目范例的龙门石窟保护修复工程，选择了水害治理、石质文物清洗，以及风化岩石加固三个目标作为深入研究和试验的对象[102]334，这实际上也是石窟保护中遇到的三大难题。仅通过这一个项目，是不可能得到完全的解决和完成的，如具体的结构特征、渗流途径等都不明确，但通过本项目的调查、勘察、试验等工作，都取得了一定的突破。总的来说，这次国际合作项目的最终目的不仅仅是实施了相关的修复工程，更重要的是对保护理念、技术和方法的学习，以及技术程序、规范的培养和本次工程的示范指导作用。

从表面上看，本次工程与《准则》之间的联系并不密切，这与《准则》中缺乏对石质文物保护工程的具体指导有关。但进一步分析，即可发现《准则》在其中的潜在影响。龙门石窟保护工程中最成功、最值得借鉴和推广的并不是具体的加固、清洗等保护措施的实施（相反这些措施在实施中有不当之处），而是对于石窟病害的科学分析，如水害原因和机理等，以及在研究的基础上对试验三个洞窟的现状做了详细而精准的评估。这与莫高窟第85窟保护工程的思路一脉相承，正是《准则》精神的表达。在这个过程中，体现了《准则》在国内保护实践上潜移默化的影响与力量。

当然，如同每一枚硬币都有两面，相比前期研究与评估令人惊艳的成果，后期的保护实施就显得不那么尽如人意了。比如，作为主要保护措施之一的造像清洗，其必要性和手段效果就值得商榷：在本次工程的主要目的——治理渗水并未达到一个良好的效果，且缺乏必要的环境和微环境监测结果，以及对相关工艺的保护手段时，贸然对造像进行清洗使其直接暴露于不利的环境中，很有可能酿成更大的破坏。在欧洲比较成熟的石质文物保护体系中，即使清洗已经成为最常用最普遍的保护手段之一，在实施清洗前仍需要详细而繁复的研究和评估，才能确保清洗的目的与结果。这其中，首先需要评定清洗的必要性[103]6。

“石质材料的清洗必须在严格的标准下进行，在修复中必须保持真实性。”

——Montanari

“清洗或更新一旦破坏原有结构、颜色或历史风貌，应当被禁止使用。”

——Camillo Boito

“只有当周围的建筑物都被清洗到同一个程度时，才能使用这一手段对本体进行谨慎的处理。”

——P. Phillippot

“铜绿（或其他表面沉积）是时光的表征，清洗去除它们并不意味着修复了文物的原貌。”

——Cesare Brandi

……

做清洗之前的评估，包括文物和材料的各种物理化学属性。比如，评估石质的类型（可见的属性和显微镜下的属性），被清洗对象的渗透性，被清洗对象的表面预处理，石材结构和现状的宏观和微观分析（病害的机理、原因和诊断等），清洗试剂的特性（强度、渗透率、化学特性等）。

也包括被清洗对象的价值和环境的评估。比如，对象历史，对象价值，文物现状，当地环境和微环境的状况……

根据这一系列研究的结果，保护工程中要求谨慎地选择清洗的方法。文物的清洗方法包括物理清洗法、水洗法、运用试剂的化学反应清洗法、运用膏状或泥状的试剂粘附清洗法，以及激光清洗法五大类。每一种方法的粗糙度和腐蚀强度不同，类似龙门保护工程中使用的震动刻磨机和大部分的打磨机，都是具有较粗糙（abrasive）、腐蚀性较强的，稍有不慎就会造成本体的伤害，在近几年在欧洲的保护

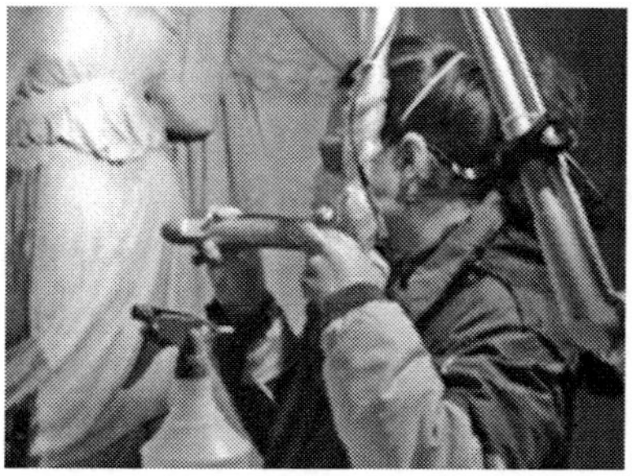

图4.71　激光清洗St. George’s Hall, Liverpool

资料来源：ICCROM David Liverpool

图4.72　粘附清洗法——棉纸上涂泥用以吸附污渍

资料来源：笔者摄于Vaclican Lab

实践中，已经较少使用，取而代之的是比较温的和可控的膏状泥状试剂粘附清洗法和激光清洗法，次之也是选择适用性较强、可细分为水雾、水枪、湿布等多种强度的水洗法。相比起来，龙门潜溪洞的造像清洗就显得急躁且并不令人信服了。

另外，在龙门石窟保护工程中也暴露出了工程设计与施工脱离这种管理方式的弊端。在文物修复这类要求传统技术与工艺的工程中，随时可能出现一些不可预见的情况，需要保护者随时修正方案，而对于施工过程和相关细节，也需要设计指导贯彻于其中。目前的管理单位与施工单位脱离、施工单位与设计单位脱离、监理单位不够专业、工程实施为旅游让路等问题，对于文物保护修复来说是不利的，这也揭示出现行《准则》在某些方面的指导性仍然不足的问题。



## 第六节　小　　结

本章中的五个保护实践，代表了近十多年来国内石窟保护理论和技术的最新发展和最高水平，是石窟工程中最重要的案例，产生了较大的影响。

敦煌莫高窟的保护规划与第85窟壁画保护实践，是《准则》在制定过程中的试点，也是伴随《准则》诞生的标准案例阐释，在此后的十多年间一直发挥着“榜样”的作用，二者之间的关系直接而密切，奠定了《准则》成为行业规范的基石。此后的几个工程，无一不直接或间接地体现了《准则》的精神，及至最近的大足千手观音造像修复，从保护原则、程序、方案实施中都展示了对《准则》的依赖与运用。诚然，在云冈保护性窟檐修复中，《准则》的影响被当时的社会因素（故宫大修）所遮蔽，后者的作用可能更直接。但可以推测，这种影响可能是一时的，折射出我国遗产保护的“跟风”心理和“盛世”心态。随着学科的发展，以及包括《准则》在内行业标准和要求的进一步完善，此类影响将降低或消失，而理性的法律规章的作用将更加凸现。

另外，从本章这五个典型案例中我们能看到，《准则》的影响并不仅仅体现在程序、技术路线及原则的娴熟运用上，更体现于众多的围绕《准则》展开的争论中。比如，在云岗窟檐案例的争论中，设计组认为本次方案传承了历史文脉、符合可逆性，保护了历史真实性，

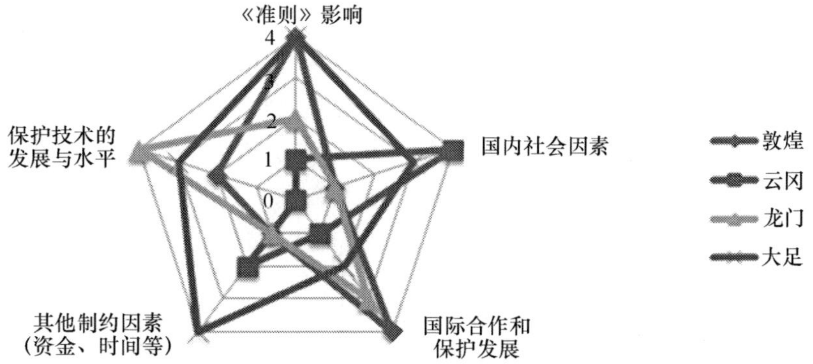


图4.73 本章保护案例的影响因素与强度分析图

0：无影响 1：较弱 2：一般 3：较强 4：很强

是与《准则》精神完全一致的；而质疑者则认为轻易在遗址上复原是违背《准则》的；在大足千手观音案例中，传统方案支持方认为本方案既保护了传统材料，同时挽救并延续了濒临失传的传统工艺，正是《准则》精神的体现，而现代材料支持方则认为，只要按要求分析具体情况选择材料才是符合文件理念的。这些不同思想的碰撞虽然有不成熟的地方，但充分展现了中国在适合自己的遗产保护道路上的不断探索。这些差异的出现，一方面与现行《准则》体系仍需完善和解释有关，即莫高窟与避暑山庄两个《准则》试点案例毕竟是两处个例，带有特殊性，无法全面阐释《准则》适用的所有情况，而随着遗产保护理论的不断发展与遗产新类型的增加，它们的参考价值也在降低；另一方面与保护工作者的学术背景和对《准则》的理解有密切关系，如在千手观音贴金黏结剂选择问题上，积累了若干个世纪的经验与教训的外国保护学者，以美国盖蒂中心、ICCROM等机构为代表，都认为这不是一个困难的议题，醋酸纤维素的选择应是没有疑问的。而在英国遗产组织（English Heritage）在2008年制定的《英国保护准则：历史环境可持续管理的政策和指导》（以下简称《英国保护准则》）中，就明确规定了对于那些证明了不利于遗产场所保护与延续的传统材料，应当用性能更优的新材料进行替换，譬如用于固定、连接石质建筑物的铁器，非常容易生锈，在维修时可以用新材料替换。国内目前的保护学者更多的从工程和经验角度出发，对现代新材料保有一定的怀疑态度，选择显得更安全的保守做法，也是能够理解的。这是我国文化遗产保护学科建设和工作起步较晚的客观情况，保护队伍与国际保护领域的差距当然存在，但也应该看到，这几个典型案例相较于20世纪的保护工程，在保护路线、程序、原则、措施上都已有了巨大的进步。随着《准则》自上而下地不断推广、影响力不断扩大，相关讨论不断被实践检验，文化遗产的保护实践终将更加科学、正确。

最后，本章案例暴露出的另一个较普遍的问题，即工期太赶、时间太紧。这个问题在20世纪70年代的云冈三年保护工程即有所体现，到今天仍然存在。比如，云冈与大足这两个以国内机构为主导的工程，比敦煌和龙门通过国际合作完成的工程，工期要短的多，都被要求在三年内完工。这种进度在欧洲、日本等国均是不可想象的。遗产保护所要求的精细度和准确度，在没有相应的时间保障时，是比较难以实现的。

# 第五章

# 推动与进步:《准则》对石窟保护的积极影响

《准则》颁布后的2000～2012年这十二年中，我国的社会、经济飞速发展，文物古迹保护的概念也逐渐深入人心，对其内涵和外延的认识也有所扩展和深化。同时，也积累了大量的实践经验。在这个过程中，《准则》逐渐被中国的保护工作者广泛接受，它的重要原则和精神在保护相关的法律法规中得到了越来越多的体现。可以说，《准则》在中国文化遗产保护迅速发展的十余年中起到了对保护发展的带动和指导作用，提升了中国在国际遗产保护的参与度和话语权。结合第三章中典型案例的分析，总的来说，《准则》在石窟保护方面的积极影响主要包括以下三个方面：第一，帮助建构完善了现代保护价值观，并明确了对于保护方法与技术使用的原则与要求；第二，树立了正确、通用的保护程序，强调了评估和研究的重要性；第三，为保护人员提供了工作依据和标准，有助于保护管理和施工的进行。

## 第一节　对于保护价值观的影响

### 一、我国传统文物保护观念和方法

中国传统的保护价值观是受到古代哲学对于“器”的认知影响。不同于西方以上帝本体论和“真、善、美”为核心追求的文化特征，中国古代从上古自然崇拜、祖先崇拜和鬼神信仰中渐渐衍变出了儒、墨、道、法等多种被加以哲学化了的知识流派，不论是后来为统治者提倡而居于上层的儒家，还是道家的“自然主义”，墨家的“公义/利”或是法家的“重力”，都在各自的发展中影响了中国文化特质的形成，继而折射到建筑、文物保护层面。

比如，道家最先提倡的“重道抑器”“形而上者谓之道，形而下者谓之器”（《易·系辞》），指出道是“先天地生，寂兮寥兮，独立而不改，周行而不殆，可以为天下母”的本源，而具体事物所化成的“器”，在诸子百家中，都处于被否定的“末”的地位。“……雕虫小技，君子不齿。”（孔子）“人多伎巧，奇物滋起。”（老子）[104]受这种思想影响，中国古代建筑观表现出来的就是中庸、正名及“卑宫室”的节俭：“居处就其和，劳佚居其中，寒暖无失适，饥饱无失平。”[105]“禹，吾无间然矣，食而致孝乎鬼神；恶衣服而致美乎黻冕；卑宫室而尽力乎沟洫。”（《论语·泰伯》）这一思想，影响中国历史数千年，汉文帝为了宫中一座亭子可能要消耗普通百姓的“十家之产”而停止了营造，而以骄淫奢侈而著称的隋炀帝也在他营造东都洛阳的诏书中声称“今所营构，务以节俭，无令雕墙峻宇，复起于当今，欲使卑宫菲食，将贻于后世”[106]。宋代李明仲编《营造法式》也声称要“卑宫菲食，淳风斯复”，这些思想可以说是一脉相承的。

诚然，石窟的建造与一般建筑的修筑还有所不同。它既是一项建筑工程，同时也是重要的宗教场所。中国历史上绝大多数的石窟开凿，都是在宗教，特别是佛教盛行的时期。比如始凿于北魏的龙门石窟，就是经历了三国动荡不安的社会后，出于精神寄托而信仰佛教的人民最先修建的；因隋唐武则天时期的统治需要而达到鼎盛，成为皇家发愿造像最集中的地区。云冈石窟的兴建也是源于北魏文成帝目睹了其祖太武帝灭佛事件之后决心复信佛法并为了表达忏悔和赎罪。所以，在石窟寺院的建造上，较之居住建筑并不那么“卑”和简朴，有的甚至可以称得上耗资甚巨。比如，敦煌莫高窟兴建时“每窟动计费百万”（《敦煌录》·S.5448）[107]80，当然，这笔钱并不是国家拨款，而是寺院自己筹措的。但是，这仍然和西方如圣彼得大教堂类似、动辄花费数百年耗资数亿兴建宗教建筑不同。中国历来的宗教信仰与西方不同，西方以基督教的“原罪意识”确立了上帝本体论的地位，宗教、教会一直是超脱于政权而存在的，在绵延几个世纪的中世纪，宗教至高无上的地位显现的尤为突出。而中国的“人伦至善”确立的是心性人本论，没有什么宗教信仰可以同等或超越“代天行事”的统治者，所谓“政教合一”，被同化了的佛教等宗教在很大程度上也都成为统治阶层的工具。从这个意义上讲，在建筑（包括石窟寺）

的价值取向中，作为“器”的使用价值和相关的实用主义一直是主导观点，“不求原物长存”[108]18，永恒的意义体现在自然往复、新陈代谢的循环中，不追求不灭的物质载体。

因此，人们对保护、维修也多本着实用主义的维修以便继续使用的态度，而不会刻意从美学或者历史价值的角度去“修复”某个建筑或石窟寺。这种审美需求和对历史沧桑的怀念可以出现在可移动的前朝艺术品、名人书画上，但不会出现在以使用为目的的构筑物上。对于石窟寺来说，虽然一个大型石窟寺的兴建往往延续几个朝代数百年，但后代的修建多是根据当时代的需求去开凿新窟，而不会对前代开凿的、已有破损的窟龛进行维修，甚至还会因为时代的改变、审美的变化而特意破坏、改变前代的造像、壁画，以期能够更好地符合当世流行的价值观。这种因时间流逝而使得物质载体自然改变、更迭的态度为中国传统保护价值观的表现，因此上至皇族，下至普通百姓对建筑的不时修缮、石窟寺的新窟修建、旧窟改造都习以为常，认为“修旧如新”“且修且用”“旧貌换新颜”是值得肯定和推崇的，对于历史的怀念和其价值意义多表现在内在的体制和文化上，而对于构筑物本身的传承性和历史价值比较忽视。这种传统的保护价值观，直到20世纪，仍然对文物保护修复的实践有一定影响。

## 二、《准则》在构建现代保护价值观上的作用

20世纪以来，尤其是80年代改革开放后中西方交流更加密切之后，中国传统的文物保护观念受到了前所未有的剧烈冲击。人们对西方以《威尼斯宪章》为主的保护价值观，如真实性原则、可识别原则等是否适合中国国情展开过激烈的讨论。到了20世纪末，国内保护界对西方保护的基本观点持赞同态度，但就其在中国保护实践中的含义、定位，以及如何与我国的保护体系、法律法规等很好地融合还存有许多疑惑，众多取向有差异的保护实践也折射出人们对保护价值观的不确定。在这种情况下，《准则》的颁布可以说是为梳理这些价值导向、建构现代的保护价值观做出了贡献，在其中阐释和明确了包括中国之前最核心的保护原则“不改变文物原状”，以及西方真实性、可识别性等的概念，为之后的保护实践提供了切实的指导。

## （一）“不改变文物原状”与真实性原则

“不改变文物原状”这一保护标准可以说是我国文物界的基本观点，从20世纪30年代开始的国家重要法律、条例中，都有关于这一原则的规定（表5.1）。

**表5.1　中国关于“不改变文物原状”原则的规定与讨论**[29，114~116]

| 时间/年 | 出处/法规 | 内容 | 讨论/意义 | 实践 |
|---|---|---|---|---|
| 1932 | 梁思成《蓟县独乐寺观音阁山门考》 | “而此部问题，可分为二大类，即修及复原是也。……愚见以保存现状为保存古建筑之最良方法；复原部分，非有绝对把握，不宜轻易施行。”[109]221 | 最早提出了“保存现状”和“复原（恢复原状）”这一说法。 | 《杭州六和塔复原计划》（1935）《曲阜孔庙之建筑及其修葺计划》（1935） |
| 1961 | 《文物保护暂行条例》 | “一切核定为文物保护单位的纪念建筑物、古建筑、石窟寺、石刻、雕塑等（包括建筑物的附属物），在进行修缮、保养的时候，必须严格遵守恢复原状或者保存现状的原则。”“核定为文物保护单位的纪念建筑物或者古建筑，……使用单位要沿革遵守不改变原状的原则。” | 在法规层面个上确定了“不改变原状”“恢复原状或保存现状的原则” | 20世纪50年代河北正定隆兴寺转轮藏殿维修；赵县安济桥维修；莫高窟唐宋窟檐复原；20世纪70年代南禅寺大殿维修；云冈石窟维修 |
| 1961 | 国务院《关于进一步加强文物保护和管理工作的指示》 | “保护文物古迹工作的本身，……必须注意尽可能保持文物古迹的原状，不应该……改变文物的原貌，实际上是对文物的破坏。”[29] | | |
| 1963 | 《革命纪念建筑、历史纪念建筑、古建筑、石窟寺修缮暂行管理办法》 | “在保养维护、抢救、加固以及修理修复工程中，对建筑、石窟寺……都必须根据不同情况贯彻保持现状或恢复原状的原则。”[30]28 | | |

续表

| 时间/年 | 出处/法规 | 内容 | 讨论/意义 | 实践 |
|---|---|---|---|---|
| 1982 | 《文物保护法》 | “核定为文物保护单位的革命遗址、纪念建筑物、古墓葬、古建筑、石窟寺、石刻等（包括建筑物的附属物），在进行修缮、保养和迁移的时候，必须遵守不改变文物原状的原则。” | 将“不改变文物原状”原则纳入国家法律体系，最为重要的保护原则 | 20世纪80年代河北正定隆兴寺摩尼殿修缮，20世纪90年代山西晋祠圣母殿修缮 |
| 1986 | 文化部《纪念建筑、古建筑、石窟寺等修缮工程管理办法》 | “‘不改变原状’的原则，系指始建或历代重修、重建的原状。修缮时应……按照现存法式特征、构造特点进行修缮或采取保护性措施；或……复原到一定历史时期的法式特征、风格手法、构造特点和材料质地等，进行修缮的原则。”[110] | 与之前“恢复原状或保存现状”的含义基本一致 | 20世纪80年代山东济南千佛崖窟檐修复；<br>山西天龙山石窟漫山阁复原 |
| 2002 | 《文物保护法》 | “对不可移动文物进行修缮、保养、迁移，必须遵守不改变文物原状的原则。” | 继承了这一原则 | 蓟县独乐寺观音阁维修 |

但在《准则》公布之前，对于“原状”和“现状”并没有一个明确的说法，相关的讨论旷日持久，且经历了多次保护修复尝试。在20世纪90年代，虽然有一些片段式的分析，但并没有形成完善的体系，也未能在保护界达成共识。而在《准则》中，这个问题得到了较明确的解答（表5.2）。

**表5.2 《准则》中关于“不改变文物原状”的阐释[4, 117]**

| 文件 | 条款 | 内容 |
|---|---|---|
| 《准则》 | 保护的目的（第2条） | “真实、全面地保存并延续其历史信息及全部价值。……所有保护措施都必须遵守不改变文物原状的原则。” |
| 《若干重要问题的阐释》 | “不改变文物原状”的解释（3.3） | 包括“保存现状”和“恢复原状”两方面；<br>明确了“原状”的定义：包括实施保护工程以前的状态；历史上经过修缮、改建、重建后留存的有价值的状态，以及能够体现重要历史因素的残毁状态；局部坍塌、掩埋、变形、错置、支撑，但仍保留原构件和原有结构形制，经过修整后恢复的状态；以及文物古迹价值中所包涵的原有环境状态；<br>规定了应该保存现状以及恢复原状的类型 |

根据“不改变原状”的原则，《准则》中还第一次明确规定了遗址/不存在的建筑不得重建，这一标准在2002年的《文物保护法》中被继承和确定了下来。

《准则》是继承了《威尼斯宪章》精神、结合中国国情的产物。在对“不改变文物原状”的具体理解上，我们也可看出西方真实性原则的体现。在西方，真实性“authentic”一词来自于希腊语“authentikos”（意指自己、相同），以及拉丁语的“aucotr”（创作者，起源、权威）[113] 408、409。真实，意指独立自主，原创的、独特的、真挚的和真诚的。真实性是相对于复制的原状，相对于虚假的真实，相反于仿冒的真诚。在中世纪，真实性与法律的认证文书有关，后来这一概念扩大到对物品的鉴定。在《威尼斯宪章》的前言中，就呼吁人民将文化遗产以“完整的真实性”传至后代。在1994年的《奈良真实性文件》中，又一次强调了真实的可信度和可靠性，同时文化多样性也被定义于真实性的一个主要方面。通过表5.3的比较，我们可以看到，通常用于描述遗产“真实性”的传统层面，如材料、位置与环境、本体要素、遗产利用，《准则》中均有所涉及，且明显表达出与《威尼斯宪章》的传承关系。而对于在日益强调文化多样性的环境下，“真实性”内涵和外延的拓展，如精神与情感的非物质层面，本文件尚有缺憾。诚然，尽管《准则》在面对国际上由单纯关注物质遗产逐渐转向多样化的物质与非物质并重、遗产概念扩大化这一趋势时显得略保守，但作为第一份立足于本国文化与实际并与国际接轨的法规来说，其先进性不容置疑，也因此自上而下地影响了此后国内的保护理念与实践。

另一个与真实性相连的概念完整性（integrity）通常被定义为不可分割的未破损的状态，以及由材料真实性而来的全体和完整。完整性很大程度上体现在遗产及其环境的完整上，在《操作指南》中，完整性包括了结构、功能和视觉三重要素的完整。《威尼斯宪章》中第八条“古迹上的雕塑、绘画或装饰非唯一保存手段不能随意移动”是对完整性的表达。而《准则》对“不改变文物原状”的阐释中，包含了所有“原有环境状态”，也是对完整性的解释。

表5.3 相关文件中“真实性”要求比较[114]

| 《准则》（2000年） | 《威尼斯宪章》（1964年） | 《奈良真实性宣言》（1994年） | 《实施世界遗产公约操作指南》 |
|---|---|---|---|
| **原则与意义表达**<br>保护的目的是真实、全面地保存并延续其历史信息及全部价值。（2） | 人们越来越认识到人类价值的统一性，并把古代遗迹看作共同的遗产，认识到为后代保护这些古迹的共同责任。将它们真实的、完整的传下去是我们的职责。 | 真实性是文化遗址价值的基本特质，对其了解是所有关于文化遗址科学研究的基础，也是保护及修复规划和上报世遗的基础 | ……遗产需具备真实性，理解遗产价值的能力取决于关于该价值信息来源的真实度或可信度 |
| **关于文化遗产本体要素**<br>保护现存实物原状与历史信息（21）；……正确把握审美标准。文物古迹的审美价值主要表现为它的历史真实性（23），……尽可能减少干预。……定期实施日常保养。（19、20） | 各时代加在一座文物建筑上的正当的东西都要尊重，因为修复的目的不是追求风格的统一。（11）<br>不允许有所添加，除非它们不至于损伤建筑物的有关部分、它的传统布局、它的构图的均衡和它跟传统环境的关系。（13） | 形式和设计的真实性要素 | 形式和设计的真实性要素 |
| **关于材料**<br>一切技术措施应当不妨碍再次对原物进行保护处理；经过处理的部分要和原物或前一次处理的部分既相协调，又可识别。（21） | ……任何一点不可避免的增添部分都必须跟原来的建筑外观明显地区别开来，并且要看得出是当代的东西。（9） | 材料和质地的真实性要素 | 材料和质地的真实性要素 |
| **关于遗产的使用**<br>文物古迹应当得到合理的利用。利用必须坚持以社会效益为准则，不应当为了当前利用的需要而损害文物古迹的价值。（4） | 为社会公益而使用文物建筑，有利于它的保护。使用时决不可以变动它的平面布局或装饰。（5） | 用途和功能的真实性要素 | 用途和功能的真实性要素 |

续表

| 《准则》（2000年） | 《威尼斯宪章》（1964年） | 《奈良真实性宣言》（1994年） | 《实施世界遗产公约操作指南》 |
|---|---|---|---|
| **关于文化遗产环境**<br>必须保护文物环境。与文物古迹价值关联的自然和人文景观构成文物古迹的环境，应当与文物古迹统一进行保护。（24）<br>必须原址保护。只有在发生不可抗拒的自然灾害或因国家重大建设工程的需要，使迁移保护成为唯一有效的手段时，才可以原状迁移，易地保护。（18） | 保护一座文物建筑，意味着要适当地保护它的环境。（6）<br>一座文物建筑不可以从它所见证的历史和它所从产生的环境中分离出来。不得整个地或局部地搬迁文物建筑，除非为保护它而非迁不可，或者因为国家的或国际的十分重大的利益有此要求。（7） | 位置和环境的真实性 | 位置和环境的真实性 |
| **关于保护技术和传统**<br>按照保护要求使用保护技术。独特的传统工艺技术必须保留。所有的新材料和新工艺都必须经过前期试验和研究，证明是最有效的，对文物古迹是无害的，才可以使用。（22） | 当传统的技术不能解决问题时，可以利用任何现代的结构和保护技术来加固文物建筑，但这种技术应有充分的科学根据，并经实验证明其有效。（10） | 传统和技艺的真实性要素 | 传统、技术和管理体系的真实性 |
| **关于情感、社会等非物质要素**<br>未涉及 | 未涉及 | 精神和情感，以及其他内外部因素的真实性 | 语言和其他形式的非物质要素、精神和情感，以及其他内外部要素的真实性 |

《准则》结合上述西方保护理论中包括“真实性”在内的理念，结合我国“不改变文物原状”的标准，重新解释并建构了现代保护价值观，通过这十多年来的理论研究与实践探讨，可以看出新的价值观已经逐步深入人心。比如，蓟县独乐寺修缮中体现出的对真实性的关注，对于清代后添加的四根支撑性脚柱在修缮中予以保留，在斗拱维修和更换中凸显了材料的真实性。又如，在2000年后申请列入世界遗

产名录的遗产地，都普遍表现出关注文化多样性下真实性和价值的趋势（表5.4）。

**表5.4　2000年后列入世界遗产名录的中国文化遗产地情况**

<table>
<tr><th>时间/年</th><th>遗产地</th><th>遗产保护观与价值观趋势</th></tr>
<tr><td>2000</td><td>安徽古村落：宏村、西递<br>明清皇家陵寝<br>洛阳龙门石窟<br>四川青城山和都江堰</td><td rowspan="12">·由早期传统的古建筑群、村落或石窟寺遗产，转向更关注多样化综合价值的文化景观；<br>·由传统的价值评估转向更侧重于文化演进、交流与文化特质表达方面的价值；<br>·由单纯对物质层面的关注转向对遗产地精神、非物质遗产、物质与非物质之间联系的综合关注</td></tr>
<tr><td>2001</td><td>云冈石窟</td></tr>
<tr><td>2004</td><td>高句丽王城、王陵及贵族墓葬</td></tr>
<tr><td>2005</td><td>澳门历史城区</td></tr>
<tr><td>2006</td><td>安阳殷墟</td></tr>
<tr><td>2007</td><td>开平碉楼与村落</td></tr>
<tr><td>2008</td><td>福建土楼<br>山西五台山</td></tr>
<tr><td>2010</td><td>河南登封天地之中古建筑群</td></tr>
<tr><td>2011</td><td>杭州西湖文化景观</td></tr>
<tr><td>2012</td><td>元上都遗址</td></tr>
<tr><td>2013</td><td>云南红河哈尼梯田</td></tr>
</table>

再具体到石窟方面，保护实践体现出的变化见证了保护观念的发展：20世纪的工程中多有改变原状的不当做法。比如，整体喷涂混凝土、改变原有形制和环境状态的麦积山保护，增设水泥窟檐、破坏洞窟和塑像的须弥山工程等。在这方面，由于相较于木建筑的数量、关注度和人力等方面都显不足，石窟保护工程中对于保护原则和标准的把握和遵守远逊于木构建筑保护，常常呈现出一种混乱而众说纷纭的状态，保护措施也显得简单、直接。然而，在2000年后，这种情况大大的好转了。从敦煌莫高窟与盖蒂中心合作的《准则》试点工程开始，相关行业规范和原则逐渐深入人心，这十二年实施的百余项保护工程，大部分都尽可能地追求“保存现状”，而涉及要“恢复原状”的，工作态度也极为审慎，需要经过长时间对于“原状”的研究、调查和现状评估，才能最终实施相应措施。从投入的人力、物力和工程

耗费的时间远远超出之前的保护工程，也可看出保护态度的转变。比如，大足千手观音造像的保护维修工程，在工程开始之初，专家就经过讨论确立了“不改变造像原状，对其形态、工艺、状态和艺术都要很好的予以保存，对于需要部分恢复原状的金箔和部分断裂手指，需要严密的程序和依据”。又如，在云冈保护性窟檐工程中，抛开对“真实性”的理解是否准确不谈，设计组始终认为这一要素是贯穿设计始终的最重要原则之一，也是选择最终方案的重要原因。

另外，《准则》还在“不改变文物原状”的总原则下规定了原址保护、最小干预、保护文物环境、定期保养、按照要求使用保护技术、正确把握审美、预防灾害侵袭等十项可操作的标准。其中，最小干预、保护文物环境、按照要求使用恰当的保护技术及预防灾害侵袭几项，都对石窟保护有着明确的指导和深刻的影响。

当然，从《准则》构建的保护价值观中我们也可以看出原有法律法规体系的强势影响。正因为“不改变文物原状”是自新中国成立以来就被确立于国家层面的保护法律、法规中，是政府对于文物保护的核心要求，因此在中国的国情下，《准则》也无法脱离这个框架。笔者以为，相较于澳大利亚的《巴拉宪章》以保护场所文化意义为总原则、《英国保护准则》以维持延续或提升场所文化价值为总原则，“不改变文物原状”的说法更倾向于一种保护工程的要求，而非以价值为基准的整个遗产保护总原则。在很难说这条标准是否真的适应于保护的所有情况（如英国和加拿大文件中就有在何种特殊情况下可以改变文物原状的条款），确立为文物保护不能改变的总原则是否具有学术权威性。事实上，在很长一段时期内（20世纪30～70年代），国内文物保护的总原则应该是“整旧如旧”，这是以梁思成为代表的中国营造学社所提出的，并在若干实践工程中得到了遵循和验证。《准则》作为一部非政府组织公布的文件，仍然保持了与政府法律一致，一方面统一了保护思想、不容易在实践中产生混淆，另一方面可能会有失全面。

### （二）按照要求使用保护技术

文物保护和修复技术是利用自然科学手段和方法应用于文物保护上的研究与技术，在分析和确定残损、腐蚀原因、机理和环境要素的基础上，采用相应的技术措施和适宜的保护材料，从而最大限度地减缓文物变质、毁坏、湮灭的速度，最终达到保全和传承人类文明的目的。可以说，保护技术是建立在相关研究基础上的解决实际问题的方法，是任何一个保护工程实施的必要手段。人类对保护技术和方法的探索由来已久。我国古文献中就有相关记载，如关于青铜器的修复、书画装裱、古籍防蛀等传统。但在相当长的时间内，文物的保护方法还停留在零散的、局部的和简单的工艺处理阶段，系统的、科学的、完善的体系还未建立，直到20世纪50年代以后才在大量实践的过程中，对保护技术的认知有了大幅度的提升，使其成为一个专门的学科和保护工作中一个重要的方面。

从20世纪的60年代开始到20世纪末，我国曾先后对敦煌莫高窟、云冈石窟、龙门石窟、麦积山石窟、大足石刻、须弥山石窟、克孜尔石窟等大型窟群进行了整体勘测、抢险维修加固、治水排水保护工程，也同时对高颐阙、王建墓、南越王墓、永济桥、卢沟桥、司马迁墓祠、赵州陀罗尼经幢等石质文物进行了类似的维修加固保护。这些工程固然排除了一些险情，使得文物得以延续下去，也取得了一定的保护技术的成就。但所采用的喷锚加固、表面封护、化学灌浆等常用技术手段，以及在勘测过程中使用的一些拍摄、测量等方法，无疑都是比较简陋且直接的。这些多来源于铁路、水文、地质工程的做法，缺乏严格的评估和研究，应用于文物保护工程上，相当一部分并不是最恰当的方法，有的造成了在文物保护上永久的遗憾。

基于此，《准则》中对保护技术的使用做了一些具体的规定。这些规定首先明确了使用技术的意义和目的，其次规定了保护技术的原则，包括可重复性、可识别性及必须记录档案。在对于传统工艺和新工艺新材料的态度上，对于前者应该予以继承和发扬，而对于后者应该适当采用，但必须经过时间和实验检验、被证明是成熟可靠的方法，不能照搬其他领域的经验，也不能草率行事。事实上，在《准则》公布之后，对于石窟保护的技术要求在上述规定的基础上，被进一步明确为以下四个方面（表5.5）[53]257。

1）在进行石质文物的修复与保护时，首先应当尽量发掘和继承优良的传统维修技术，逐渐缩小新材料的使用范围。

2）在实际实施中，新材料要具有可逆性，当有更好的材料时，应该能将它取出。

**表5.5　《准则》中关于保护技术的规定**

| 内容 | 规定 | 条款 |
|---|---|---|
| 保护任务 | 通过技术的和管理的措施，修缮自然力和人为造成的损伤，制止新的破坏 | 第2条 |
| 技术的使用原则 | 一切技术措施应当不妨碍再次对原物进行保护处理；<br>经过处理的部分要和原物或前一次处理的部分既相协调，又可识别。<br>所有修复的部分都应有详细的记录档案和永久的年代标志 | 第21条 |
| 关于传统工艺技术 | 按照保护要求使用保护技术。独特的传统工艺技术必须保留 | 第22条 |
| 关于新材料和新工艺 | 所有的新材料和新工艺都必须经过前期试验和研究，证明是最有效的，对文物古迹是无害的，才可以使用 | |
| 保护工程与保护技术 | 保护工程是对文物古迹进行修缮和相关环境进行整治的技术措施……所有技术措施都应当记入档案保存 | 第28条 |

3）在工作结束后，在保护技术实施和操作中应用的化学试剂应予以全面剔除，不允许在文物本体上有所残留。

4）采用新工艺并进行后期技术处理后，新产生的文物附加新生物的，必须是良性的，不能给文物带来威胁。

这些原则影响了保护实践中工艺和方法的选择，使得这一过程更加谨慎。比如，在莫高窟、龙门石窟、克孜尔石窟等的保护修复、加固工程中，对于相应的材料和技术都进行了实验室和现场筛选；在乐山大佛景区内，排列着二三十种不同材料和技术所处理后的试块，希望通过与大佛暴露在同一环境下的长期观察，寻觅更适当的保护方法，这种对待技术使用的谨慎态度正是在文件潜移默化影响下逐步转变的（图5.1）。当然，问题和争议依然存在，譬如大足千手观音造像的黏结剂选择和龙门潜溪洞造像清洗的问题，都是对《准则》技术相关条文理解上产生的争议——传统技术/材料与新技术/

图5.1　乐山大佛左侧的试块实验

材料究竟孰优孰劣，在具体的实践中该如何选择等疑问，也是因保护价值观更加理性、保护程序更加健全而产生的良性探讨。事实上，在石质保护中，对于技术的依赖更甚，因此对于相关原则的理解也需要更为深刻，可能需要更为漫长的过程。笔者认为，《准则》在这十多年中已经初步展现出有益的影响，但仍需增添关于保护技术的具体阐释，或针对不同类型的保护做出更加细化的规定，以便于更清晰明了地指导具体保护实施。



## 第二节　对保护程序和方法的影响

### 一、保护程序的确立

在《准则》公布之前，中国传统的文物修缮程序分为六个步骤[115]176~181。

1）勘察：针对文物（主要是古建筑）进行残损情况的调查，由此初步确定保护维修方案。

2）设计：基于当时的经济、社会、文化等因素设计保护工程方案，编制由方案确定的设计图、施工文件等。

3）预算：根据文物工程大概预算进行工程费用的估算。

4）审批：需要文物部门依法进行。

5）施工：一般由当地施工团队进行。

6）验收：多由管理单位和文物部门进行审批验收。

从上述这六个步骤的保护程序中不难看出，中国传统的文物修缮带有很强的工程性质，类似其他一般的设施、构筑物维修，而没有对修缮主体的“文物”特殊性引起足够的重视，轻研究、轻评估、轻规划。这些过程的长期缺乏导致了保护工程的短视，因对文物价值和现状判断不足而无法很好地表达和延续其文化价值和意义，仅仅以维持使其不毁坏为目的。一方面不利于文物的长期保护和未来管理，另一方面在维修方案制定和施工中有可能因对价值的认知不足而造成不当维修，破坏文物的真实性和完整性。

就石窟保护来说，其保护程序比古建筑保护工程更为简陋，这造成了不少令人痛惜的破坏。比如，20世纪90年代在新疆克孜尔石窟的保护维修中，因为全面勘察和现状研究的缺失，造成了在维修工作进行中才发现窟前存有大范围的遗址，而此时架设的设备和相应的施工已经对其造成了不可挽回的破坏。又如，敦煌莫高窟第85窟的壁画长期以来受到各种典型病害的威胁，敦煌研究院常年进行维修，但由于忽视对病害机理和内在原因的研究和调查，仅采用“破哪儿补哪儿”“头痛医头、脚痛医脚”的做法，起甲、开裂等病害非但没有好转，反而更加严重。直到2000年开始严格遵守《准则》的保护程序，全面调查和研究了形成病害的要素和机理，才采取了有效的措施修复了现有的病害，并预防未来病害的再次发生。《准则》中指出了评估的重要性，并在参考了澳大利亚《巴拉宪章》做法的基础上，结合本国实际和国情，吸取作为《准则》试点的敦煌莫高窟保护规划编制过程程序的经验，制定了完善的保护程序（表5.6）。所参考的两方面依据中，前者更关注发掘遗产的价值和意义，侧重于通过研究而达到的保护策略；后者更看重作为一个保护工程或规划实施的过程，关注价值研究和现状评估，以期制定有效的、可操作的保护措施[116]92～103。

**表5.6　《巴拉宪章》和敦煌莫高窟保护规划的保护程序比较**

| | 巴拉宪章 | 敦煌莫高窟保护规划 |
|---|---|---|
| 调查与资料收集分析与评估 | 文献、口头和实物资料侧重于遗产的比较分析，在现状评估阶段关注公众意见的参与和反馈 | 历史档案、实物资料在价值研究基础上，分别对保存现状、管理、展陈、研究进行评价分析 |
| 保护实施 | 注重保护政策的制定，通过研究解释遗产的功能、用途、受众和状态 | 在明确保护总原则和目标的基础上具体制定分期的保护措施，包括保护、管理、展示陈列和研究四方面 |
| 评价 | 更宏观的保护程序 | 更具体的保护程序 |

《准则》吸收了二者的经验，结合中国特色，将偏宏观的保护档案、“四有”工作纳入保护程序，又通过研究和核查将具体的保护过程制定成可循环式，便于在实践中进行调整，可操作性很强，并通过莫高窟和承德避暑山庄的实践将保护程序以范例的形式具体化，无疑是《准则》之后对国内包括石质保护在内的文化遗产保护最重要、最深远的影响之一。

## 二、评估重要性的强调

在上述对保护程序的确立中，《准则》突出强调了评估的重要作用（表5.7）。

**表5.7 《准则》中对于评估的强调**[5]

| 条目 | 要求 |
|---|---|
| 第5条 | “保护必须按程序进行……其中，对文物古迹价值的评估应当置于首要的位置。” |
| 第11条 | “评估的主要内容是文物古迹的价值，保存的状态和管理的条件，包括对历史记载的分析和对现状的勘察。” |
| 第12条 | “确定文物保护单位及其级别，必须以评估结论为依据，依法由各级政府公布。” |
| 第13条 | “制订保护规划必须根据评估的结论，首先要确定主要的保护目标和恰当的保护措施。” |

相较于20世纪文物保护中对评估的忽视或是简化，这些条款明确指出了评估的重要性和必要性。在敦煌莫高窟壁画保护中的过程中第85窟与第98窟的对比就可清晰的看出评估的重要性。

**表5.8 敦煌莫高窟第85窟与第98窟壁画保护过程比较**

| | 第85窟保护 | 第98窟第一次保护 | 第98窟第二次保护 |
|---|---|---|---|
| 时间 | 1999～2008年 | 2002～2003年 | 2006年至今 |
| 程序 | 全面调查—现状评估—判断壁画的理想状态—甄选维修方案和工艺—进行保护维修 | 发现病害—采取措施 | 全面调查—现状评估—判断壁画的理想状态—甄选维修方案和工艺—进行保护维修 |
| 维修方法 | 采用经过反复筛选和实验的工艺及材料 | 采用传统做法 | 依照第85窟的经验，采用经过筛选和实验的工艺和材料 |
| 效果 | 较好的修复了壁画 | 在灌浆的过程中，因灌浆材料（泥浆）的问题，造成可溶性盐的活跃，出现二次病害；修复被迫中止 | 顺利完成，较好的修复了壁画 |
| 对评估的态度 | 修复之前最重要的部分 | 忽视 | 修复前最重要部分 |

可见评估的确是评价考量某一措施、方法是否得益的有效手段。但同时，在评估的过程中，如果要得出令人信服的严格结论，需要建立适当的评估体系，包括会影响到结果的相应变量[117]，然后将此变量存在时的情况与不存在的情况加以对比。因此，在《准则》之后，评估虽然已经成为保护工程不可或缺的一个程序，但由于还未能建立起一个完善的遗产评估数据库和要素系统，所以在具体的案例中，评估的全面性和科学性参差不齐，亦有评估不当、不准的情况发生。这个问题可能需要《准则》在今后的修编中不断完善分类型的评估系统来解决，也需要宣传学习若干优秀的类型案例来推进科学评估的进程。

事实上，如ICCROM的Gamini先生所言，《准则》所确立的保护程序是具有普世价值和通用性的。这一点可以通过对澳大利亚《巴拉宪章》（1999）、《英国保护准则》（2008）和《加拿大历史场所保护标准和指南》（2010）这三份近十余年来在国际上具有先进性和代表意义的准则文件比较得出。

这三份文件分别由澳大利亚ICOMOS、英国遗产组织和加拿大历史场所这三个机构颁布，是2000年后国际上影响较大的三份国家性文件，都是在传承国际宪章精神的前提下面对本国文化特质和国情的有针对性的保护准则文件。它们中规定的保护程序如图5.2至图5.5所示。

可以看出，以上三份文件在对待保护程序的问题上有着类似的地方：首先应该以理解遗产价值/文化意义为基础，继而在国家准则文

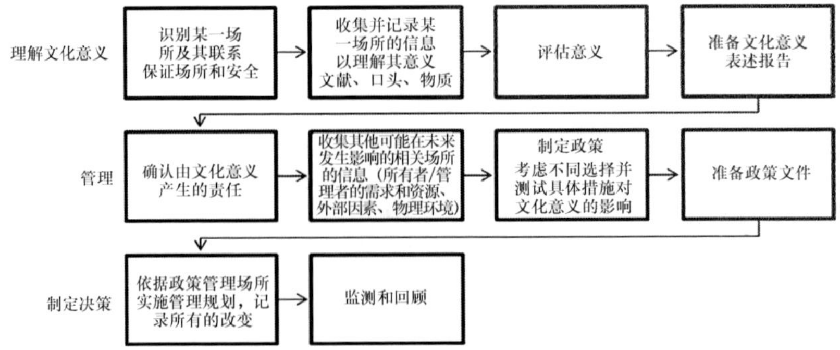


图5.2　《巴拉宪章》：调查、决定和实施的程序

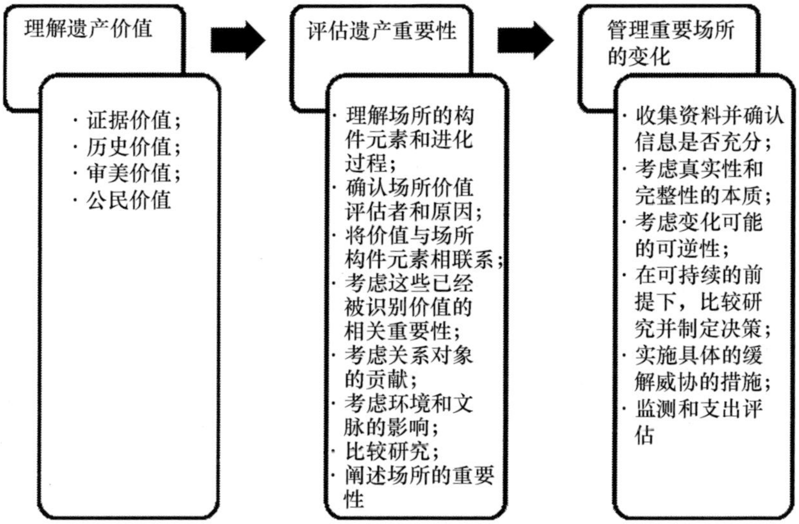


图5.3 英国《保护准则：历史环境可持续管理的政策和指导》中体现的保护程序

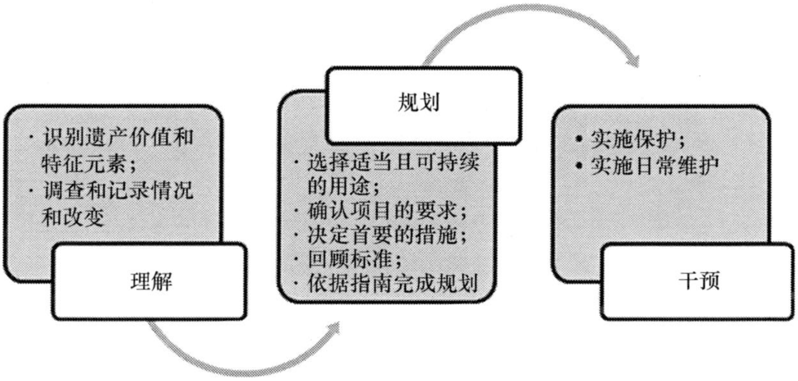


图5.4 加拿大《历史场所保护标准和指南》中规定的保护决策过程

件的指导下进行评估、规划，最后实施保护管理或干预措施。这些共性，是正确严谨地保护程序所应当遵守的，也在中国《准则》指导下的以莫高窟壁画保护等系列实践中得到了体现和验证。

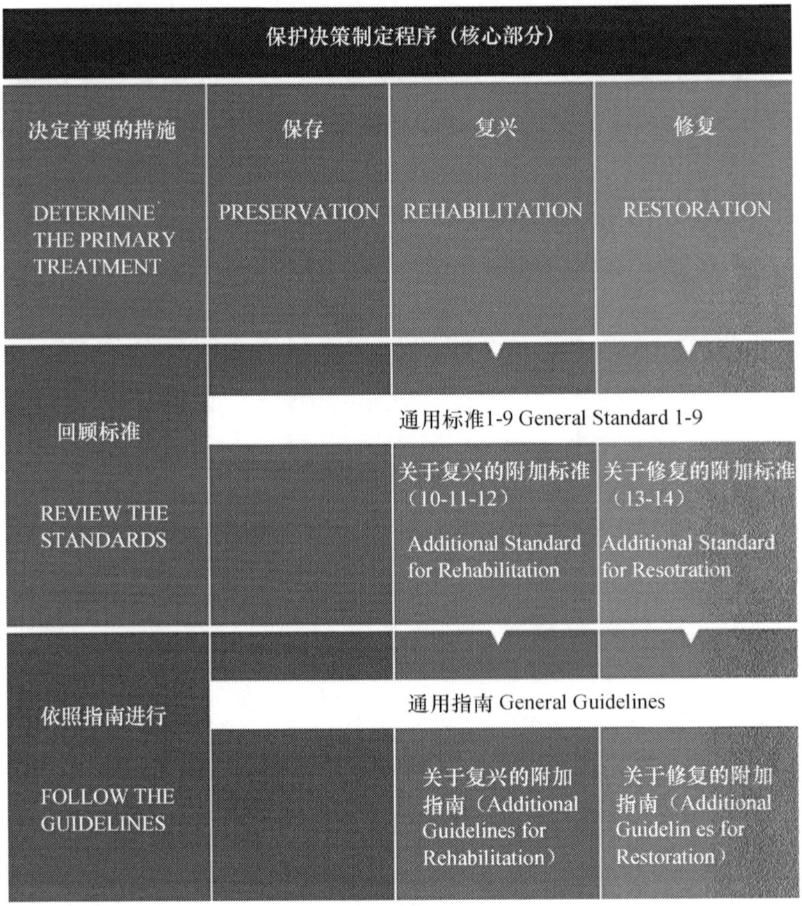


图5.5　加拿大保护决策制定程序（规划中的核心部分）

# 第三节　对规范化管理和施工的影响

## 一、对管理的指导作用

与敦煌莫高窟同样作为《准则》试点的承德避暑山庄与周围寺庙保护工程包括了根据《准则》编制保护规划，以及评估承德殊像寺这两项工作。在河北省、承德市文物局，盖蒂保护研究所与澳大利亚遗产中心开始这两项工作之前，研究人员首先选取了十处遗产地进行了因素影响调查（表5.9）[118]30。

**表5.9　基于世界遗产地的影响因素分析**

| 类型 | 影响因素 | 具体表现 | 所占百分比 |
| --- | --- | --- | --- |
| 自然因素 | 风蚀<br>降水<br>地震<br>雷击 | | 10% |
| 人为因素 | 发展因素 | 城市发展过快带来的破坏；<br>过度旅游导致遗产地超负荷 | 30% |
| | 管理因素 | 保护管理经费不足而侧重于旅游；<br>管理层专业人员缺乏造成错误决策；<br>对维修保护项目的敷衍与随意，缺乏对法律和原则的基本认知；<br>规划设计与维修施工队伍缺少应有的资质和经验 | 60% |

资料来源：承德市文物局

由表5.9中的数据可以看出，在影响世界遗产地的两大类因素中，人为因素占据了绝对的主导地位，而其中因为管理因素而带来的各种问题占到了所有影响的60%。这说明，对于遗产保护来说，起到核心作用的还是作为管理的“人”的意识，如果这一阶层水平参差不齐，且缺乏正确的引导和规范，就会对遗产本身造成不利的影响。

事实上，上述调查仅是基于十个世界遗产地的，对于众多的作为国家文物保护单位、省级文物保护单位以及市县文物保护单位的石窟来说，其20世纪的管理情况更是不容乐观，出现过不少起由于安防不到位而发生的造像被盗事件，也出现过用采用不当方法如用水清洗造像、用颜料重新彩绘等事件。在2000年后，《准则》逐渐显示出了在这一方面的行业规范作用。文化遗产保护管理者队伍的专业素养固然需要逐步、慢慢的提升，但有了《准则》的指导和规范，起码为恰当的、正确的决策和错误的、不当的决策划分了明确的区别：其中的“保护原则”为管理者指明了大的方向，而要实施“保护工程”，就必须按照“保护程序”进行，同时根据具体的状态决定应该实施哪一类工程。以四川广元千佛崖摩崖造像为例，在2000年后，文物管理部门在《准则》的指导下加强了安防、技防，进行了环境整治工程，同时在对文物状态和环境充分评估的基础上，做出了紧挨石窟岩体的川陕公路应该改道的决策，并邀请多个部门和研究机构合作完成了这一方案，最终在2008年得以实施。

诚然，保护管理上的问题依然存在，而且相较于保护程序，《准则》在管理上的影响更隐蔽，也需要更长的时间调整。配合详细的管理要求，以及各个文物保护单位和保护人员自身保护素养的提升，应该会让遗产管理逐渐正规化、科学化。

## 二、对设计与施工的规范作用

### （一）中国传统工匠体系

从人们开始学会建造、制造和使用，就诞生了维修和复原的传统。我国古代的修复保护工艺大多掌握在工匠手中，这些工匠既会“建造”又会“维修”，如宋时由将作监、官匠和民匠[119]168共同构成的建筑建造体系，承担着官方营造和修缮的所有任务。一般来说，工匠的技艺传承有三种方式（表5.10）。

**表5.10　中国古代的工匠技艺传承方式**

| 传承方法 | 具体操作 | 特点 |
|---|---|---|
| 官方培训 | 从秦代开始，政府就设立有专门的将作机构，通过世袭与师徒传授的方法，结合官府制定的考核、管理制度进行工匠技艺的培训 | 工种齐全；制度较完善 |
| 民间传承 | 师徒相传 | 言传身教、学习时间较长；有一定的习俗传统 |
| | 家传世袭 | 保密性好，容易形成家族品牌，但也容易失传 |

资料来源：高奇：《中国古代的工匠培训与技艺传授》，《中国职业技术教育》2008年第2期，第50、51页

在石窟寺这种耗资甚巨、费事甚久的营建工程上，更是体现了工匠对于技艺的传承。建造于隋唐至两宋的四川安岳县石刻，有记载的工匠有30余人；而在稍晚始凿于盛唐的大足石刻，对其建造贡献较多且有记载的工匠多为上述30余人的家族、师门晚辈。比如，建造大足的工匠之一简氏，其七世祖[120]参与了安岳石刻的开凿；参与建造大足的伏氏家族①，也是自安岳一脉相传。

① 有记载的工匠有：伏元俊、伏元培、伏世能、伏小六、伏小八、伏忠靖（原作伏麟），皆是亲戚关系。

在这种情况下，石窟开凿与造像维修的工匠体系完善且封闭，传统工艺、流程和技术自成一系，受到的外来影响较小，自身程式也较难改变。

### （二）《准则》的规范化作用

在新中国成立之初，文物保护工程虽说吸取了很多科学的、现代的观念，但在施工上，还是需要依赖工匠。然而之后，历经20世纪中期的各类政治运动，传统工匠体系遭到了比较大的破坏，文物保护工程的施工队伍出现了一个断层。自20世纪七八十年代开始进行的保护工程，尤其是石窟保护，所执行施工的多是各类工程队，如铁道、桥梁、水利、化工等工人，这些工程本来就缺乏完整的维修规划，很大程度上依赖于施工人员的发挥；而非专业的施工人员，更是加剧了这种发挥的自由度，使得许多保护工程，包括20世纪60年代的莫高窟保护、70年代的云冈石窟保护等，效果均不尽如人意。

基于此，在《准则》中，除了规定详细保护程序，以及日常保养、防护加固、现状修整、重点修复四类保护工程的具体保护措施外，还对承担保护工作的机构和人员做了要求[5],[111]：

1）文物古迹自身的保护事务，由文物主管部门备案或审批。

2）涉及范围较广的事务和专业较多的项目，由文物主管部门依法参加决策，并对涉及文物古迹安全的事务拥有主要决策权。

3）在文物保护范围内未经过审批，或在中途改变了准批内容的一切保护工程，文物主管部门有权依法责令停止，并追究后果。

4）承担保护工作的机构和人员，应当通过资格认定。

5）从业资格认定程序及考核规则由文物主管部门负责依法制订颁行。

6）勘测、设计、施工、监理及特殊材料生产等直接承担保护规划和保护工程的机构，其资格必须经过文物主管部门考查认定。

在这些规定指导和要求下，新时期的石窟保护工作逐渐规范，对于一些重大工程，还形成了以文物保护为主、联合多学科学者的共同施工。比如，大足宝顶山千手观音造像的保护修复，就结合了包括水文、地质、环境、化学、物理、生物等学科在内的众多工作者，依照程序和规则认真实施工程的每一个步骤。

当然，要达到规划施工、施工与规划完全一致、在施工过程中有学者的指导等，尚需一个长期的过程。目前在石质保护施工上的主要问题是：规划与施工脱离，这在作为一号工程的千手观音、龙门保护工程中都有所暴露，保护工作者也进行了反思、总结。从理论上说，《准则》应该兼有先进的思想和具体的指导性，上至学者下至实施团队都能如指臂使的理解和运用；而实际上，这一影响非仅靠文件的力量能够实现，它还需要全社会在管理体制、保护施工上的努力和改善。因此，对于石窟保护的规范化管理和施工方面，《准则》已经具有一定的指导性，但仍需进一步加强。

## 第四节 小 结

回顾2000年后的中国文化遗产保护和石窟保护实践的发展，可以看出，《准则》的成功颁布及执行在其中发挥的巨大作用和影响（图5.6）。

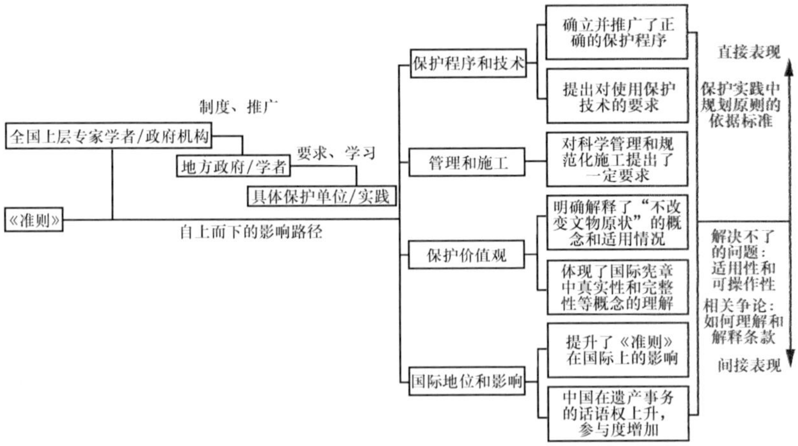


图5.6 《准则》对石窟保护积极作用分析

《准则》作为一份自上而下推行的行业标准，其影响也是依照全国性的专家学者/政府官员——地方学者/政府——具体保护单位的保护直接实施者这一自上而下的路线进行的；这并不是一个立竿见影的效果，而是一个潜移默化的进程。经过十多年的推广，我们可以看出，《准则》目前的主要影响表现在三个方面：第一，对中国现代遗产保护价值观做了阐释和总结，解释了包括"不改变文物原状"在内的若干保护原则，明确了在保护技术方面使用的要求；第二，规定了科学、完善的保护程序，并在其中强调了评估的重要意义；第三，对规范化管理也有一定的帮助。此外，《准则》在国际上也产生了一定的影响。中国在国际保护领域的参与度和话语权都有所提升，在参与以援柬埔寨吴哥古迹保护项目为例的国际事务中，展示了自身有特色的保护体系。在《准则》成功的影响下，中国与国际保护合作广度和深度都有较大程度的加强。比如，四处重要的石窟遗产地在这十年内所进行的重要保护工程，莫高窟壁画保护、云冈窟檐修复、大足千手观音造像保护修复与龙门石窟保护工程都有其他国家保护组织的参与。通过合作与交流，一方面中国文化的特质和价值得以为更多的人所知，吸引力和知名度上升，另一反面也促进了国内保护理论的交流、保护方法的进步。

上述这些积极影响的表现可能是显性的，直接体现于保护实践规划、原则的制定依据和标准采用上，更有可能是隐形的，间接表现在实践中越来越多的争论和问题上。正是这些围绕《准则》不同理解和阐释，以及在文件适用性、可操作性上产生的疑惑，体现了其润物细无声的影响所在。

另外，我们必须看到《准则》并非一个孤立的因素，而是在社会发展和文化变革中起重要作用的影响因子之一。它受到这十多年来中国政治、经济、社会、文化发展等的因素的制约和影响，也反过来作用于相应的社会、文化范围。未来，随着社会对遗产保护的关注度上升、保护学科的成熟和保护队伍素质的增强，结合对《准则》体系的研究和进一步完善，我国的石窟遗产保护必将有长足的进步。

# 第六章

# 反思与建议:《准则》在指导石窟工作方面的提升空间

从前述中国石窟保护仍然存在的问题和典型案例分析（见第三章）中，我们可以看出，《准则》在指导石窟保护中并非万能。事实上，目前石窟保护中存在的问题，其中一部分与《准则》息息相关，或正是因为《准则》在指导石窟方面的不足而造成的，如石窟遗产的保护理解；另一些在《准则》提升了对石窟保护的指导性后，可能提到改善，如选择适当的保护技术问题；还有一些为石窟自身的特殊性和要求所造成的，可能与《准则》在该方面的关系不大，如具体的技术工艺。而在本书主要讨论的前两类问题中，造成类似第三章中具体案例效果和评价迥异的原因也有两个方面：其一来自于保护队伍、施工人员对《准则》精神的理解程度、阐释方式不同，有限于现实条件和自身背景而误读或过于狭隘的解读的情况发生；其二来自于《准则》文件自身，保护标准体系的建立尚不够完善，在石窟保护方面有不能解决的问题，且随着时间的推移和遗产保护的发展，制定时的某些时代局限性也被凸显了出来。前者更多地会随着我国社会、经济、文化整体发展水平的提高和对遗产保护的越发重视、保护队伍的建设与完善、与国际保护界的交流增多等大背景的发展逐渐得到改善，也需要对《准则》文件的进一步宣传和推广；后者则需要在明确现有不足的前提下，分析、探讨可能的解决方式，这将是本章主要讨论的内容。首先，指出现行《准则》在指导石窟保护中关于遗产认知、价值研究和一些通用性的保护原则的不足，在分类型遗产保护中和具体保护策略上的制约及在推广上的缺憾，继而通过对若干国际代表性文件的比较和研究，尝试性地提出解决的建议。

# 第一节　现行《准则》在指导石窟保护中表现出的不足

## 一、遗产认知与价值理解

在现行《准则》中，指出保护是为了延续历史信息及文物价值的保存活动，文物价值包括历史、科学、艺术三种类型；而同时以文物类型（古建筑、石窟寺、古遗址等）来定义文物本体，即保护对象。从这三种基本的概念出发，可能造成了前述在石窟保护理解上的一些不足。

比如，在莫高窟第85窟壁画保护实践中，盖蒂保护研究所主要负责该项目的Neville教授就曾经很苦恼于如何将莫高窟丰富的价值简化到符合《准则》的“三大”价值框架中去。作为整个保护项目的重要前提和核心研究之一，为了使其价值得到较完整的表达、不减弱或忽略某方面，在盖蒂保护研究所最终出版的第85窟工程报告中，在“第85窟的意义”[121]一节中除了按照历史、艺术、科学的分类介绍其价值外，将剩余的文化价值，包括社会、教育、经济、利用等各个方面都放入了“遗产的特殊性”（unique characteristics）篇章中，用这种不明确价值类型的方式来佐证、确保认知的全面与之后为了延续所有价值制定措施的针对性。而在国内更多的石窟保护实践中，除三大价值之外的价值部分很有可能被忽略，影响保护的真实和完整。

事实上，在《准则》的制定过程中，曾经试图尝试定义新的价值体系：“指文物古迹自身固有的文物价值和对当今社会的利用价值。”[116]87固有价值包括历史、科学和艺术价值三类，利用价值包括纪念、认知、审美和实用价值四类。但这种方式最终并未得到认同，大部分专家认为，《准则》应该依据《文物法》的规定，延续三大价值，这种跳脱超越的价值分类没有必要，且经济价值和实用价值的提出不符合中国文物“保护”的观念。最终，这种价值标准被删去，不能不说是一个遗憾。而《准则》在这方面的指导性欠缺也是造成包括石窟在内的遗产地经济发展和利用阐释不够科学、比较自主的原因之一。

又如，在千手观音造像修复中重新彩绘、重新贴金的行为，不单单是在延续历史信息，而同时也赋予了文物新的价值，这些行为是否能够称其为“为了保存所有信息”的“保护”？在2013年9月中旬召开的大足千手观音修复国际研讨会上，也有专家提出类似的问题，而负责该项目的中国文化遗产院詹长法先生认为，依照《准则》等文件，这些做法或许并不能称之为对历史信息的延续或对价值的全面保存，但它是适当的，因为石窟造像的特殊性决定了在修复中要格外重视艺术的完整性和在宗教上的意义，所以上述做法更多的是出于宗教文物所具有的的独特性、审美性和无形价值的考量而决定的。这体现出如何理解石窟遗产的物质部分与非物质部分，以及相关的精神，在目前《准则》中尚未能回答，因此只能在具体的保护实践中依靠个性特殊性来解释的现状。

## 二、指导性与可操作性

2000年版《准则》是一个对中国各类型遗产的通用普遍文件，其中的原则对于古建筑、石窟寺、遗址、墓葬、聚落、园林等都具有适用性。在《中国文物古迹保护准则案例阐释》中，以45处遗产地的70个保护实践或经历解释了所有的38条准则（表6.1）。

**表6.1　《准则案例阐释》中涉及的案例**

| 遗产地类型 | 遗产地数量（处） | 案例数量（处） |
|---|---|---|
| 古建筑与古建筑群 | 20 | 31 |
| 石窟寺与石刻 | 3 | 9 |
| 其他石质文物 | 6 | 6 |
| 考古遗址 | 6 | 8 |
| 村落、聚落或古城 | 4 | 6 |
| 古墓葬 | 7 | 7 |
| 园林 | 3 | 3 |
| 其他案例（法律条文等） | | 16 |
| 小计 | 49 | 86 |

资料来源：ICOMOS/CHINA：《中国文物古迹保护准则案例阐释》，北京：北京长青树（现代办公）文化发展有限公司，2005年，第110页

分析表6.1的数据可以看到，在《中国文物古迹保护准则案例阐释》中，木结构的古建筑或古建筑群的数量占了近一半，石窟寺的案例数量在除去法律等其他类型的具体案例中占约七分之一，而涉及的

遗产地不到十分之一，包括石窟寺在内的所有石质文物共占案例数量约三分之一，其余类型案例占六分之一至五分之一。这从一个侧面反映了《准则》对各类型遗产的指导性强弱有所不同，尤其是在“保护原则”和“保护工程”这两章，虽然也有一些针对类型的条目（如第26条、第35条针对考古遗址和古墓葬），但总体来说，还是针对木结构建筑保护的可操作性最强。这在具体的石窟保护实践中，可能会出现无据可依的情况。比如，目前在对石窟保存现状进行评估时，许多工程使用的术语体系并不相同，出现了定义混乱、语义不清的情况；《准则》中规定的四类保护工程，对于石窟保护性窟檐建设来说，该如何判断和选择“现状修整”与“重点修复”；在石窟保护的具体过程中，又如何理解并按其要求实施“按照要求使用保护技术”和最小干预原则，等等。这些问题都尚需更加精准详细的解答。

事实上，与众多学科一样，遗产保护也必然向着更精细、更细化的方向发展。而木结构与石质文物，聚落、区域与单体，地下遗址与地上场所在保护实践中确实需要不同的标准和方法。以石窟寺为例，云冈石窟研究院和敦煌研究院都迫切希望《准则》中能够增加针对石窟/石质文物保护的具体标准、评估内容和措施方法，而包括巴中石窟、千佛崖摩崖石刻在内的研究力量较之前二者弱的中型石窟寺保护单位，则表示不知道该如何在具体的保护实践中体现出对《准则》普遍原则的认同和凸显。这些来自实践和基层保护单位的反馈，体现了对分类型操作指南和标准的急迫需求。

## 三、约束力、认同度与影响力

国家准则文件的成功代表——澳大利亚《巴拉宪章》产生于遗产保护理念还不甚深入人心的20世纪70年代，为了推行并使其真正达到国家准则的标准、成为行业典范，澳大利亚相关人员整整奋斗了20年：他们到基层宣传、游说政府，举办面向社会各个层次的推广、研讨会，并在各地的遗产保护实践中，用《巴拉宪章》加以解释和证明，体现这份文件是行之有效的。最终，爱尔兰人[①]以他们的固执与坚持取得了胜利——《巴拉宪章》获得了社会各界的广泛认可，不但

① 澳大利亚人多为爱尔兰后裔。

政府在进行遗产事务时要参考它，许多私人业主在维修、改建时也首先会去翻看《巴拉宪章》，是否符合其要求。澳大利亚也因此不断收集实践中的反馈意见，并将其添加到后续附件中，使之更加完善。因此，有专家评价其为“活的文件”。

而中国《准则》直到2005年中国古迹遗址保护协会机构获得审批正式成为合法机构后才开始推广。此前五年都是美国盖蒂组织在国际上免费发放，虽然获得了一定的国际关注和赞扬，但作为一份指导中国保护实践的行业准则，国内却只有寥寥几个参与编写和审议的专家和组织对其有着较多的了解，众多保护机构和保护单位对这份文件一无所知，更别提参考和使用了。从2005年至今，在中国古迹遗址保护协会等机构的努力下，通过举办学习班、研讨会、在一些重要保护实践中使用并宣传等方法，《准则》获得了一定的国内知名度，但还远远不够，许多中层、基层保护单位对其了解认知度仍然非常有限，各地保护实践中依旧有理念含糊、程序缺乏等问题。

在石窟保护过程中，即使是在研究力量很强、关注度很高的几处世界遗产地中，也会出现对《准则》理解上的偏差等问题（见第四章），更何况国内其他中小型石窟寺单位，关于保护原则、方法和评估过程中与《准则》不符甚至违背文件的情况时有发生。这表明《准则》作为一份自上而下推广的文件，其发挥的约束力和影响力也是自上而下的减弱，如何在今后的石窟保护中进一步宣传、推广使其成为真正的指导性纲领，也是值得思考的问题。

## 第二节　未来完善具体建议

### 一、关于保护认知与价值理解

这方面的建议笔者将从与中国《准则》意义相似的外国国家级准则文件、国际相关法律宪章等文件的比较中获得。

#### （一）遗产与保护概念的比较与探讨

与中国《准则》类似，作为文化遗产保护和咨询权威机构，不少国家的ICOMOS委员会都根据本国文化遗产特点和现实需求，制定了国家级的保护准则（表6.2）。

**表6.2　外国国家级文化遗产保护准则**

| 国家 | 机构 | 时间/年 | 国家级准则 |
| --- | --- | --- | --- |
| 澳大利亚 | ICOMOS Australia | 1979（1981，1988，1999年修订） | *The Burra Charter*（《巴拉宪章》） |
| 加拿大 | ICOMOS Canada | 1982<br>1983 | *Charter for the Preservation of Quebec's Heritage*（*Deschambault Declaration*）（《魁北克遗产保护宣言》） |
| 加拿大 | A Federal Provincial and Territorial Collaboration | 2003，2010 | *The Standards & Guidelines for the Conservation of Historic Places in Canada*（《历史场所保护标准和指南》） |
| 巴西 | ICOMOS Brazil | 1987 | 历史中心保护与复兴准则 |
| 新西兰 | ICOMOS New Zealand | 1992，2010年9月修订并批准实施 | 文化遗产地价值保护宪章 |
| 美国 | ICOMOS National Committees of the Americas | 1996 | *The Declaration of San Antonio*（《圣·安东尼奥宣言》） |
| 印度尼西亚 | ICOMOS Indonesia | 2003 | *Indonesia Chapter for Heritage Conservation/ Piagam Pelestarian Pusaka Indonesia*（《关于遗产保护的印尼宪章》） |
| 英国 | English Heritage | 2008 | *Conservation Principles for the Sustainable Management of the Historic Environment*（《历史环境可持续管理保护准则》） |

资料来源：ICOMOS官网，http://www.icomos.org

由于篇幅所限，笔者在这里依旧选取中国《准则》在制定过程中参考最多的澳大利亚《巴拉宪章》、在这十余年内最能反应保护发展趋势的《英国保护准则》和类型较为全面的加拿大《保护准则》这三份与中国《准则》意义相似的文件来比较、探讨关于遗产与保护的核心概念（表6.3）。

**表6.3 澳大利亚、英国、加拿大保护准则核心概念介绍**

| 国家 | 澳大利亚 | 英国 | 加拿大 |
|---|---|---|---|
| 准则名称 | *the Burra Charter*（《巴拉宪章》）（1999年）[122] | *Conservation Principles: Policies and Guidance for the sustainable management of the historic environment*（《保护准则：历史环境可持续管理的政策和指导》）（2008年）[123] | *The Standards & Guidelines for the Conservation of Historic Places in Canada*（《历史场所保护标准和指南》）（2010年） |
| 制定机构 | ICOMOS Australia | English Heritage | Canada’s Historic Places、加拿大公园 |
| 遗产的定义 | 具有文化意义的场所①（place of cultural significance），分为自然、土著和历史三类，包括遗产地（site）、区域（area）、土地（land）、景观（landscape）、建筑、建筑群和其他，其构成（components）、内容（contents）、空间（spaces）和视图（views） | 在遗产名称上，用“场所”（place）一词来指代任何一部分的历史环境（historic environment，包括地下和海下遗产），在超出原有物理形式的基础上包括一切能够为“场所感知”（a sense of place）做出贡献的特征；从一根柱子到一座建筑、历史范围、城镇、区域都需要在不同目的下予以理解和管理，并依据各自独特的地理位置和特征定义不同又有重叠的“场所” | 历史场所（historic place）[134]3：被联邦、省或地方政府及权威组织认知到具有遗产价值的物理场所（physical place），包括建筑物、工程构筑、景观、考古遗址等单个或群体，也可能是综合医院、农场、村庄、城市商业区，或者桥梁、道路、公园、学校、房屋等。可能是单独的，如车站，也可能是围绕一个中心特征展开的包括土地和其他建筑在内的组群；历史场所不只是博物馆或者旅游地，也包括正在居住、工作、玩乐和敬仰的使用场所 |

① 王世仁等在一些相关文章中将“place”直译成“地方”，在本书中都译成“场所”。

续表

| 国家 | 澳大利亚 | 英国 | 加拿大 |
| --- | --- | --- | --- |
| 保护的定义 | 所有照看某一场所使其文化意义得以延续的过程均被称为保护 | 保护意味着维持延续（sustaining）遗产价值；这不仅包括了不造成伤害的“保存”（preserve），也包括可能的良性改变——不断揭示和充实价值这种提升（enhance） | 保护可被看做一系列从历史场所的理解、规划到干预的行为，包括保护工程、维护等，是不间断且循环性的行为[124] |
| 保护的目的和意义 | 具有文化意义的场所丰富了人们的生活，在社区、景观，历史与当代之间提供了和提供着深刻而启迪性的联系；它们是历史的见证，是澳大利亚特质和经历的重要物质表达，反映了国家文化多样性，告诉人们我们的来历；是无可替代的宝贵财富，所以必须为当代和后代保护好这些场所 | 历史环境是英国文化遗产和国家认同感的核心资源，也是重要的社会和经济资产和文化资源，可供居民学习和欣赏（enjoy），为了当代和后代的利益应当予以保护 | 历史场所对社区、省、领地或国家具有重要意义，需要予以保护，且能够丰富人们的生活，使居民参与和欣赏（enjoy） |
| 遗产构成元素（fabric） | 场所的物理材料，包含组成（components）、固定设施（fixtures）、内容（contents）和实物（objects） | 一般用于描述建筑物的材料，在本书件中将其内涵扩展，指代场所的材料物质，包括地理、考古沉积、结构和建筑以及之上和之内的植物； | 为历史场所的价值做出贡献的特征要素（character-defining element），包括材料、形式、位置、空间构造、功能和文化联系或意义 |
| 特点和评价 | 形成较早的准则文件，其价值类型、保护原则和程序影响了包括中国《准则》在内的一批国家准则文件的制定，全面、完善，“具有文化意义的场所”凸显了本国文化特质，也涉及了诸如参与等目前关注的重点，因此到今天仍具有相当代表性和典型性 | 对待遗产（历史环境、历史场所）的态度开放且包容，以时代发展和变化的眼光看待遗产，在保护理念、保护方式等方面做了十分先进的阐释和尝试，注重对于变化的认知和管理以及各类群体在保护事务中的参与 | 是从制定时间上最新的国家准则之一。同样体现了新时期的发展与变化，强调对于变化的管理和价值的重构与表达；同时，在价值类型等标准上又延续了传统的分类；在通用原则的基础上，按照遗产传统类型与新类型详细的阐释了具体的保护标准 |

资料来源：ICOMOS Australia. *the Burra Charter*. 2000. English Heritage. *Conservation Principles: Policies and Guidance for the sustainable management of the historic environment.* 2008. Canada’s Historic Places. *The Standards & Guidelines for the Conservation of Historic Places in Canada.* 2010

从上表中可以看出遗产保护核心概念的两个变化趋势。

第一，传统的单一“纪念物”（monument）保护的观念逐渐被在可持续发展中“场所”（place）、“环境”（environment）保护的观念而取代。同时，作为价值载体的对象要素不断拓展，从物理材料到包括物理材料、环境要素，以及相关联的文化、精神意义。这种由单纯的物质要素逐渐跨越物质与非物质要素的界限，并且拓展到“人”的特征要素（fabric），反映了一种近年来对于“遗产”更完整的认知态度与更全面的思考。

第二，传统的静态保护/单纯的保存观念正逐渐被动态保护、管理变化的概念所取代。保护不再是一种静止的行为，而是可持续发展中不可或缺的部分，而不论是遗产场所要素还是部分价值内涵，都会随着时间变化而不断更新、发展。在这个过程中，真实性要素的理解格外重要。这种理解变化反映了近年来对于“保护”本身更理性、更客观的思考。

澳大利亚《巴拉宪章》是最早结合《威尼斯宪章》精神并适应本国文化特质提出遗产应该是具有文化意义的“场所”这一说法的。这个定义在它产生后的三十年内得到了迅速的推广和应用，是因为“场所”一词本身就有物理存在要素和主观精神感知这两方面的内涵。到今天，该宪章不仅仅被ICOMOS，UNESCO的一些国际文件广为采纳，这一定义也在如英国、意大利等遗产保护经验丰富的国际得到了进一步的拓展和延伸，这事实上体现的是保护领域对除物质要素之外的非物质要素，以及二者间关联的逐渐重视。

《英国保护准则》中第5条原则中的原则4，以及第6章中的“管理重要场所的变化”（managing change to significant places），具体阐释了对于变化的认识和应对。

原则4：应当管理重要的遗产地以延续其价值：

i. 因自然进程、使用老化、人类社会经济和技术发展而带来的历史环境的变化不可避免；

ii. 保护即通过管理变化而达到价值的最大延续与不断重构；

iii. 保护首先需要关注的：

★ 评判哪些遗产价值是脆弱易变的；

★采取行动、加强必要的约束来维持、加强并揭示此类价值；

★在此类保护行为与其他冲突时进行调解；

★保证遗产的真实性；

iv. 采取减弱自然变化的措施应合理、及时且延续；加强对过去的理解、表达遗产价值的干预是合理的，为价值延续、减弱威胁的干预是必要的；

v. 新工作在现在和未来应当追求设计和实施的质量，但并不意味着也不排除传统方法。

在变化不可避免的情况下，要充分认识和理解变化的原因（自然进程、使用老化、人类社会经济和技术发展等）和内容，考虑真实性、完整性元素的本质，同时不能忽略这些改变在未来是否具有可逆性，在这种情况下管理变化，而达到价值的最大延续与不断重构，这才是保护的核心。同样的，在《加拿大历史场所保护标准和指南》中，“保护”（conservation）是一个“伞状”的词条（umbrella term），包括修复（restoration）、保存（preservation）和复兴（rehabilitation）三个层面，分别对应着对过去的重现、保存现在和未来的可能（图6.1）。这其中，时间是线索，而随时间的改变是保护行为准则明确和理解的前提。

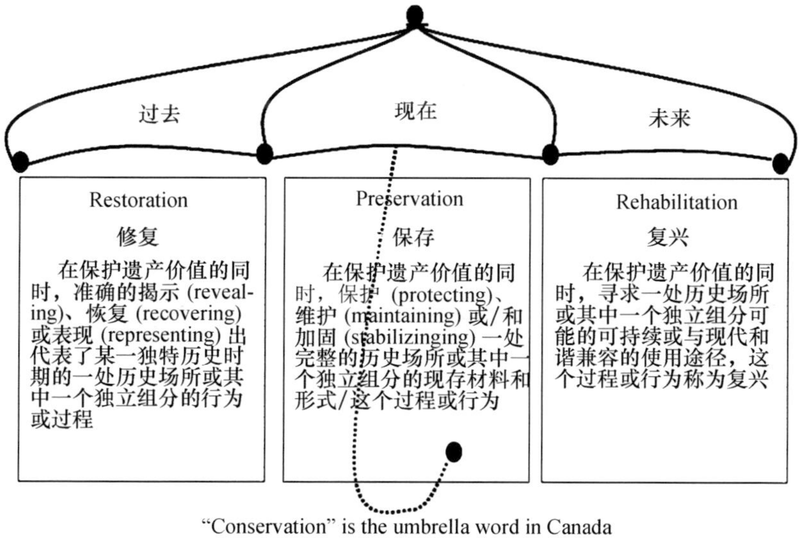


图6.1　加拿大“伞状”保护与时间变化的关系

（二）价值研究的比较与趋势

在表6.4中，加拿大延续了《巴拉宪章》中关于价值的分类，而英国将文物价值分为“工具性”与“非工具性”两大类。遗产的内在非工具性价值分为证据、历史、审美和公民四类。其中，证据价值来源于某一场所过去人类活动产生的可能证据；历史价值来源于通过某一场所与过去的人类、事件或生活方式相关联的方式，是一种解释性的或关联性的（如与文学、音乐、人物、事件、电影等相关联）价值；审美价值来源于人们在某一场所获得的感官或智力的刺激；公民价值来源于与某一场所相关联的人群，或他们的集体经验和记忆的意义，这种价值与历史和审美价值相关，但也有不同的方面，包括记忆、象征价值，社会价值和精神价值。在遗产价值认知和评估中，首先要认识到的是场所的构成和进化过程，认识到价值可能会随着人们理解程度、认识角度拓展而在宽广度和复杂性上有所增长，也会随着遗产地因时间流逝的改变而改变。在此基础上，再考虑价值评估者、环境、关联因素的影响等。

**表6.4　澳大利亚、英国、加拿大准则文件中关于价值的阐释**

| 国家 | 澳大利亚 | 英国 | 加拿大 |
|---|---|---|---|
| 准则名称 | 巴拉宪章（1999年） | 《保护准则：历史环境可持续管理的政策和指导》（2008年） | 《历史场所保护标准和指南》（2010年） |
| 价值及类型 | 对过去、现在、将来的人们具有的文化意义包括：审美价值、历史价值、科学价值、社会或精神价值。这些文化意义可能会随着历史发展而发生改变。文化意义体现于场所自身、场所构造、功能、环境、联系、意义、记录以及相关场所和证物当中 | 遗产价值代表了遗产地的一种公众兴趣导向，不论属于何种所有制。价值类型包括证据（evidential）价值、历史价值、审美价值、公民（communal）价值。<br>遗产地因其价值可获得广泛的社会和经济（“工具”）利益，如作为学习或再创造的资源、作为旅游地或经济投资。这些潜在可能是受到外部因素（如可达性）的影响而获得的，因此使用与市场价值，工具价值与上述因遗产本身特性和成就而获得价值不同。价值可能是自发的，但人类的知识和经历可能会对某些遗产地价值有所提升 | 对于过去、现在和将来的人们有意义的遗产其价值包括四类：审美价值、历史价值、科学价值、文化价值、社会或精神重要性或意义。遗产价值体现在其材料、形式、空间构成、功能和文化联系或意义等特质要素中 |

资料来源：ICOMOS Australia. *the Burra Charter.* 2000. English Heritage. *Conservation Principles: Policies and Guidance for the sustainable management of the historic environment.* 2008. Canada's Historic Places. *The Standards & Guidelines for the Conservation of Historic Places in Canada.* 2010

事实上，从20世纪以来，各重要学者、组织和宪章对于价值分类都有不尽相同的看法（表6.5）。

**表6.5　重要学者、组织、宪章对与文物古迹价值的分类**

| 提出者/组织/宪章 | 时间/年 | 价值类型 |
|---|---|---|
| 里格尔（A.Riegl） | 1903 | 纪念性价值：岁月（年代）价值、历史价值和有意的纪念价值；现实价值：使用价值、艺术价值、附加价值和相关艺术价值[125] |
| 威尼斯宪章 | 1964 | 历史价值（历史见证物）、艺术价值（艺术作品） |
| 莱普（W. Lipe） | 1984 | 经济价值、美学价值、联系/象征价值、信息价值[126] |
| 世界遗产公约 | 1987 | 文化价值、使用价值、情感价值 |
| 世界文化遗产管理纲要 | 1993 | 文化价值：本体认知价值、美学/技术相关价值、稀有价值（基于统计学）。当代社会-经济价值：经济价值、功能价值、教育价值、社会价值、政治价值[127]18~20 |
| 巴拉宪章 | 1999 | 文化意义：美学价值、历史价值、科学价值、社会/精神价值 |
| 罗斯比（Throsby） | 2001 | 艺术价值、精神价值、社会价值、历史价值、象征价值、真实价值[133]30 |
| 梅森（R. Mason） | 2002 | 社会文化价值：象征/文化价值，精神/宗教价值，社会价值，美学价值。经济价值：使用（市场）价值，非使用（非市场）价值（包括存在价值、选择价值与遗赠价值等）。生态价值[129]6 |
| 英国遗产组织（English Heritage） | 2006 | 参与价值、经济价值、教育和终身学习、生活质量、环境的可持续发展性[130] |
| 澳大利亚统计部（Bureau of Statistics） | 2006 | 文化价值、社会价值、消费者，以及与艺术有关的人的生活质量、经济价值[129]6 |
| 英国国家地理（National Geographic） | 2006 | 环境价值、社会/文化价值、遗产的建造状况、审美价值、旅游价值、可持续性[129]6 |
| 英国《保护准则：历史环境可持续管理的政策和指导》 | 2008 | 内在价值：证据价值、历史价值、审美价值、公民价值。“工具”价值：社会和经济利益、市场价值、学习或再创造的资源等 |
| 加拿大《历史场所保护标准与指南》 | 2010 | 美学价值、历史价值、科学价值、文化价值、社会/精神价值 |

虽然对于价值类型的判断各不相同，我们仍然能够从上两表中看出一些共性：

首先，与20世纪相比，近十年来，文化遗产无疑被赋予了更丰富的价值内涵和类型，在传统的历史、艺术/审美价值之外，文化价值、社会价值、教育/学习价值，以及“工具性”的经济和资源价值得到了普遍公认，这反映了全社会对于文化遗产理解更成熟、更理性的思考，是遗产价值观发展的体现。

其次，遗产价值不再是一成不变的，其会在变化中不断重构：保护不仅仅是延续和保存旧有价值，可能发生的良性改变和价值提升也被包含在内。这种更开放的观点一经提出就受到各国保护界的关注与探讨，虽有争议，却是保护更加贴近生活、参与生活的可持续发展观的表现。

这种在可持续发展背景下关注遗产保护，使其成为人们生活的一部分的态度同时体现在近十余年来对于参与式保护的关注度上升上（表6.6）。

**表6.6　对于参与的关注与强调**

| 文件 | 条目 | 内容 |
|---|---|---|
| 《巴拉宪章》 | 第十二条 参与 | 对于遗产场所的保护、理解和管理应当为与其相关的或对其由社会、精神及其他文化责任的人群提供参与机会 |
| 《保护准则：历史环境可持续管理的政策和指导》 | 原则1：历史环境是共享的资源 | 1.3～1.5 因此每一代人都应当为历史环境的形成和维持做出努力，使当世和后代都能够使用、欣赏和从中获益；……人们利用法律、公共政策和公共投资去评估并保护代表公众兴趣导向的价值 |
| | 原则2：每个人都应当参与到保护历史环境中 | 2.1每个人都应当有运用其知识理解价值或参与关于遗产未来的决策的机会；<br>2.2学习是维持历史环境可持续的核心，它提高人们的认识和对于遗产的理解，并鼓励积极参与；<br>2.3专家应当运用其知识和技能鼓励其他人学习、评价并关注历史环境，他们应当在识别、交流和延续建构的遗产地价值方面发挥重要作用，并帮助与遗产地相关的人民完善和表达其价值 |

续表

| 文件 | 条目 | 内容 |
| --- | --- | --- |
| 《保护准则：历史环境可持续管理的政策和指导》 | 原则5：关于变化的决策应当有说服力、透明且具有一致性 | 5.1变化中的历史环境相关决策要求专业知识、经验和决断，这是一个在公共政策指导下的透明、连贯的过程；<br>5.2～5.4理解的广度和深度、公众参与的评估应当是决策制定的前提，……关于遗产地和其他公共投资之间的潜在冲突，应当尽量减少并寻求最小危害的解决方案；如果冲突不可避免，要建议的改变应与遗产价值和意义相关 |
| 《历史场所保护标准》 | 保护决策制定 | 理解价值、规划和干预是保护的三个步骤，在其中都要关注不同人群的参与性 |

资料来源：ICOMOS Australia. *the Burra Charter*. 2000. English Heritage. *Conservation Principles: Policies and Guidance for the sustainable management of the historic environment*. 2008. Canada's Historic Places. *The Standards & Guidelines for the Conservation of Historic Places in Canada*. 2010

从态度最开放和包容的英国文件中可以看到，不仅仅专家和专业组织机构在遗产方面的作用得以进一步关注，普通公民的参与权利也得到了强调："每个人都应当有运用其知识理解价值或参与关于遗产未来的决策的机会"，在管理决策制定前必须有公民广泛参与为基础，以及作为遗产地利益相关者的权利和义务，即除了参与决策外，还要在专家等的帮助下完善和表达遗产价值。这一方面有助于通过加深遗产的理解而提升、拓展价值，另一方面也与保护目的相连——供居民学习和欣赏，意图使某一处场所都能在居民生活中发挥自己的功能和用途。这也是遗产保护发展的趋势之一。

价值的多样化、在保护中的不断重构与对保护参与的强调这三个国际保护价值观发展的趋势，在今后《准则》进一步完善并指导包括石窟在内的保护实践上，有一定的借鉴和参考意义。

### （三）对石窟遗产和保护的再认识

#### 1. 对于石窟定位的思考：活态遗产与静态遗产

"活态"遗产（living heritage）这种说法是在20世纪80年代以后、文化遗产保护学受到文化人类学影响越加显著后被提出的。他们认为遗产保护应该立足于历史与现今的平衡，从文脉（context）角度去进行文化延续的研究和保护。这其中，历史与现实的关系是相互的："历史是现实的背景，现实是历史理解的产物。”[131]此后，UNESCO也接受了这一概念，将其纳入整个世界遗产的体系中，在《操作指南》（1994年）中增添了世界遗产评定标准VI，即“活的传统”①。倾向于文化人类学的遗产学者首要关注的是聚落、民俗社区等类型的乡土遗产，他们认为上述遗产因为拥有可延续的传统、可以在进化中保持核心构成（如空间、形态等），是为“活态”，而传统的建筑物、构筑物与之相对应，功能不再改变或已经消失，是为“静态”或“死亡”遗产。

基于这种分类标准，石窟遗产基本上都被划分为后一类，其价值也主要体现于作为历史纪念物和艺术品的方面，保护即为通过各种手段尽可能使其保持原样、“静止的”留存下来，除了发展遗产地旅游外几乎没有别的功能。而随着上述保护观念的发展和对石窟的进一步研究，这种传统的认知观点也受到了挑战。

澳大利亚学者S. Bowdler就将某些石刻、岩画同样看做一种为“活态”遗产[132]。其在《澳大利亚岩画的重绘》一文中通过澳大利亚金伯利（Kimberley）万第纳（Wandjina）岩画的保护性重绘的修复实践，提出了这种岩画除了具有一般性价值（如考古、艺术等），不能忽略且更重要的是其具有的文化价值：万第纳一词不仅仅是岩画的名称，也代表着绘制岩画的土著人群的文化传统与生活方式，如从绘制手法、材料和内容上体现的当时对于天气的控制、对于巫术占卜的运用，以及关于人种学的信息。当初的绘制者虽然早已湮没在历史中，但这些前欧洲（pre-European）的传统可以在今天的人群中找到传承的痕迹。出于对这种文化传统的保护，采用记录、清洗、保存、重绘等方法对岩画进行修复，并非是一种创造（creat），而是对万第纳精神的传承。保护者将万第纳岩画看做“全人类的文化遗产”（cultural heritage of all mankind），采取的这种保护措施虽然损毁了部分艺术价值，并且显然与历史、考古价值的保护有着冲突之处，但经过保护团队的详细测评和权重比较，认为相较于完整保存这一并不唯一的遗迹，通过重绘使得今天的金伯利土著人群重新获得了与传统、与历史的联系、延续活的文化，后者的意义和价值更为突出。

实际上，石窟虽然不是类似文化景观、文化线路这种大型复合型遗产，但其内涵也是相当丰富的，包括建筑、壁画、遗址、造像等多

---

① 此条需要与其他标准一起使用。

个层次。这些不同层次的组合受到不同的人群关注，被各自看做不同的遗产类型（表6.7）。

**表6.7　石窟所属的遗产类型与关注人群**

| 石窟/石刻 | 遗产类型 | 特征代表 | 突出价值 | 关注人群 |
|---|---|---|---|---|
| 静态/死亡遗产 | 纪念物 | 有关宗教的雕刻；整个窟群的形式与空间设计等 | 纪念价值 | 考古、宗教、历史学者 |
| | 历史建筑 | 窟檐、附属寺庙等建筑 | 历史价值 | 建筑、历史、保护学者 |
| | 艺术品 | 造像、壁画及经书等 | 艺术/美学价值 | 宗教、艺术学者 |
| 活态遗产 | 活态遗产、非物质传统 | 雕刻、绘制等体现的手法与传统 | 文化价值 | 社会学、人类学学者 |

表6.7中“纪念物”“历史建筑”“艺术品”与“活态遗产”的分类综合了自19世纪末至21世纪不同学者或团体的研究。比如，以里格尔为代表的学者在20世纪初（1903年）提出了“纪念物（有意图的）”（intentional monuments）与“历史建筑”（historic buildings）[133]的区分，认为前者在建造之初就被赋予了“纪念”意义，而后者则是从自身经历的漫长历史逐渐获得了价值。虽然对于这两种遗产类型的价值有争议，但里格尔的这种区分得到了较普遍的认同。而在20世纪末，Denslagen.W通过对西欧建筑保护修复历史的回顾，进一步区分了一般“历史建筑”与应看做“艺术品”（work of art）[134]的历史建筑，认为两者的保护手段应该予以区别，前者通过维持现状而保证历史过程和信息的留存，而后者则注重艺术完整性，通过修复的手段使其恢复灿烂光辉的风貌。这种观点得到了一些艺术史学研究出身的保护学者的支持，他们并非不关注历史、纪念、使用等其他价值，只是当在保护过程中有冲突发生时，这些学者和团队会以艺术价值为先，在不伪造历史的前提下，最大可能地恢复艺术品的潜在“统一性”（oneness）[135]32。最后，活态遗产的相关概念在21世纪ICCROM完善后，也得到了较广泛的认同。

诚然，持有不同观点的声音一直存在，如Earl在2003年出版的《建筑保护哲学》（*Building conservation philosophy*）一书中认为应将艺术品与纪念物划归一类，它们都是“有意图且应尽可能保持永久的”[136]51；又如Rab.S也不甚赞同里格尔的分类方法，认为纪念性与历史性是同一个硬币的两面，不应是割裂的而应该是互相促进的关系。但总的来说，纪念物、艺术品、历史建筑和活态遗产是现当代基于不同价值导向的主流分类。

在这种情况下，即使是对单一建筑的保护都会有不同的倾向，复杂的石窟遗产就更不用说了。中国以前的石窟保护，限于参与人员和现实条件的制约，这种矛盾体现不多。即使如此，在一些对于以造像、壁画为主的保护实践中，对于艺术品与历史建筑的不同保护手法争论，已现端倪。随着我国遗产保护理论的进一步发展、遗产学学科的逐渐完善和多学科合作的加强，以及对于石窟价值的深入研究，拥有不同价值导向的学者、团体在石窟保护实践中的意见相左可能会体表现得更加突出，需要更为严谨和细致的综合考量和评估，才能做出最终决策。

**2. 对于保护方式的探讨：专家决策与参与式保护**

遗产保护的“参与”概念与对参与式发展的关注与尝试起源于20世纪六七十年代的英国和澳大利亚。这两国的学者首先从政治学、社会学等理论引入了这一概念，继而在实践中强调社会的参与。经过几十年的发展，“参与”在2007联合国教科文召开的第32届遗产大会上得到了确认。本届大会在《关于世界遗产的布达佩斯宣言》（2002）中所提的世界遗产关键策略，即4C原则：世遗名单的信誉度（Credibility）、有效保护（Conservation）、促进缔约国的能力建构（Capacity-building measures）和以传播为主要手段的解释（Communication）的基础上，增加了第5个C，变为5C原则，这第5个C即为社区参与（Community）。参与式保护的兴起是基于对文化遗产身份（identity）的认知变化，英国学者Stuart Hall等解释了这个过程：我们对于历史、艺术价值的保存仅仅是一个基础层面，事实上，在西方，早期保护文化遗产/财产是与贵族们对“权力”（power）[137]的追逐分不开的。文化遗产所象征的权力决定了知识、地位、等级，以及赋予物品的不同意义。到了公元18世纪，文化遗产开始与公共教育紧密相关，遗产不仅仅象征着“支配”（governing），也代表了“政府化”（governmentality）[160]的过程。正因为遗产所具有的保存文化的属性，国家或政府需要它负有对公民进行“真正有用知识”[160]教育的责任。这个过程能够建立真正的“归属感”（belongness），是体现文化作为社会组分的方式。而同时在这个过程中，遗产所记叙的过去、它们的身份和人们的记忆，共同构成了一个“故事”（story），被称为“传统”（tradition）[138]。传统是与各群体、叙述载体紧密相连的，被大家共同选择的传统（selective tradition）就是遗产。因此，遗产不仅仅是国家支配者的（因为“被选择”一定程度上反映了他们的构想），而应该是每一个人的（因为他们构成并共同“属于”这些文化共同体）。在进行遗产相关事务时，过去以国家支配者和产权所有者为决策主体的方式与遗产的这种身份产生了矛盾，而现在推广的社区参与式保护则能在一定程度上缓解或协调这种问题，使得决策更加公平、合理。

狭义的社区仅指遗产地或遗产地周边的人群，而广义的社区论则可以将整个国家、民族看成一种“想象的社区”（imagined community）[160]。人们彼此之间虽然不认识，但分享了一种共同的关于国家和民族的理念，一种根据文化意义而建构的国家身份。这就使他们具备能自由地决定发展方向和选择文化传统的基础，然后通过不同形式“参与”到这种决策中去。

在以往的石窟保护中，起主要作用的多是政府或主管部门，近些年，学者群体的作用也受到重视，但总的说来，参与决策的社区在所有遗产地涉及的社区中，仍属少数。

对于石窟保护而言，直接相关的利益相关者大致包括主管部门、附近居民和可能有的僧侣三类；而间接相关的其他利益相关者还包括游客、学者、经营者等。其中，直接相关人群应致力于阐释遗产地文化和价值，通过不同途径的参与，深化对遗产地身份和传统的理解和认同，同时与外界进行沟通交流和合作。一些规模较大、建置完整的石窟寺内仍有僧侣（大多居住生活在石窟旁边的寺庙中），这部分群体以使用遗产地为主。石窟寺附近的居民可分为三类，一类是仍保有石刻等传统技艺的传承社区，如安岳石窟所属的安岳县，被誉为“全国石刻之乡”，传承社区仍具有一定的活力，这一类不仅少且随着社会经济发展面临着较大的威胁；第二类是居民中的信众，以佛教信仰为主，他们定期往石窟寺处从事宗教活动；第三类是数量最多的一类，生活与石窟遗产地非直接相关，他们间接受到可能的影响，如因遗产地旅游发展、环境整治带来的变化。遗产地主管部门除了管理遗产地外，还应对前二类社区的参与进行支持与鼓励，如采取政策鼓励

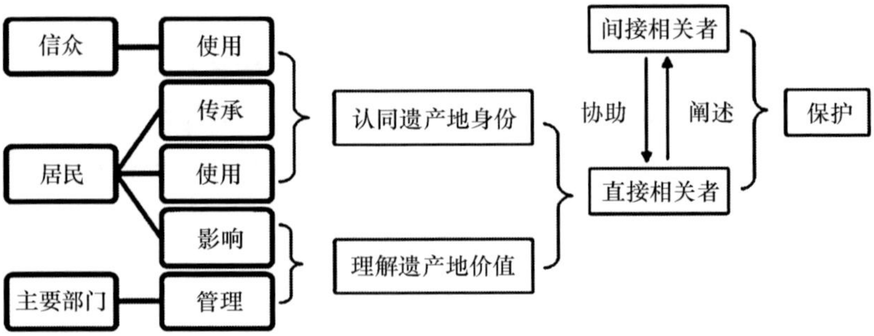


图6.2　石窟相关社区作用与关系

传统技艺的传承，传播遗产地价值、交流对其的认知，最终在间接人群的协助支持下，完成对遗产地保护的决策（图6.2）。

在间接相关群体中，学者（保护专家）是最为重要和特殊的一类。他们拥有专业的知识和技能，并从历史、艺术、技术、宗教、环境等不同的角度关注着石窟寺。学者虽然属于外围社区，但他们以专家的身份能够较多地参与到遗产构建中，一方面鼓励核心社区学习、评价并关注遗产地，协助居民识别、完善和表达其价值，建构遗产；另一方面提供专业的参考和评价影响或决定遗产地保护的决策。我们应该看到，在以往的保护实践中，基本由专家学者和政府部门决定了保护干预的措施，而在参与式保护中，学者应以引导、教育、帮助为主，不应忽视除主管部门外核心社区的意见，尤其是石窟所属地的居民。专家应根据居民所表达的愿望，如对某些价值的重视和未来发展的期望，来调整保护建议，最终共同做出决策。

此外，游客、外来经营者、信徒等其他外围社区，也对石窟寺负有传播、交流和延续价值的责任，应通过参观、学习、资源利用等方式的参与，反馈其各自对遗产地保护的建议，协助石窟保护的进行。

### 3. 对于价值多样性的认识：石窟遗产地的利用

根据前述分析，可以看到对于遗产价值的认知主要可分为自身固有的“非工具性”和以使用为主的“工具性”两大类。对于石窟来说，其“非工具性”价值，包括传统的历史、艺术、科学历来受到较多的重视，在也有比较丰富的研究成果体现了其在这些方面的意义。而对于石窟的“工具性”价值，应该如何认知并加以合理利用，以前的研究并不充分，这是本节主要讨论的重点。

事实上，遗产的资本属性古来有之。遗产一词最初来源于拉丁语，原文为“patrimonium”，意指继承的父母财产，只能传递而不能进行商品交易。法国地理学者Femand Braudel认为，生产力包括土地和人力（耕作）两方面，土地的重要性正体现于此。而“patrimonium”一词就指代不可交易的家族土地。这是最早将遗产看做一种固定资产（fixed capital）[139]。而现代遗产概念起源于法国大革命之后，法语中的遗产（patrimoine）包括了国家的（national）和艺术性的双重含义，不仅将家族私有的范围拓展为全国全社会共有，也突破了有形价值的界限，使遗产逐渐成为集体记忆、情感和经历的载体。之后，工业革命更为彻底地更改了遗产的含义。机器生产取代了传统农业成为社会主要生产方式，土地的生产工具属性减弱；也由于机器能够批量生产和复制，人们开始重新思考艺术创造的意义，遗产（艺术品）有了新的价值——创造力的见证，因其唯一性而获得了极高的经济价值。而到了科技革命时期，遗产的符号性和象征意义进一步加强。因为新的传播方式、生活方式的出现，使得全球距离迅速变小，全球意识滋生，土地在这个时候更多的代表一种赋予人们的身份和情感特征，人们产生复杂的“乡愁”（nostalgia），地域之间的差异和独特性为更多人关注，遗产的多样化价值也因此得到了更多的关注。

按照保护经济学的理论，遗产具有二重属性：文化和经济。它是一种文化资本（cultural capital），且由于遗产数量的不断减少，社会关注群体和受众的不断增多，这种资本属性益发重要。在这里，资本既代表了一种保值的储藏，也代表了一种可像普通商品一样运用经济学概念进行评估的资产（asset）[140]。保护经济学家Throsby等认为，文化遗产的这两种基本属性不是对立的，而是相辅相成的。“利用需要最大限度的使用遗产价值以获取经济利益，而幸运的是，这与我们想要将遗产留给子孙后代的希望一致。文化遗产的寿命必须尽可能的长，这一点与其他经济实体相反，因为文化遗产是独特的、无可替代的。”[141]也就是说，建立文化遗产保护与管理的良性循环，有助于我们保证我们“未来的经济利益”。

目前，越来越多的国家认同了这种遗产属性的二元论，在对遗产价值的认识和类型学研究上体现了这种倾向。比如，在《英国保护准则》等其他文件中认定的将遗产价值按“工具性”与否的分类，“工具性”价值对应文化遗产的资本属性，“非工具性”价值对应文化遗

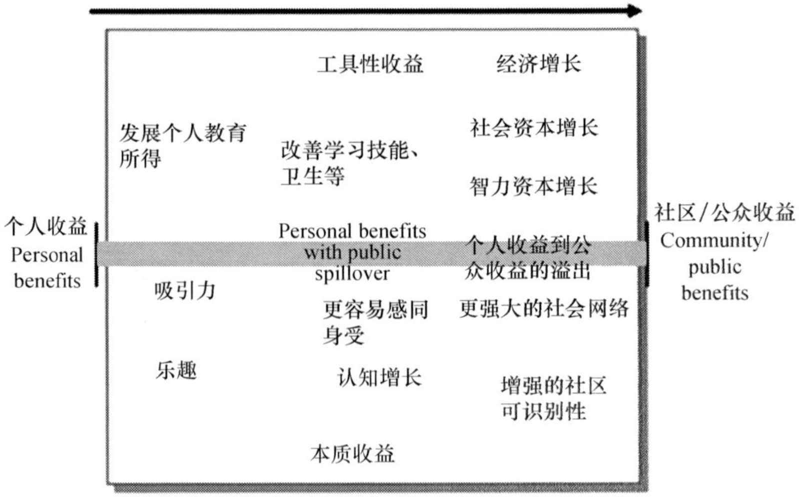


图6.3　理解文化和经济属性的框架

资料来源：The Cost and Benefits of UK World Heritage Site Status. A Literature review for the Department for Culture, Media and Sport. London: 2007. p8

产的文化属性。在2007年英国文化、媒体和体育部所做的世界遗产地成本和收益的报告中，建立了一个联系上述属性和收益理解的框架（图6.3）。

一般而言，作为文化资本的文化遗产对国家和社区的主要贡献包括三个方面

1）社会效益：社区自豪感增强；公共设施质量提高；公共服务加强；居民合作增多，巩固社区团结；学习教育受益；遗产保护、文化产业的发展。

2）经济效益：国际知名度提高；产生品牌效益；带动旅游业、娱乐业等；增加就业岗位；吸引多方投资；居民收入增加；商业机会增多，成功率提高。

3）环境效益：生态系统延续；自然环境质量提高；自然景观延续。

对于石窟遗产而言，其资本属性可能带来的贡献见表6.8。最直接的利用方式即为发展遗产地旅游，这也是目前石窟最普遍、最常见的利用方式。由此可以带来以门票收入为主的直接收益，以及旅游业及相关文化产业兴起的间接收益。以敦煌为例，近二十年来，发展旅游带来的直接事业收入（门票收入）都占到遗产地总收入的40%～70%（近几年随着对保护的重视，财政拨款增加，事业收入比重有所下

降）；2004～2010年，莫高窟全年旅游人数在40万～60万人次（2008年受非典影响有所下降），为敦煌市人口的5～8倍，2011年全年参观人数达68万人次，2012年达到80万人次，达到敦煌城镇人口的10余倍。旅游带来的直接收入用以维持遗产地管理机构的日常运营，以及遗产地保护项目更多、更好的开展；而遗产地旅游带来的间接收入，包括文化产业、餐饮住宿等第三产业等的收益，也成为敦煌市财政收入的重要组成部分。







**表6.8　石窟遗产的资本属性所产生的收益**

| 直接效益 | 间接效益 |
|---|---|
| 游客价值、旅游直接收益（门票等） | 对于石窟所在地的交通、公共服务设施的改善；对社会结构的作用 |
| 文化产品收益、生产-销售提供的就业等 | 教育和宗教的潜在意义和贡献；<br>对环境的改善，社区/城镇凝聚力的加强，形象建立和身份认同增强；<br>工匠和艺术等方面就业率的增加；<br>社区长期发展的潜在吸引力 |

在享有遗产地旅游带来的收益同时，敦煌研究院也采取了限制人流、提前预约等方式控制和管理旅游对遗产地带来的压力。此外，敦煌研究院还研究高科技手段、发展数字化的展陈方式。目前通过高精度的拍摄和拼接，并反复调整色差，最终在宣纸上进行1：1的打印，能够高清晰度地还原洞窟内的壁画，继而建立复原或虚拟洞窟进行展陈。这种方式缓解了遗产地本体的旅游压力，也能够使人们更近距离地观察和了解到壁画的信息，达到教育和传达知识的目的（图6.4）。

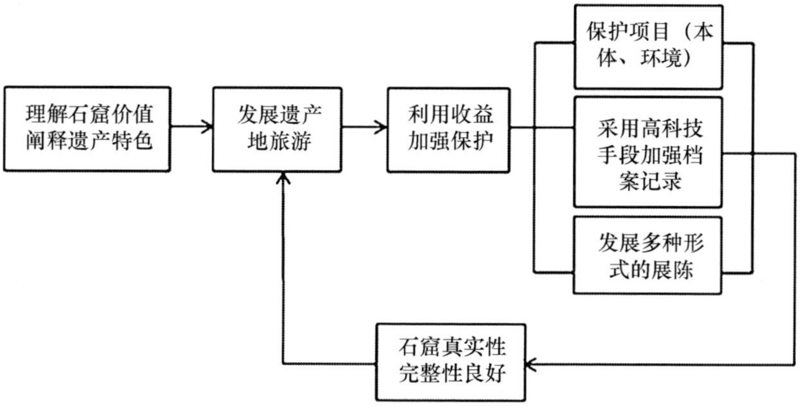


图6.4　敦煌莫高窟建立的良好的遗产地旅游模式

图6.4中所示的遗产地旅游发展—促进多种形式的保护这种模式，建立了旅游—保护的良性循环，值得各地石窟遗产地借鉴。需要注意的是，在遗产地知名度不高的情况下，理解石窟价值并做有特色的阐释和宣传，是发展旅游的前提。

发扬石窟遗产地的宗教意义是近年来逐渐兴起的另一种利用方式。作为寺院宗教场所，出于便捷性、舒适性等原因，大部分石窟在清代和以后逐渐失去活力，以及所属寺庙也渐渐衰败。但是，石窟寺所具有的独特性，其历史延续性较强，且如乐山大佛、广元皇泽寺大佛等造像规模宏大、视觉冲击更强，可以更直观、强烈地表达和体现宗教（佛教）精神。近些年，全国许多重要的石窟遗产地朝拜的信众逐渐增多，为其作为宗教场所的复兴奠定了基础。目前，乐山管委会已经在考虑恢复乐山大佛佛教道场，这种复兴能够使更多的人参与到遗产地事务中来，在进行有效规划管理的前提下，也不失为一种可考虑的利用途径。

除了上述两种利用方式外，出现在个别遗产地的新洞窟开凿也有成为利用途径的潜力。诚然，四川安岳县境内仍有开凿是出于本地雕刻技艺的传承和传统，而敦煌莫高窟则有意识地将新窟开凿作为一种象征的手段，颇有探索价值。曾为敦煌研究院第一任院长常书鸿先生专门开凿了一个洞窟，用以纪念他对敦煌杰出的贡献。这种方法一方面以实践传承相应的传统技艺，另一方面可以赋予石窟新的生命力，让石窟参与到当代人的社会生活中。因此，笔者认为，以纪念、象征的目的或旅游的方式在特定的情况下开凿新窟，不失为一种新颖的利用途径，可以在今后的石窟利用中加以发扬和推广（图6.5）。

## 二、关于石窟保护的指导性与可操作性

《准则》作为一份通用性的遗产保护指导文件，要提高上述石窟保护在具体操作方面的指导性，需要在通用原则下增添完善分类型的细则。这些分类型细则的完善不是一个简单的过程，需要建立在对本国文化特质、遗产独特性充分了解并与国际准则要求融会贯通的基础上。本部分尝试对《准则》通用原则下石窟细则体系的建立进行探讨，分为两个层面：其一，对于石窟评估体系标准的探讨；其二，对于石窟保护具体原则和干预方法标准的探讨。

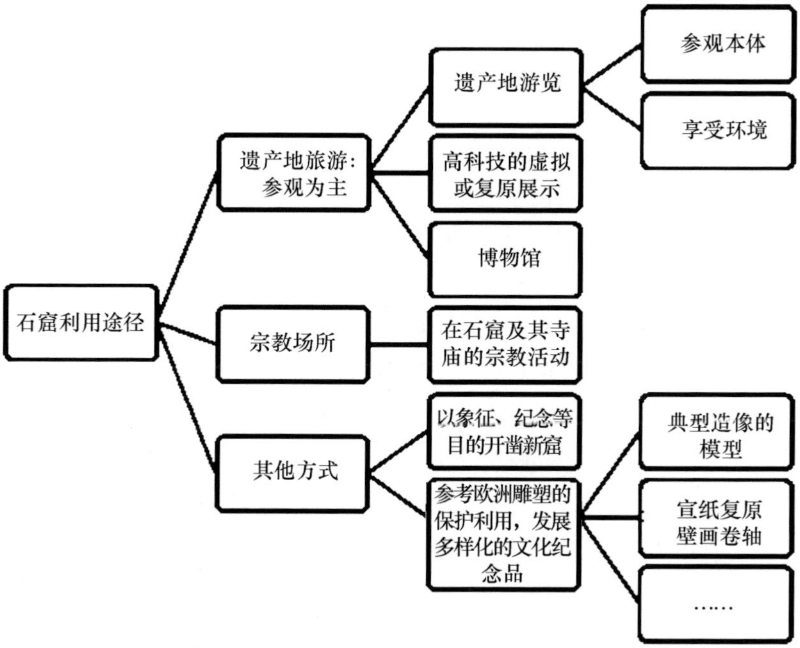


图6.5　从“工具性”价值出发考虑石窟遗产地可能的利用途径

（一）石窟保护评估

科学、合理、完善的评估是实施干预的前提与必要基础。要在石窟保护方面建立这样一个较完整的评估体系，可能需要以下两方面的工作：其一，建立统一的术语标准，来描述保存现状和恶化情况；其二，建立一套指标系统，确定各个要素评估的必要性和重要性，并根据重要性和必须性的不同建立定性或定量的评判标准。

后者的建立及其后续的科学性验证可能是一个长期的过程，需要大量的实践经验总结，也需要严密的监测数据科学分析。这也是欧洲石质保护目前正在努力的方向之一，在本书中暂不做具体研究。

在对前者的探讨中，ICOMOS国际石质科学委员会（ISCS）颁布的《石质恶化特征术语及案例汇编（ICOMOS-ISCS）》（*Illustrated glossary on stone deterioration patterns*）可作为未来建议的参考。

ICOMOS国际石质科学委员会（ISCS）成立于1967年，致力于提升在无机多孔石质材料（IPBM）保护方面的知识和技能，这其中包括了自然的石材和经过人工建造、雕琢的石质遗产。ISCS有两个下属委员会，“术语汇编”（Glossary）和“公园、园林和墓地代表大会”（Park, Garden and Cemeteries Congress）[142]。

从2006年起，ISCS开始致力于《石质恶化特征术语及案例汇编》英法双语版本的编写，于2008年9月ICOMOS全体大会上通过，并获得了国际石质保护领域的广泛好评。截至2010年1月，这一版本的文件已经被下载超过7万次。2010年，ISCS对该书件进行了修订，并出版了德语和西班牙语的版本。

这份术语汇编文件是在石质恶化和保护领域各种词汇、术语非常混乱的情况下产生的。ICOMOS前任主席事Michael Petzet教授高度评价了它的意义：不但为科学家、保护学者和实践人员建立了一个统一的语言体系，使他们能够准确描述恶化特征并进行量化比较，从而确定保护措施，同时也是一份建立在对英语词汇溯源研究、准确定义基础上的，关于残损现象和过程的重要准则，它为保护实践提供了一系列范围宽广的建议，为石质遗产的保护和国际合作发挥了重要的作用。

事实上，这次对石质恶化特征的研究和总结并不是首创。对石质这一西方主要的遗产类型，从1980年开始，就有学者开始进行了多次尝试（表6.9）。而ISCS编写的这份文件，是从1980年到2006年的若干份标准、文件及指南的结合。虽然仍旧有个别遗漏，但以目前来说，的确称得上是石质保护领域最权威的指导性标准。

**表6.9　本书参考的其他类似标准、文件和指南（1980～2006年）**

| 时间/年 | 制定者/机构 | 名称 | 特点 |
|---|---|---|---|
| 1980 | A. Arnold, D. Jeannette and K. Zenhder与ISCS岩石学团队 | *Glossary of Stone Deterioration*（《石质恶化术语汇编》） | 总结了英语、法语、德语中的21种概念分别并给出三种语言的定义 |
| 1984 | Grimmer,美国国家公园保护服务部（Washington. D.C） | *A Glossary of Historic MasonryDeterioration Problems and Preservation Treatments*（《历史砖石构筑恶化问题的保护和措施》） | 总结了英语中的24个概念并给出定义 |
| 1990 | 意大利正规标准（Italian Standard Normal） | *Alterazioni macroscopichedei materiali lapidei: lessico*（《石材宏观变化》） | 通过文字和两种比例的照片定义了27种概念 |

续表

| 时间/年 | 制定者/机构 | 名称 | 特点 |
| --- | --- | --- | --- |
| 1991 | Jose Delgado Rodrigues，LNEC[①]（葡萄牙） | *a proposal for a terminologyof stone decay forms on monuments*（《石质残损术语建议》） | 定义了26种英文概念，并附有ICOMOS石质委员会的照片，曾在ICOMOS发表；于2004年修订，在原葡萄牙语的基础上给每一个定义赋予了法语、意大利语和西班牙语的解释 |
| 1995 | B. Fitzner, K. Heinrichs & R. Kownatzki | *Classificationand mapping of weathering forms*（《恶化形式类型和标注》） | 2002年修订，注重一些旧有词汇在随时间发展的变化 |
| 1998 | Franke 等，European Commission research program | *Masonry Damage Diagnostic System*（《砖石构筑评估系统》） | 是一份关于材料（石、砖）和由材料建成的构筑物的共同标准，其后成为"砖石构筑评估系统"（MDDS）的标准 |
| 1998 | 德国工程师协会（VDI[②]） | *Untersuchung und Behandlung von immissionsgeschädigtenWerk stoffen*（《文化历史遗产的评测和措施》） | 非常接近"标准"的一份文件，包含14个定义的德语和英语解释和插图，还包括具体的措施建议 |

资料来源：ICOMOS International Scientific Committee For Stone. Illustrated Glossary on Stone Deterioration Patterns. 2010.p78

作为石质文物评估的权威性标准，《石质恶化特征术语及案例汇编》首先定义了六个石质评估中最关键的词汇（表6.10）。

**表6.10 《石质恶化特征术语及案例汇编（ICOMOS-ISCS）》中的六个关键概念及解释**

| 概念 | 定义及解释 | 比较 |
| --- | --- | --- |
| 改变（alteration） | 指材料的改变，从保护的意义上来看，并不一定意味着特性的恶化；比如在石材上涂抹一层可逆的材料，也被视为一种改变 | 一切有益的或有害的变化，都是改变 |

① LNEC，公民工程国家实验室（National Laboratory for Civil Engineering），位于里斯本，葡萄牙的一个机构。

② VDI，Verein Deutscher Ingenieure。

续表

| 概念 | 定义及解释 | 比较 |
|---|---|---|
| 破坏（damage） | 从人类角度出发，因为衰退而造成的价值的减弱或缺失 | 注重从人类角度出发的评估 |
| 衰退（decay） | 任何物理或化学的使石材内部特性改变、并导致其价值降低、损害功能的改变 | 针对石材本身特性因物理、化学变化带来的不利影响 |
| 退化（degradation） | 质量、功能或环境的变差、降低 | 包括环境、功能等非本身特性的不利影响 |
| 恶化（deterioration） | 使得质量、价值、特性等降低或减弱的过程 | 与退化的区别在于，恶化更强调变弱、降低的过程 |
| 风化（weathering） | 因为石材暴露在环境中而导致的任何改变其特性或使其恶化的化学或机械的过程 | 在改变或恶化中，强调了环境的影响 |

资料来源：ICOMOS International Scientific Committee For Stone. Illustrated Glossary on Stone Deterioration Patterns. 2010.p8

继而，对于恶化分为开裂、脱离、缺失、褪色和生物病害五大类型[143]，分别解释了具体的下属定义，并予以案例说明。

（1）开裂和变形（Crack & Deformation）

1）断裂（Fractur）。

2）星状开裂（star crack）。

3）发状开裂（Hair crack）。

4）纹状开裂（Craquele）。

5）爆裂（Splitting）。

6）变形deformation。

（2）脱离（detachment）

1）疱疹（blistering）。

2）爆裂（bursting）。

3）崩裂disintegration。粉状崩解（crumbling）；粒状崩解（granular disintegration）。

4）破碎（fragmentation）。

5）脱落（peeling）。

6）剥落（scaling）。

图6.6　六个关键词汇的案例

（3）缺失（material loss）

1）表面凹窝缺失（alveolization）。

2）侵蚀（erosion）。

3）机械性破坏（mechanical damage）。撞击破坏（impact damage）；切割（cut）；拉伸（scratch）；磨损（abrasion）；钻或凿（keying）。

4）部分丢失（missing）。空白（gap）。

5）微型卡斯特（microkarst）。

6）穿孔（perforation）。

7）点蚀（pitting）。

（4）褪色和沉积（discoloration & deposit）

1）壳（crust）。黑壳；盐壳。

2）沉积（deposit）。

3）褪色。染色（coloration）；漂白（Bleaching）；湿润区域；腐蚀（staining）。

4）风化（efflorescence）。

5）结壳（encrustation）。凝固（concretion）。

6）生成薄膜（film）。

7）对光泽的影响。

8）刻划（graffiti）。

9）绿锈（patina）。

10）污渍（soiling）。

11）亚层外观褪色（subflores-cence）。

（5）生物病害（biological colonization）

1）水藻。

2）地衣。

3）苔藓。

4）霉菌。

5）植物。

这份文件并没有像美国《历史砖石构筑恶化问题的保护和措施》和德国的《文化历史遗产的评测和措施》一样，涉及具体的保护措施，但它精确地定义了与石质恶化有关的所有重要词汇和特性，并给出了形象的案例说明因此，在具体的保护实践中，对于价值理解和评估，有着非常直接的指导意义。

在中国，自国家文物局于2004年要求编写《文保行业标准管理办法》至今，与石窟寺评估相关、可作为参考的，有由西安文物保护修复中心于2008年编写的《石质文物病害分类与图示》。这份文件定义了石质文物常见的七种病害（生物病害、机械损伤、表面风化、裂隙与空鼓、表面污染与变色、彩绘石质颜料病害、水泥修补）[144]，并给出了常见图示。然而相较于ICOMOS《石质恶化特征术语及案例汇编（ICOMOS-ISCS》，除了在定义和释义上比较简单外，还缺乏有效、直观的案例加以阐释。另外，该文件适用于摩崖题刻、石质造像和石器时代的石质用具三种类型，在石窟寺评估上不具有普遍性。

## （二）石窟保护干预

关于石窟保护干预的准则建立可能需要反复商榷和探讨。这方面，《准则》可以参考加拿大《历史场所保护标准》的做法，在保存（preservation）、复兴（rehabilitation）和修复（restoration）的14条的通用原则之下，分五类阐释了针对文化景观（包括遗产区域）、考古遗址、建筑物、工程构筑（包括公民设施、工业设施和军事设施）和材料（木、砖石、混凝土、金属等）的具体保护指南和标准。

对石窟有一定参考价值的是材料部分关于砖石的保护指南，在其中规定了建议的措施和不建议的行为（表6.11）。

**表6.11 《历史场所保护标准和指南》：石材保护指南的通用标准**

| 序号 | 建议的行为（recommended） | 不建议的行为（not recommended） |
|---|---|---|
| 1 | 理解该历史场所所用石材的特性和特点 | |
| 2 | 在决定干预之前要记录其原有形式、材料和砖石的保存现状。比如，辨识该遗产使用的是何种砖石及灰浆的类型和特性 | 在缺乏记录的情况下实施了影响石材保存特性和现状的干预措施 |
| 3 | 保护（protecting）或维护（maintaining）防止水在石材表面停留或积累时间过长 | 没有辨识、评估、研究清楚石材恶化的原因；<br>在防水的问题可以通过维修防雨棚、灰浆部分等其他机械部分的情况就冒然在石质表面涂抹防水剂 |
| 4 | 本体表面措施，比如透气性防水材料的涂抹，是最后一种干预手段，只有在其他非本体的手段比如添建防雨棚都无法满足维护的目的时才能使用 | |
| 5 | 对于雕塑表面的油饰或颜料要采用物理和视觉兼容的材料加以维护 | |
| 6 | 清洗只有在必要的时候才能进行，清洗方法必须尽可能的轻柔 | 过度清洗，形成新表面且使得化学试剂或水分进入到文物内部；<br>对于有装饰、雕刻的砖石表面，采用过于粗糙的沙洗法造成了破坏并累计了恶化；<br>在可能冻结的温度下用水进行清洗；<br>采用可能破坏砖石或灰浆的化学试剂，比如酸，对大理石或石灰石进行清洗；<br>在清洗结束后没有用中性物质将清洗试剂冲洗干净以保证不残留；<br>使用高压水枪进行清洗时溅射破坏了周围临近的材料 |

续表

| 序号 | 建议的行为（recommended） | 不建议的行为（not recommended） |
|---|---|---|
| 7 | 在清洗之前要进行试验 | 没有进行长期效果和影响的试验就直接干预 |
| 8 | 对于文物表面壁画、彩绘要仔细检查，判断是否需要重绘或能否在不干扰石质的情况下移开；进行试验 | |
| 9 | 移除壁画、彩绘被破坏、恶化严重的部分时要尽可能的轻柔 | 移除与砖石连接紧密的壁画、彩绘；<br>采用可能破坏砖石的手段，比如砂砾等方式移除 |
| 10 | 对于表层彩绘或壁画的干预要在物理特性和视觉效果上与之前的措施兼容 | 对历史上没有壁画、彩绘的地方进行了重绘；<br>移除了历史上有壁画、彩绘的部分；<br>去除了灰泥使历史上从未暴露的文物显露 |
| 11 | 保留对于遗产价值有贡献的历史维修信息和痕迹 | 去除了历史修复痕迹 |
| 12 | 在维修过程中要注意保护遗产的稳定性和防水，可以采用一些临时性措施直到维修结束 | |
| 13 | 只有在有证据显示需要灌浆的时候才能进行，比如灰浆恶化、砖石松动等 | |
| 14 | 只有在充分评估之后才能去除恶化的灰浆或其他连接成分 | 在缺乏评估的时候，使用旋转刻磨机或电钻去除了恶化灰浆 |
| 15 | 使用的灰浆必须保证在物理特性，包括强度、孔隙度、吸水率、透气性等要素与砖石本体相一致 | 使用高强度的波兰特水泥替换原灰浆，应力、孔隙率、吸水率等各种属性与文物本体不兼容而造成对砖石的破坏 |
| 16 | 保证灌浆材料在颜色、材质、宽度和连接特性上与原有的一致 | |
| 17 | 替换构件只有在记录和证据充分的时候才能进行 | 缺乏证据或缺乏物理化学属性研究的情况下使用新材料替换原构件 |

资料来源：A Federal, Provincial and Territorial Collaboration. The Standards & Guidelines for the Conservation of Historic Places in Canada. 2010.p225-227

同时，该文件还给出了若干砖石建筑、构筑物、雕塑的保护案例对上述标准加以说明。这种从通用到具体，并包含标准和案例的准则体系，以及一些砖石标准，如对于清洗、灌浆、本体措施、防水、技术使用等都可以作为今后我国文件的借鉴。

在《准则》"按照要求使用保护技术"的标准下，可以在应对石窟主要威胁之一的"水"的危害时，做出具体的操作指南。例如，干预措施的优先级，非本体（窟檐等）高于本体（防水层）；本体措施的具体要求（试验、清洗、灌浆、表面防水层等）；修建和保护历史遗迹的保护；保护实施中的保护要求；等等。

这样完整的体系有助于帮助保护工作者在全面考量和评估基础上选择恰当的保护方法，可能会发现一些以前忽略的经验教训。譬如，若考虑保护修建和保护历史遗存，可能会意识到石窟开凿时工匠的智慧在今天保护实施中的启示。

在历史上，决定修建石窟的人（很多为统治者、皇族等上层人群）在确定石窟选址后，具体窟龛开凿位置、规模、形态等都是负责开凿的工匠在地质勘查、测量和计算之后决定的。为了使石窟这一具有宗教意义的建造具有相对好的持久性和坚固性，工匠们会针对各地不同的地理、地质情况，做出有针对性的应对。这些应对可能只是极小的、极简洁的一个改变，但大多经过历史检验，在石窟的长期保存和稳定性方面起到了极为重要的作用。比如，龙门石窟开凿于不稳定的喀斯特地貌区域，在北魏建造之时，工匠采用了穹窿顶和裤型的形态，来增强洞窟的稳定性；对较重要的奉先寺卢舍那像窟，唐代工匠在其上修建了“人”字形排水沟，并且在一些具有壁画的洞窟上方修建了小型的防水石板遮雨罩等。又如，众多石窟、许多朝代都有修建的木结构窟檐，较好地起到了防止雨水直接侵蚀的作用，增强了石窟和造像的延续性。

基于此，学习和研究历史工匠的智慧，可能为我们的保护工作带来“事半功倍”的效果。比如，大足石刻博物馆的几位拥有几十年保护经验的老学者，面对大足石刻最重要的保护工作——防水工程上，研究并继承了传统工匠的技艺，在石刻上方增添了厚约10厘米、边缘呈锯齿形的遮雨石板（图6.7），不但具有非常好的隐蔽性，且造价低廉、简便易行，更大大改善了防水、排水的效率，使得雨水能够快速流下且不会顺着墙接触到石刻本体。据保护部相关工作人员介绍，在大足宝顶山主要石刻区安置了这种石板以后，雨水的排水效率提升了50%以上，在大足这种潮湿的环境中，基本没有积水，使得造像能够处于相对干燥的状态。

图6.7　遮雨石板近观

在壁画保护方面，ICOMOS《壁画保存、保护与修复准则》（*Principles for thePreservation and Conservation-Restoration of Wall Paintings*）可供参考。该文件是于2002年11月起草，2003年5月在津巴布韦维多利亚瀑布（Victoria Falls）处召开的第14届ICOMOS全体大会上审议并通过的。其是在基于《威尼斯宪章》（1964年）所代表的文化遗产保护通用准则、《阿姆斯特丹宣言》（1975年）所代表的完整性标准，以及《奈良真实性宣言》（1994年）所代表的文化多样性原则的基础上，同时结合参考了若干相关文件，如国际博物馆理事会（ICOM-CC）①的《伦理守则》（Code ofEthics）（1984年）、《帕维尔文件》（1997年）、《E.C.C.O.②专业指南》（E.C.C.O. Professional Guidelines）等，为了壁画这一在世界文化遗产中越来越重要的类型而制定的专门性原则。这份文件的保护对象包括贯穿于人类历史的所有壁画类的文化创造，从早期的岩画（rock art）到晚期的壁画（murals），因此文件中所表达的也是关于壁画的最基本和普遍的保存、保护与修复原则。

多样性的文化表达、艺术成就，以及不同的材料和技术造就了从古至今壁画的丰富性。这份文件主要关注了在无机材料上绘制的壁画保护问题，如在石膏、砖、黏土和石材上的壁画，而对于基于有机载体——木材、纸张和帆布——的壁画则不做讨论。同时，对于一些历史建筑上的复合壁画也需要再进行具体研究和分析。

在《壁画保存、保护与修复准则》中，指出了作为纪念物或遗产地完整性的重要组成部分的壁画，应该在具体的环境和文脉中予以保存[145]37。目前若干壁画保护的问题，都与其所在的建筑或构筑保存状况密不可分，如不恰当的使用、缺乏维护、频繁的维修和改动，以及不必要的揭露、频繁的修复与不合适的材料等都会对其造成无法挽回的损害。这些缺乏专业指导的严重危害，也使得本书件的产生尤为必要。

文件的主要内容分为十个部分（表6.12）。

---

① 国际博物馆理事会，ICOM-CC，International Council of Museums。

② ECCO，European Confederation of Conservation-Restorations' Organisations，欧洲保护修复联合会。

表6.12 ICOMOS《壁画保存、保护与修复准则》主要内容

| 原则 | 内容 |
| --- | --- |
| 保护政策（protection policy） | 1）对遗产地所有要素进行列表并记录，即使目前壁画并未显露；制定防止破坏、改动、损害壁画及其环境的法律或规定，其内容应不仅包括保护，还应包括研究、专业措施、监测，并为公众提供关于其物质和物质价值的解释；<br>2）必要的干预必须在充分的研究以及获得管理部门同意之后进行，违反相关规定应受到法律制裁；法规也应充分考虑到新发现与目前保护的关系，不允许进行影响保护的新工程，除非进行充分的影响评估并提供恰当的保护方案；<br>3）在保护真实性的前提下，进行多部门、组织的合作以适应和尊重宗教壁画的原有功能 |
| 调查（investigation） | 1）所有的保护工程应以大量学术调查为先；调查目的在于找出尽可能多的结构要素以及其历史、审美、技术的重要性。调查应包括壁画有形和无形价值的所有方面，如历史改动、添加以及修复，这需要跨学科的方法；<br>2）应尽可能的进行非破坏性调查，应特殊注意在抹灰、油漆或石膏层下隐藏的壁画；任何保护方案的先决条件都是宏观及微观的科学调查，包括分析衰减机理、材料特性，以及现状诊断 |
| 记录（documentation） | 1）与《威尼斯宪章》的要求一致，任何壁画保护修复的实施都必须进行精确的记录（保护修复材料、措施和技术方法等），报告应包含图纸、复印件、照片和测绘等；<br>2）此记录应收在公共的档案机构，同时提供非感兴趣的公众 |
| 预防性保护、维护以及遗产地管理（Preventive Conservation, Maintenance and Site Management） | 1）预防性保护的目的是创造一种能够使壁画达到最小损害的最优环境，同时避免不必要的修复措施；监测和环境控制是其中两种最关键的手段；<br>2）不当使用可能会造成壁画损害，因此游客控制是必要的，某些时候甚至可以关闭此遗产地的开放；但公众享有欣赏和经历的权利，因此必须做好遗产地使用和管理规划 |
| 保护-修复措施（Conservation-Restoration Treatments） | 1）壁画是所在建筑或构筑物的组成部分，因此保护也要考虑到整体性和影响；所有手段，如加固、清洗和重整（reintegration）都应以最小干预为原则以避免丧失或降低真实性；<br>2）自然老化是时间的进行应予以尊重；对壁画造成危害的不可逆物理、化学变化需要去除，而历史修复、添加和复绘（over-painting）作为历史的部分应予以保留；<br>3）所有措施都应考虑未来未来保护的可能；新材料和方法实施必须在大量实验的基础上，因其长期效果不确定而鼓励传统材料和技艺；<br>4）修复的目的是在尊重历史原始创造的基础上增强形式的可读性和壁画内容；修复应具有可识别性，且所有添加应可轻易的去处；避免重复绘制；<br>5）露天壁画要求对其历史环境的尊重和评估；新发现的壁画不应暴露在不利的环境中；<br>6）在一些情况下，壁画的重绘或装饰是保护修复规划的一部分，这要求在过程中保护真实性，并可能完全或部分覆盖原壁画层；<br>7）保护修复项目应获得政府和有关部门的批准，并由专业人员负责和指导 |

续表

| 原则 | 内容 |
| --- | --- |
| 应急措施（Emergency Measures） | 1）在紧急情况下，需要立即采取应急措施，这类措施应在材料和技术上允许未来保护的可能，同时保护应在相关组织的指导下进行；<br>2）揭取和迁移是壁画保护中的最后一种手段，在其他措施都不可行时才能谨慎的实施；一般应由一个专业团队而非个人负责，并对揭取后的壁画采取特殊的保护和维持手段；<br>3）如为了暴露于一个破坏性的环境中而需对壁画进行隐藏、遮盖，应采用与壁画相容的材料且不影响未来的再揭露 |
| 研究和公共信息（research and public information） | 1）建立壁画保护研究规划是可持续保护政策的需求；以研究为基础的调查（恶化机理等）应予以鼓励；研究可以提升关于壁画传统技术、材料和历史修复的知识，并同时与艺术和科学的若干学科想干；<br>2）传播应是研究的一个重要方面，应有专业和公众两种层次；尽管保护有可能造成一时的不便，但信息公开应会极大提升公众对于壁画保护的意识 |
| 专业资质及培训 | 壁画保护是遗产保护中一个专业的领域，要求专业知识、技能、经验和责任感，保护-修复人员应受过专业教育或培训 |
| 更新的传统（Traditions of Renewal） | 在世界许多国家和地区，真实的（authenti）壁画保护是艺术家或工匠使用传统技艺和材料不断重复绘制的过程，根据《奈良真实性宣言》这些符合宗教-文化的传统应予以保留，但这并不意味着壁画保护的手段和实施者（艺术家、工匠）是固定的 |
| 国际合作 | 1）在国内、国际分享遗产保护经验是应达成的共识；这样有助于提升和交流知识和经验；<br>2）壁画的保护修复需要来自世界各机构的多学科专家进行合作 |

资料来源：ICOMOS. ICOMOS Principles for the Preservation and Conservation-Restoration of Wall Paintings//SUMMARY ICOMOS CHARTERS. 2003:37-41

这份文件可以说包含了壁画保护的最关键保护原则，在关注壁画保护应遵守的程序（调查、记录、措施等）的基础上，强调了对真实性要素的理解认知和保护原则，如最小干预、环境控制，以及面对变化应有的态度（尊重自然老化和历史痕迹，去除威胁变化）。同时，它还是一份建立在尊重和保护文化多样性基础上的普遍准则，在面对具体的某一遗产地壁画保护时，还应在此基础上进行具体详细的分析与评估。

此外，ICOMOS国际岩画委员会（International Committee on Rock Art，CAR）在2002年通过的《岩画和岩画遗产地保护与管理宪章》（*The CAR-ICOMOS Charter for the Protection and Management of Rock*

*Artand Rock Art Sites*），以及CAR与之相关的工作，如在此宪章基础上，为了更好地进行岩画类世界遗产地的相关工作，与ICOMOS和UNESCO的合作建立了一系列的地区性主题研究（regional thematic studies），岩画类世界遗产预申请指南（pre-nomination guidelines）等[146]，在对中国石窟壁画保护的指导体系建立上，也具有一定的参考意义。

诚然，上述这些国际文件并不完全试用于中国，需要经过进一步地深入研究，才能探讨出符合中国国情、传承《准则》通用原则精神并在石窟上有相当可操作性和指导意义的标准体系。

## 三、关于《准则》的推广与认同

《准则》作为一份非法律性的文件，其约束力更多的要依靠国内保护界对其的认同度，只有通过推广宣传，让上到政府、下到个人的全社会都理解、认同了《准则》，才能使其发挥出应有的指导作用，解决更多的实际问题。在今后《准则》第二版、第三版等通过后，可参考《巴拉宪章》不断增添从实践反馈欠缺的具体解释、指南和守则的方法，推广并建立反馈的良性循环。

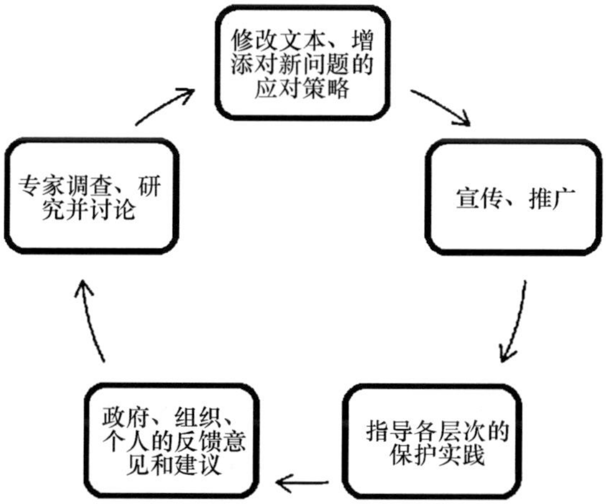


图6.8 《准则》可能需要建立的良性运行机制

# 第三节 小 结

《准则》在中国石窟保护上有着毋庸置疑的推动作用和积极影响，但它作为一份指导文件，并不是万能的。抛开受时代局限性制约较大的理解原因，面对石窟保护越发复杂、层出不穷的问题，《准则》自身亦有不能解答之处。总体来说，目前该文件的限制主要体现在三个方面。

第一，对于“石窟”遗产的认识及其价值理解不够全面。在这方面，本章中参考了具有代表性的外国准则《巴拉宪章》、英国的《保护准则：历史环境可持续管理的政策和指导》，以及加拿大的《历史场所保护标准和指南》，并分析了20世纪以来十多个重要保护组织和团体对于遗产核心概念的认知，指出几个理念发展重要趋势：首先，遗产概念由“纪念物”向“场所”转变，保护对象从只关注物质要素到物质与非物质并重，由此引申出了“活态”遗产的理念；其次，遗产价值由只关注内在、固有的非工具性价值向以经济、利用为主工具性价值也得到重视的方向转变；最后，保护由传统的保存、延续的静态观点向更新、重构的可持续、动态观点转变，由此引申出了参与式保护的理念。

基于此，引发了我们对石窟定位、保护方式和价值多样性的再探讨。比如，如何理解石窟寺的场所精神与非物质要素，在面对不同价值导向人群关注石窟保护的不同方面时，如何进行协同，以及由工具性价值理解出发的关于石窟利用与展示问题等。

第二，《准则》作为一份通用的保护标准，对于各个类型的指导性有不足之处。在这方面，本章中参考了加拿大的《历史场所保护标准与指南》，提出建立覆盖通用原则和具体类型指南的《准则》体系的建议，并介绍了加拿大文件中通用标准和关于砖石类保护的具体指南。继而，探讨了石窟这一类型具体指南可能的主要内容，即石窟评估标准，包括通用的术语与评估要素判定；石窟保护与干预指南，包括砖石、塑像、壁画等不同类型的具体操作指南。

第三，《准则》自2000年公布，事实上从2005年才开始自上而下地大力推广，在认同度和影响力上还有未能及之处，石窟工作中仍有不了解、不理解《准则》的情况。在这方面，本章中介绍了澳大利亚推广的《巴拉宪章》的经验，提出应建立推广—实践—反馈这一良性循环的机制，才能使《准则》文件的效用得以最大程度的发挥。

古语云："他山之石，可以攻玉。"如本书第一章所述，石窟保护面临着多种多样的纷繁复杂的问题，这些问题并不能单单依靠一份文件全部解决，但是本章试图通过介绍的不同国家、不同类型保护文件的比较与分析，能够为目前尚未解决的问题提供未来可能的建议，为今后《准则》更好地指导石窟保护提供有益的参考。

# 第七章
# 结　语

在世界遗产名录和预备名录中，石窟寺主要集中在亚洲，而中国的石窟无论从比例数量，还是从代表性和独特性上，都具有研究的典型意义。中国的石窟分布广泛，约有一千多处。在我国建立重点文物保护单位体系中，目前列入全国重点文物保护单位名录的有158处，是我国传统文物五大类型中的重要组成，石窟保护也因此是我国文物保护工作中的重要部分。而相较于木结构、古遗址等其他类型保护来说，石窟保护表现出独特的复杂性，一方面是因为其涉及岩体、造像、壁画彩绘等多方面的类型，面临着来自自然的多种威胁。比如，水包括降水对露天石窟石刻的冲刷、凝结水对洞窟内造像、壁画的破坏，裂隙水、岩体内部水分对造像、崖壁、彩绘、壁画的直接（水蚀）及间接（如酥碱、泛盐等）影响等；石材本身的衰退与恶化，开裂、风化等。另一方面，石窟同时面临着来自人类活动的突发性、普遍性的直接或间接的破坏，如川陕公路、109国道对广元千佛崖、云冈石窟的威胁，东西方对敦煌、天梯山、天龙山等石窟造像、文物的盗取，以及诸如20世纪40年代在大足千手观音上刷漆等在早期保护活动中的不当维修造成的二次破坏。这些不当维修、突发性破坏事件与破坏环境继而影响石窟的人为破坏，在20世纪尤为突出。

基于此，本书首先对中国石窟保护历程做了回顾。

关于石窟的研究与保护始自20世纪初西人的探险，虽然斯坦因、水野清一等在莫高窟、云冈石窟等地的考察和研究具有一定的学术价值，但以殖民扩张和文化侵略为目的进行的粗暴劫掠与抢夺也造成了无法挽回的损失。在这前半个世纪的时间中，中国的学者主要从三个方向为石窟研究和保护做出了自己的贡献：首先，梁思成和中国营造学社为代表的建筑史学家；其次，夏鼐、宿白等为代表的考古学家；

最后，常书鸿为代表的早期保护工作者。

他们对石窟历史、艺术、文化等价值的研究奠定了后半个世纪中国石窟保护的重要性顺序，而首个保护机构——敦煌艺术研究所的成立和艰苦进行的早期工作拉开了石窟保护的序幕。

在新中国成立以后的50余年中，虽然文物工作也不可避免地受到了政治运动的影响和干扰，但伴随着法律法规的完善和保护机构的建立，仍做出了若干有意义的石窟保护实践，这其中最有代表性的如20世纪50年代的莫高窟窟檐修复工程；60年代的莫高窟保护工程；70年代的云冈石窟三年保护工程；80年代的麦积山石窟加固工程、须弥山保护工程；90年代龙门石窟保护工程等。

它们挽救了一批濒危的文物，展现了中国文物保护的理念和原则变迁（图7.1）。

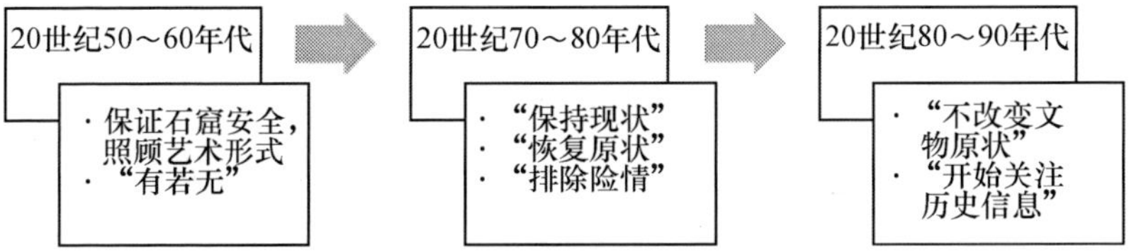


图7.1　20世纪中国石窟保护理念变迁总结

然而，随着时间推移，尤其是2000年后的石窟保护工作在保护理念理解（图7.2）、保护程序确立（图7.3）、保护工程类型和数量上取得的成就与进步，20世纪的许多保护工程引发了人们的思考。比如，莫高窟和麦积山的保护工程是否遵循了“不改变文物原状”？须弥山窟檐保护为何造成了二次破坏？克孜尔保护程序失误的原因何在？在石窟保护总究竟如何理解“可逆性”？等等，这些技术手段之上的关于保护原则、理念和程序的问题，比之2000年后更显的突出。

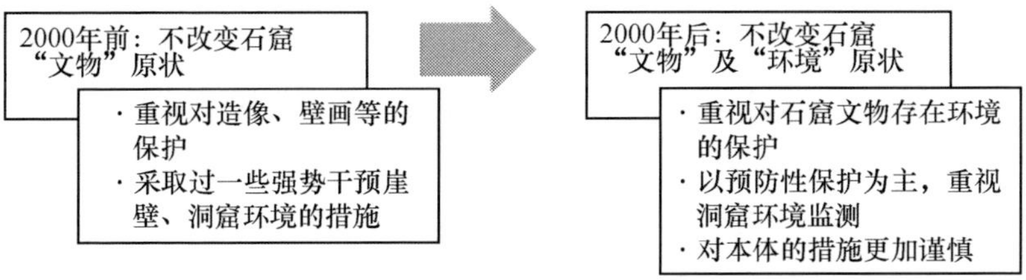


图7.2　石窟保护理念转变（20世纪与2000年后）

| 2000年前保护程序 | 2000年后保护程序 |
| --- | --- |
| 勘察—设计—预算—审批—施工—验收 | 调查—评估与研究—确定目标—制定规划—审批—保护实施—验收 |
| 轻研究，轻评估 | 基于价值研究的保护，重视评估 |
| 在实践中表现为二次破坏、或屡修屡坏 | 具有通用性和普遍性的保护程序 |

图7.3　保护程序对比（20世纪与2000年后）

通过对这些问题的思考和上述对比证明了作为权威性的行业标准的《准则》在石窟保护方面确实具有一定的重要作用。这份文件是由中国、美国、澳大利亚三方合作，于2000年应运而生的。《准则》是在中国现行文物法律体系的框架下，指导保护工作的行业规则、评价标准和专业依据，也是对保护相关法律法规的科学阐释。在《准则》文件的影响下，在21世纪后全国自上而下日益重视文化遗产事务的大背景下，石窟保护获得了较大的进步和发展。在百多项保护工程中，以敦煌莫高窟保护规划和第85窟壁画保护工程、云冈石窟防水项目中的保护性窟檐建设、大足千手观音造像修复工程和龙门石窟治水工程四项实践，在类型、投入、先进性和影响力上最具有代表性。

本书中第四章对四处遗产地的五项保护实践的技术路线、实施过程进行了分析，在此基础上，具体探讨了在其技术手段背后反映出的原则与理念理解，从中解析《准则》在石窟保护方面的积极影响与推动。

敦煌莫高窟的保护规划与第85窟壁画保护实践，是《准则》在制定过程中的试点，也是伴随《准则》诞生的标准案例阐释，在此后的十多年间一直发挥着“榜样”的作用，其奠定了《准则》成为行业规范的基石。云冈保护性窟檐建设、大足千手观音造像修复和龙门石窟保护工程，都直接地体现出《准则》在保护原则和程序标准方面的作用。此外，类似云冈窟檐形式、千手观音金箔黏结剂等围绕《准则》原则展开的争议，也是其影响力的积极体现。总的来说，《准则》在石窟保护方面的积极推动作用主要有以下三个方面。

第一，完善了保护价值观，解释了包括“不改变文物原状”在内的一系列原则；

第二，确立了正确的保护程序，强调了评估和研究的重要性；

第三，对于规划范管理和施工有一定的指导意义。

诚然，一份文件并不是万能的，《准则》仍有尚未能解决的问题，其也不是万能的。本书中最后提出的目前石窟保护中存在的问题，针对与《准则》指导性息息相关的保护原则、理念和操作性等方面，做了探讨。通过对国际一些同类型文件、遗产发展先进理念的比较，本书提出了在石窟保护核心概念、《准则》在石窟保护方面的指导性，以及其认同度三个方面的建议，并由此引申出对石窟及石窟保护的定位、石窟保护的方式方法、石窟价值的多样性的思考，以期对未来《准则》的完善有所裨益，使其在石窟保护方面更具有权威性和操作性，使中国的石窟遗产能够更好的传承、延续下去。这不仅是对具有中国文化特色的石窟遗产保护深入研究有重要的意义，更是为中国文化遗产保护事业的进一步发展、推进社会主义文化强国建设所做的努力。

# 参考文献

［1］ 中国文物研究所. 当前古建筑维修的几个问题//祁英涛. 祁英涛古建论文集. 北京：华夏出版社，1992.
［2］ 千手千眼观世音菩萨广大圆满无碍大悲心陀罗尼经.
［3］ 苏伯民，蒋德强等. 一种金箔回贴专用材料，2012.5.2.
［4］ 中国文物古迹保护准则. 2002.
［5］ UNESCO. Convention Concerning the Protection of the World Cultural and Natural Heritage. 1972.
［6］ ICOMOS. The World Heritage List: Filling the Gaps—an Action Plan for the Future, 2004.
［7］ 宿白. 中国石窟寺研究. 北京: 文物出版社, 1996.
［8］ 程京武. 中国社会发展导论. 广州: 暨南大学出版社, 2011.
［9］ 魏源. 海国图志. 长沙: 岳麓书社, 2011.
［10］ 毛泽东. 毛泽东选集. 北京: 人民出版社, 1991.
［11］ 翦伯赞. 中国史纲要（下）. 北京: 人民出版社, 1995.
［12］ 汤志钧. 章太炎政论选集（上册）. 北京: 中华书局, 1977.
［13］ 张松. 中国文化遗产保护法制建设史回眸. 中国名城, 2009（03）:27-33.
［14］ 中华民国. 古物保存法. 1930.
［15］ 林洙. 中国营造史略. 北京: 百花文艺出版社, 2008.
［16］ 中国文物研究所. 中国文物研究所七十年（1935-2005）. 北京: 文物出版社, 2005.
［17］ 姜德治. 敦煌大事记. 兰州: 甘肃人民出版社, 2009.
［18］ 伯希和. 伯希和敦煌石窟笔记. 兰州: 甘肃人民出版社, 2007.
［19］ 梁思成. 中国雕塑史//梁思成. 梁思成全集（第一卷）. 北京: 中国建筑工业

出版社, 2001:59-128.
[20] 常书鸿. 九十春秋—敦煌五十年. 北京: 北京大学出版社, 2011.
[21] 长广敏雄. 云冈日记：战争时期的佛教石窟调查. 北京: 文物出版社, 2009.
[22] 中共中央文献研究室. 毛泽东文集（第六卷）. 北京: 人民出版社, 1991.
[23] 薄一波. 若干重大决策与事件的回忆（上）. 北京: 中共中央党校出版社, 1991.
[24] 王赣愚. 天津的教授们关于“百家争鸣”的座谈. 人民日报. 1957-4-21.
[25] 高天. 中国文物建筑保护历程——不改变文物原状的理论与实践. 清华大学博士学位论文, 2010.
[26] 杨凤城. 20世纪的中国——走向现代化的历程（思想文化卷1949-2000）. 北京: 人民出版社, 2010.
[27] 刘建美. 1956年第一次全国文物普查述评. 党史研究与教学, 2011（05）:79-86.
[28] 国家文物局. 中华人民共和国文物博物馆事业纪事（1949—1999）（上）. 北京: 文物出版社, 2002.
[29] 国家文物事业管理局. 新中国文物法规选编. 北京: 文物出版社, 1987.
[30] 郑振铎. 炳灵寺石窟概述//国家文物局. 郑振铎文博文集. 北京: 文物出版社, 1998:226-233.
[31] 常书鸿. 魂系敦煌——新版“九十春秋敦煌五十年”选载（三）. 丝绸之路, 2000（5）:9-27.
[32] 刘景龙. 龙门石窟保护. 北京: 中国科学技术出版社, 1999.
[33] 云冈石窟文物研究所. 云冈保护五十年. 北京: 文物出版社, 2005.
[34] 艾绍强. 绝版中国・永远的敦煌. 北京: 中国工人出版社, 2008.
[35] 世界文化遗产——云冈石窟的保护历程. 大同日报, 2006-06-08（第4版专版）.
[36] 李治国. 云冈石窟保护启示录. 山西日报, 2005-11-15.
[37] 梁思成. 闲话文物建筑的重修与维护. 文物, 1963（7）:5-10.
[38] 文物保护暂行条例. 1963.
[39] 邓小平. 邓小平文选（第2卷）. 北京: 人民出版社, 1994.
[40] 王若水. 为人道主义辩护. 文汇报, 1983-01-17.
[41] 李泽厚. 批判哲学的批判. 北京: 人民出版社, 1984.

［42］ 张锦秀. 麦积山石窟维修加固工程回顾. 丝绸之路, 2003（7）.
［43］ 雷润泽. 须弥山石窟加固整修工程总结. 宁夏文物, 1988（2）.
［44］ 韩有成. 须弥山石窟保护刍议. 固原师专学报, 1999（01）:65-67.
［45］ 杨玉柱, 姜怀英. 须弥山石窟修缮工程的主要做法和经验. 宁夏文物, 1988（2）：40-52.
［46］ 刘景龙. 龙门石窟的维修工程. 中原文物, 1978（02）:48-49.
［47］ 十六大报告［EB/OL］. http://culture.people.com.cn.
［48］ 谢辰生. 关于认识文物价值的一点看法. 中国文物报, 2006-08-04（3）.
［49］ 国务院. 关于加强和改善文物工作的通知. 1997.
［50］ 国家文物局. 中国文物事业60年. 北京: 文物出版社, 2009.
［51］ Jokilehoto J. A History of Architectural Conservation. England: the University of York, 2005.
［52］ 国家文物局. 文物对外交流与合作改革开放30年［EB/OL］. http://www.sach.gov.cn/tabid/787/InfoID/16029/Default.aspx?Pager=4.
［53］ 中国文化遗产研究院. 中国文物保护与修复技术. 北京: 科学出版社, 2009.
［54］ 王晓东, 张虎元, 吕擎峰等. 土层锚杆加固技术发展现状及展望. 西部探矿工程, 2009（03）:4-6.
［55］ 黄克忠. 岩土文物建筑的保护. 北京: 中国建筑工业出版社, 1998.
［56］ 周密, 孙世国. 新型锚杆加固特点及其适用性分析. 北方工业大学学报, 2011（03）:79-84.
［57］ Institute T. G. C. Injection Grouts for the Conservation of Architectural Surfaces: Research and Evaluation［R］.2005.
［58］ Mastromei B. P. G. Conservation of monumental stones by bacterial biomineralization. Microbiology Today, 2006（Aug03）:113-114.
［59］ 刘强. 基于生物矿化的石质文物仿生保护. 浙江大学博士学位论文, 2007.
［60］ 资中筠. 启蒙与中国社会转型. 北京: 社会科学文献出版社, 2011.
［61］ Institute T. G. C. Stone Conservation——An Overview of Current Research. Los Angeles, California: Getty Publications, 2010.
［62］ Simon Warrack. Angkor Wat-Creation and Evolution Conserving the Past Present and Future. ICCROM, 2011.
［63］ 余英时. 中国文化的重建. 北京: 中信出版社, 2011.

[64] 黄克忠. 中国石窟保护方法述评. 文物保护与考古科学, 1997（01）:48-51.

[65] 吕舟.《威尼斯宪章》的精神与《中国文物古迹保护准则》,《建筑史论文集》, 2002（03）: 38～45.

[66] Hongkui J. The Content and Theoretical Significance of the Principles for the Conservation of Heritage Sites in China. Los Angeles: the Getty Conservation Institute, 2010.

[67] 樊锦诗.《中国文物古迹保护准则》在莫高窟项目中的应用——以《敦煌莫高窟保护总体规划》和《莫高窟第85窟保护研究》为例. 敦煌研究, 2007（05）:1-5.

[68] Getty T. Project Images: Development of the China Principles [EB/OL]. http://www.getty.edu/conservation/our_projects/field_projects/china/china_images.html.

[69] Neville Agnew L. Z. Objectives of the Cave 85 project: Proceedings of the second international conference on conservation of ancient sites on the Silk Road, Dunhuang, 2004.

[70] 王旭东. 基于中国文物古迹保护准则的壁画保护方法论探索与实践. 敦煌研究, 2011（06）:1-7.

[71] Xu Shuqing. Evaluation and condition survey of cave 85 of Mogao Grottoes. Dunhuang Res, 2000（1）:174-180.

[72] 李最雄. 丝绸之路石窟壁画彩塑保护. 北京: 科学出版社, 2005.

[73] The Getty Conservation Insititute. Wall Paintings at Mogao Grottoes. 2010.

[74] Stephen Rickerby, Lisa Shekede, Fan Zaixuan, et al. Development and testing of the grouting and soluble-salts reduction treatments of cave 85 Wall Paintings: Proceedings of the second international conference on conservation of ancient sites on the Silk Road, Dunhuang, 2004.

[75] Neville Agnew, Demas Martha, Shin Maekawa, et al. A Systematic Methodology for Sustainable Visitation at the MogaoGrottoes, China. Los Angeles: The Getty Conservation Institute, 2012.

[76] The Getty Conservation Insitute. Wall Paintings at Mogao Grottoes—Testing and Development. 2010.

[77] Li Zuixiong, Wang Wanfu. Similated conservation test on delaminated relica of Tibetan wall paintings in Potala Palace, Norbuglinkha and Sa-skya Monastery.

Dunhuang Research, 2002（6）:69-77.

[78] 李最雄. 布达拉宫壁画的保护研究. 文博, 2009（06）:157-174.

[79] 黄继忠. 世界文化遗产云冈石窟的防水保护. 文物保护与考古科学, 2008（S1）:114-121.

[80] Stambolov T, van Asperen De Boer J. R. J. The deterioration and conservation of porous building materials in monuments: a review of the literature. Virginia: International Centre for the Study of the Preservation and the Restoration of Cultural Property, 1976.

[81] 熊争艳. 云冈石窟顶部防渗千年大佛即将披防水毯. 北京青年报, 2005-07-30.

[82] （北魏）郦道元. 水经注. 北京: 中华书局, 2009.

[83] 苑静虎, 赵新春, 牛春等. 云冈石窟防水方案设想//云冈石窟研究院. 2005年云冈国际学术研讨会论文集. 北京: 文物出版社, 2006:80-87.

[84] The Getty Conservation Institute. On a conceptual design study for a protective: facade for cave 19 Yungang grottoes. Los Angles: The Getty Conservation Institute, 2000.

[85] 云冈石窟文物保管所. 云冈石窟建筑遗迹的新发现. 文物, 1976（4）:89-95.

[86] 山西达志古建筑保护有限公司. 山西省大同市云冈石窟五华洞保护性窟檐修建工程施工图设计文件（审图论证修订版）. 2011.

[87] 吴锐, 黄继中, 张焯. 云冈石窟五华洞保护性窟檐前期研究与设计方案//山西古建筑保护研究所. 山西文物建筑保护研究文集. 北京: 中国建筑工业出版社, 2011:206-227.

[88] 王金华. 大足千手观音造像保存状况及病害专题研究. 中国文物科学研究, 2007（6）:70-79.

[89] 王金华. 千手观音造像保护专题研究//大足石刻保护. 北京: 文物出版社, 2009:191-203.

[90] 田兴玲, 郑茗天, 马清林等. 重庆大足千手观音造像多层金箔成分分析. 黄金, 2010（04）:4-7.

[91] 田兴玲, 李志林, 马清林等. 重庆大足千手观音金箔表面变色原因探讨. 稀有金属材料与工程, 2010（S1）:311-315.

[92] 陈卉丽,段修业等. 千手观音造像石质本体修复研究. 中国文物科学研究, 2013（9）:15-19.

[93] 单晓冰. 大足千手观音抢救保护工程受专家肯定. 重庆日报, 2011-12-30.
[94] 徐琪歆,李元涛，左洪彬. 千手观音造像髹漆贴金层修复方法研究. 中国文物科学研究, 2013（9）:24-32.
[95] UNESCO. Brief Introduction to the Project on the Conservation and Restoration of Longmen Grottoes. Beijing, 2011.
[96] 联合国教科文组织驻华代表处, 洛阳市文物局. 龙门石窟保护修复工程报告概述//联合国教科文组织驻华代表处，洛阳市文物局. 龙门石窟保护修复工程报告. 北京: 文物出版社, 2011:1-21.
[97] Okada K. Longmen Grottoes: Their Cultural Value and Meaning of their Conservation. Tokyo: National Research Institute for Cultural Properties, 2011.
[98] 王金华. 河南龙门石窟保护修复工程设计. 北京: 文物出版社, 2011.
[99] 北京大学考古文博学院. 龙门石窟潜溪寺表面试验性清洗研究工作报告. 北京: 文物出版社, 2011.
[100] Yun F, Xiangyou L, Suisen L, et al. Grouting Test to Prevent Water Seepage inside the Caves. Beijing: China University of Geosciences,Chinese Academy of Cultural Heritage,Academy of Longmen Grottoes, 2010.
[101] 王金华. 潜溪寺石窟治水工程与龙门石窟保护. 北京: 文物出版社, 2011.
[102] Yutaka T. A Study on a Weathered Stone Buddha Statue at Longmen Grottoes. Tokyo: Geolest CO.Ltd, 2010.
[103] David Odgers. Introduction to Clean. Rome: ICCROM, 2011.
[104] （西周）李耳. 老子（1）. 北京: 古籍出版社, 2001.
[105] （汉）董仲舒,周桂钿译著. 春秋繁露（卷十六）. 北京: 中华书局, 2011.
[106] （唐）魏征等, 庄小霞译. 隋书（卷三）. 北京: 中华书局, 2011.
[107] 苏玉敏. 西域的供养人、工匠与窟寺营造. 西域研究, 2007（04）:74-83.
[108] 梁思成. 中国建筑史. 北京: 百花文艺出版社, 2004.
[109] 梁思成. 蓟县独乐寺观音阁山门考//梁思成. 梁思成全集（第一卷）. 北京: 中国建筑工业出版社, 2001:200-221.
[110] 文化部. 纪念建筑、古建筑、石窟寺等修缮工程管理办法［EB/OL］. http://www.gsfzb.gov.cn/FLFG.
[111] 中华人民共和国文物保护法［EB/OL］. http://news.xinhuanet.com/zhengfu/2002-10/29/content_611362.htm.

［112］ ICOMOS/CHINA. 关于《中国文物古迹保护准则》若干重要问题的阐述. 2005.

［113］ ［芬兰］尤噶·尤基来托, 郭旃译. 建筑保护史. 北京: 中华书局, 2011.

［114］ 保护文物建筑及历史地段的国际宪章（1964）、奈良真实性宣言（1994）、实施世界遗产公约操作指南（2008）［EB/OL］. http://www.iicc.org.cn/Column.aspx?ColId=54.

［115］ 祁英涛. 古建筑维修的原则、程序和技术. 中国文物研究所译. 北京: 华夏出版社, 1992.

［116］ 叶扬.《中国文物古迹保护准则》研究. 清华大学硕士学位论文, 2005.

［117］ Aaron W. If planning is everything, maybe it's nothing. Policy Sciences, 1973（2）:127-153.

［118］ 赵玲. 对《中国文物古迹保护准则》的理解和应用: 中国文物学会传统建筑园林委员会第十六届年会, 中国江苏吴江, 2006.

［119］ 乔迅翔. 宋代营造类工匠考. 华中建筑, 2009（08）:168-170.

［120］ 重庆大足石刻艺术博物馆. 大足石刻铭文录. 重庆: 重庆出版社, 1999.

［121］ The Getty Institute. Mogao Grottoes Cave 85 Project.The Getty Institute, 2010.

［122］ ICOMOS Australia. the Burra Charter: The Australia ICOMOS Charter for Places of Cultural Significance with associated Guidelines and Code on the Ethics of Co-existence. 2000.

［123］ English Heritage. Conservation Principles: Policies and Guidance for the sustainable management of the historic environment. 2008.

［124］ Canada's Historic Places. The Standards & Guidelines for the Conservation of Historic Places in Canada. 2010.

［125］ Riegl A. Der moderne Denkmalkultus, sein Wesen, seine Entstehung. Foster and Diane Ghirardo, Oppositions 25, 1982:21-25.

［126］ Lipe W. D. Value and Meaning in Cultural Resources//Approaches to the Archaeological Heritagevalue. Cambridge: Cambridge university press, 1984:1-11.

［127］ Bernard M, Feilden J. J. Management Guidelines for World Cultural Heritage Sites. Rome, Italy: ICCROM, 1993.

[128] Throsby D. Economics and Culture. Cambridge: Cambridge University Press, 2001.

[129] Department Of Culture M. A. S. The Costs and Benefits of UK World Heritage Site Status：A literature review for the Department for Culture, Media and Sport. Price water house coopers, 2007.

[130] Mason R. Assessing Values in Conservation Planning: Methodological Issues and Choices//Assessing The Values of Cultural Heritage. Los Angeles: Getty Conservation Institute, 2002:5-30.

[131] Jabbour A. Folklife. Intangible Heritage, and the Promise and Perils of Cultural Cooperation//Stipe R E. A richer heritage: historic preservation in the twenty-first century. Chapel Hill: University of North Carolina Press, 2003:423-450.

[132] Sandra Bowdler. Repainting Australian rock art//Laurajane Smith. Cultural heritage: critical concepts in media and cultural studies. London: Routledge, 2007:40-49.

[133] Riegl A. The Modern Cult of Monuments: Its character and its origin//Kuit W. Foster And Diane Ghirardo. Oppositions 25. 1982:21-25.

[134] Denslagen W. Architectural restoration in Western Europe: controversy and continuity. Amsterdam: Architectura & Natura Press, 1994.

[135] Jukka Jokilehoto. The idea of conservation:an overview// Michael S Falser, Wilfried Lipp, Wilfried Lipp. Conservation and Preservation: Interactions between Theory and Practice: In Memoriam Alois Riegl（1858-1905）. Firenze: Edizioni Polistampa, 2010:21-36.

[136] John Earl, Andrew Saint. Building Conservation Philosophy. Routledge: Donhead, 2003.

[137] Stuart Hall. Whose Heritage?Un-settling’ The Heritage’, re-imagining the post-nation. Third Text, 2000（49）:3-13.

[138] David Scott. Re-fashioning Futures: Criticism After Pat-Coloniality. Princeton: New Jersey, 1999.

[139] Fermand Braudel. the Land or the Commodity//les memoires de la Mediterranee. Paris: De Fallois, 1998.

[140] Helen Tyzack. Recording the value of museum collections in financial reports:

issues. Queensand: Australian Key Centre for Cultural and Media Policy, 1998.

[141] Throsby D. Economics and Culture. Cambridge: Cambridge University Press, 2001.

[142] ICOMOS International Scientific Committee for Stone: History & Goals [EB/OL]. http://lrmh-ext.fr/icomos/consult/index.htm.

[143] ICOMOS International Scientific Committee For Stone. Illustrated Glossary on Stone Deterioration Patterns. 2010.

[144] 国家文物局. 石质文物病害分类与图示（WW\T0002-2007）. 北京: 文物出版社, 2008.

[145] ICOMOS. ICOMOS Principles for the Preservation and Conservation-Restoration of Wall Paintings//SUMMARY ICOMOS CHARTERS. 2003:37-41.

[146] Committees of ICOMOS: CAR - International Committee on Rock Art [EB/OL]. http://www.icomos.org/en/about-icomos/image-menu-about-icomos/181-committees/international-scientific-committees.

# 后　　记

本书是在我的博士论文基础上改编而成的。

在论文撰写阶段，衷心感谢我的导师吕舟教授对我的关心和指导。他宽广的胸怀、睿智的思想、独到的见解和高远的目光，不仅仅带给我学术上的启迪，更是我人生前行路上的指引。成为吕舟教授的博士研究生后，他宽厚的品格和精神——“独立之精神，自由之思想”影响了我，使我由一开始的茫然到后来的坚定，确定了今后努力的方向。对此，我表示深深的感激。

感谢清华大学建筑学院王贵祥教授、贾珺教授、刘畅教授对论文的帮助和指导。感谢清华文化遗产保护研究所的张荣、魏青、李建芸、项瑾斐等研究所全体同仁的帮助和支持；感谢徐知兰、安程等同窗们在论文后期修改时对我的帮助和鼓励。

感谢文化遗产研究院黄克忠先生、张之平女士、詹长法先生，国家文物局余鸣谦先生，敦煌研究院王旭东先生、苏博民先生，山西省古建筑保护研究所吴锐先生，大足石刻席周宽先生、陈卉丽女士，云冈石窟黄继忠先生，美国盖蒂保护研究所 Neville教授等，在论文调研和访谈中给予我的帮助。感谢教育部“建设高水平大学联合培养博士生”项目研究资助。感谢 ICCROM的Joseph King、Gamini Wijesuriya等学者对我在意大利学习时的帮助和指导。

最后，感谢父母对我的帮助与支持，以及对我永恒不变的爱与理解。感谢朋友们伴我一路走来。

吕宁

2013 年 12 月